中国传媒大学青年学者译丛
媒介与艺术系列 段 鹏 主编
关 玲 副主编

社会化媒体策略
专业人士和组织的工具

[美]菲利普·G.克兰皮特（Phillip G. Clampitt） 著

宋 凯 译

Social Media
Strategy
Tools for Professionals and
Organizations

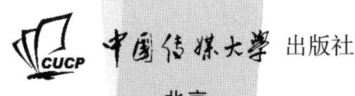
·北京·

图书在版编目(CIP)数据

社会化媒体策略:专业人士和组织的工具 /（美）菲利普·G.克兰皮特（Phillip G. Clampitt）著；宋凯译. -- 北京：中国传媒大学出版社，2022.6

（中国传媒大学青年学者译丛. 媒介与艺术系列）

ISBN 978-7-5657-3128-0

Ⅰ.①社… Ⅱ.①菲… ②宋… Ⅲ.①互联网络—传播媒介—研究 Ⅳ.①G206.2

中国版本图书馆 CIP 数据核字（2021）第 277930 号

Social Media Strategy：Tools for Professionals and Organizations © 2018 by SAGE Publications，Inc.
ISBN：978-1-5063-4624-3

本书简体中文版专有出版权由 SAGE Publications，Inc.授予中国传媒大学出版社，在中国大陆销售。未经出版者书面许可，不得以任何形式抄袭、复制或节录本书中的任何部分。

北京市版权局著作权合同登记号 图字:01-2022-2202

社会化媒体策略：专业人士和组织的工具
SHEHUIHUA MEITI CELUE：ZHUANYE RENSHI HE ZUZHI DE GONGJU

主　　编	段　鹏
著　　者	［美］菲利普·G.克兰皮特(Phillip G. Clampitt)
译　　者	宋　凯
责任编辑	于水莲
特约编辑	井彩霞
责任印制	李志鹏
封面设计	运平设计
出版发行	中国传媒大学出版社
社　　址	北京市朝阳区定福庄东街1号　邮　编　100024
电　　话	86-10-65450528　65450532　传　真　65779405
网　　址	http://cucp.cuc.edu.cn
经　　销	全国新华书店
印　　刷	北京中科印刷有限公司
开　　本	787mm×1092mm　1/16
印　　张	16.75
字　　数	300 千
版　　次	2022 年 6 月第 1 版
印　　次	2022 年 6 月第 1 次印刷
书　　号	ISBN 978-7-5657-3128-0/G·3128　定　价　78.00 元

本社法律顾问:北京嘉润律师事务所　郭建平
版权所有　翻印必究　印装错误　负责调换

献给我那些拥有洞察力和思考力的学生，以及我可爱而出色的妻子，我将在未来的岁月里一如既往地珍惜她。

中国传媒大学青年学者译丛

总　序

从广播电视到互联网、移动互联网，传媒让这个世界变得绚丽多姿、神奇诡秘。传媒正在急速地改变这个世界，通过新闻传播，人类分享现实中的信息资讯，通过艺术，人类分享脑海中的想象力。基于传播科技百年激荡的新闻传播和艺术学，推动着历史发展，也影响着历史发展。

中国传媒大学是中国传媒人才的摇篮，建校六十多年来，为信息传播领域输送了大批高层次人才。从培养高层次、复合型创新人才的社会责任出发，中国的传媒事业亟须高校培养出一批谙熟新闻传播规律和艺术传播规律并具有创新意识和创作才能的新闻人才和艺术人才。

在全国众多高校中，中国传媒大学以在信息传播领域"小综合"的学科特色而闻名，2017年入选首批"世界一流学科建设高校"，新闻传播学、戏剧与影视学入选教育部"双一流"建设学科名单。同年12月，在教育部学位与研究生教育发展中心公布的全国第四轮学科评估结果中，新闻传播学、戏剧与影视学这两个一级学科均拿到了A+名次。从"双一流"学科建设的教育使命出发，中国的传媒事业亟须高校在媒体融合发展的顶层设计下，推进理论体系、教学理念、教学内容、方法手段、体制机制等全方位的创新研究，成为国家传媒事业发展强有力的理论支持和智力支持力量。

因此，在整个世界传统媒体与新兴媒体融合发展的时代大背景下，我校文科科研处于2015年着手组织翻译出版一套"中国传媒大学青年学者译丛"，借此整理西学前沿著作，以期对当代中国新闻传播和艺术学在理论建设和成果创新方面提供借鉴，帮助广大传媒学者和媒体一线从业者寻找解决问题的途径。

此套丛书的译介工作由中国传媒大学与新闻传播领域的国际权威出版机构SAGE国际出版集团合作，遴选了两批共计18册由SAGE出版并经过教学与实践严格检验的优秀书目，力求全面、系统地反映出当下新闻传播和艺术学在理论研究、方法研究以及实务研究等方面所进行的最新探索。译丛是我校与SAGE国际出版集团继合作出版《全球媒体与中国》(*Global Media and China*)英文期刊之后，又一个重要的合作项目，前后筹备四载有余，最终完稿、付梓，倾注了新闻传播学和艺术学领域的知名教授和青年学者的大量心血，力争为每一本书做出"信、达、雅"的翻译。

自"五四"以来，译丛便是中国知识分子和青年学生获取西方最先进理论知识的重要桥梁之一。中国传媒大学在20世纪80年代就已开始译介、学习和研究国外新闻传播学、艺术学的方法和成果，建立与世界新闻传播学、艺术学界对话的共同经验范围。毋庸置疑，我们的工作是卓有成效的。

正如习近平总书记在哲学社会科学工作座谈会上所强调的，"不忘本来，吸收外来，面向未来"。借船出海、借梯登高，主动接轨，优势互补，共同发展，为尽快赶上国际先进水平，尽早实现"双一流"学科建设争创世界一流的伟大目标，我们应该虚心学习和推介国外前沿的新闻传播理论与优秀的实务指导教材，以培养出更多国际化的新闻传播人才和艺术人才。译丛带来的新鲜理论和鲜活实务，也有助于我校在"双一流"学科建设中，进一步优化学科结构，凝练学科发展方向，突出学科建设重点，增强学校在国际上的竞争力。

但值得注意的是，我们应当以批判的态度保持与西方新闻传播和艺术学对话的姿态，在借鉴西方优秀教材和经典专著时不妨思考，有哪些是缘木求鱼，有哪些是举一反三，想想本土社会中产生的经验与问题在哪里。我们应该明确，我们的目标是制定具有中国特色的新闻传播和艺术学学科标准，积极建设和探索新闻传播学、艺术学本土化发展的道路。

所以，在译丛工作完成之后，我们还要推进"西方理论—中国问题"向"中国实践—中国理论"的转型，立足本土，跨越东西，高效地将科研成果结合当代中国传媒行业发展诉求，转化为服务社会发展的实在生产力，最终实现"中国特色，世界一流"。

最后，希望本译丛还可以成为一个促进思想交流、激发智慧灵感的载体，增进东西方在新闻传播和艺术学领域的深度学术交流，接收来自全世界新闻传播和艺术学领域多元化的声音，促进新闻传播和艺术学研究在媒体融合时代更大的繁荣，让新闻传播和艺术学成为改变世界的最大正能量。

丛书主编

前　言

> "爱丽丝笑了。'试也没用,'她说,'人不会相信不可能的事。''我敢说,你只是没有经过多少练习,'王后说,'当我像你这么大的时候,我总是每天练习半个小时。唉,有时候早饭前我就相信了多达六件不可能的事……'"
>
> ——刘易斯·卡罗尔(Lewis Carroll)《爱丽丝镜中奇遇记》

生活中的许多乐趣其实很简单——在火炉边读一本好书,展开一场精彩的对话,或者吃一顿丰盛的早餐。我写这本书的时候,心里想着前两种快乐,而最后一种快乐又给了我动力。在我的职业生涯中,我读过无数的书。那些书文笔优美,内容丰富,促使我以一种新的方式思考事情。本书也想达成这一目的,并产生更大的作用。我想要增加对话的吸引力,目前大多数对话仅仅具有实用性。比如,"你要点些什么食物?我怎么去你家?"然而,在尊重对方的想法与深思熟虑的见解之间,总会产生冲突。幸运的是,在我写这本书的时候,我与我的学生和同事进行了许多这样的交流。

对话从一个简单的挑战开始,这个挑战来自我最喜欢的故事之一《爱丽丝梦游仙境》的续集《爱丽丝镜中奇遇记》。"想一些不可能的事情(只在早餐后,对我来说),这个想法一直吸引着我。这本书代表了其中一件不可能的事。具体来说,当主题(社会化媒体)几乎每天都在变化时,你如何写一本有持久价值的书?社会化媒体平台、算法和趋势可以通过手指轻触屏幕来改变。我不可能回答这个问题的原因可能是:"你做不到,所以只要关注一下每天的社会化媒体博客,就可以了。"但作为一名大学教授,我致力于提供有价值的、可以持续一生的思维模式,我无法接受这个答案。

所以这本书和相关网站为这个不可能的问题提供了答案。如果要用一个词来回答这个不可能的问题,那就是策略。为什么?对复杂问题的良好策略思考将超越时间和社会化媒体平台。有很多社会化媒体专家在战术上很有能力,但在战略上一窍不通。他们的专业知识将会持续一段时间,但不可避免的,他们会遇到他们没有准备或准备不足的挑战。最终,他们会失败。他们需要的是对不断变化的社会化媒体格局进行战略性思考的工具。这就是我们在本书中想要提供的。

也就是说,通过阅读成功的战术家的博客、帖子和文章,你可以学到很多在今天有效的战术。我鼓励这样做,但这还不够。为什么?很多时候,这些战术超级明星会产生一种模仿心态,其驱动因素是错误的逻辑:"它对我有用,所以它应该对你有用。"事实也许并不如此。例如,一位娱乐明星的帖子可能会引起轰动,但如果被其他人使用,可能会引起反弹。所以,是的,阅读战术超级明星的博客——通常他们非常渴望分享——要小心吸取错误的教训。例如,我喜欢案例研究,但我更喜欢从战略的角度来看待它们。如果没有这种视角或框架,人们往往只看到复制的策略,而不是用来阐明思想的工具,也不是需要学习的持久教训。事实上,在附录3中,我们通过本书中开发的战略框架提供了五个案例研究。这应该使学到的经验教训适用于广泛的组织,同时提供关于战略思维的持久见解。

这本书是在一群学生恳求我开始在社会化媒体上教授一门课程时开始的。我很感兴趣,因为当时地球上没有人教这样的课程,但我对创造既及时又永恒的东西的"不可能"感到困惑。我决定抓住智力上的挑战,毕竟,解决"不可能的问题"是有趣的、刺激的和有启发性的。

但当你和重要的朋友、有思想的联盟和积极参与的学生在一起时,情况就更糟糕了。我拥有所有这些,包括亚当·哈夫曼、丹妮尔·比娜、艾米·马丁、伊丽莎白·欣茨、卡里·彼得森、泰勒·汤姆森、凯特琳·斯塔本、朱莉·萨多夫、拉莉娅·费尔南德斯、瑞恩·马丁、耶娜·里克特·兰德斯、本·科滕伯格、史蒂夫·施密特和蕾切尔·维尔特。恰好,如果没有这些社会和职业关系,这本书是不可能完成的。谢谢大家。我有幸与世界上最好的编辑凯伦·泰勒共事。就连她也谦逊地承认:"没有适合编辑的《美国偶像》节目真是太糟糕了。"我完全同意。最后,我要感谢我的妻子劳瑞,她不知疲倦的付出使这本书更容易读懂。她有一种惊人的能力,能把狗、人以及我的书中最好的部分展现出来。拥抱和亲吻——不仅仅是社会化媒体上的亲切——对她!

阅读技巧

- 访问图书网站(www.amazingSMstrategy.com)获得更多的练习、测验和参考资料。
- 请查看术语表中的关键术语。
- 通过完成每一章结尾的练习加深你对核心思想的理解。
- 在www.drsowhat.com(或Twitter, @drsowhat)上注册学习免费的社会化媒体技巧。

致 谢

SAGE出版集团感谢以下审稿人的帮助：
L.西蒙娜·伯德，阿拉巴马州立大学
格雷戈里·G.德布拉西奥，北肯塔基大学
梅丽莎·D.多德，中佛罗里达大学
Pj.福雷斯特，奥尔康州立大学
马修·J.库申，谢泼德大学
帕蒂·兰伯蒂，芝加哥洛约拉大学
比尔·米尔斯，东德克萨斯浸会大学
佩吉·奥尼尔-琼斯，丹佛大都会州立大学
布兰迪·瓦金斯，弗吉尼亚理工大学
斯科特·D.罗伯茨，德州圣道大学

目　录

中国传媒大学青年学者译丛总序　/1

前　言　/1

致　谢　/1

第一部分　理解社会化媒体的基本原理　/1

1　谁需要社会化媒体策略？　/3
定义社会化媒体　/4

谁能从社会化媒体策略中受益？　/5

那又如何？　/7

总结　/10

2　什么是社会化媒体策略？　/13
一个优秀的社会化媒体策略的本质　/14

优秀的策略家会评估竞争环境　/14

优秀的策略家会做出宏观选择　/15

优秀的策略家协调选择　/17

优秀的策略家将选择协调到一条连贯的前进道路　/18

优秀的策略家会精心制定一套战术　/19

总结　/21

3 社会化媒体策略的好处是什么？ / 23

策略的好处 / 24

总结 / 28

4 社会化媒体世界 / 30

功能性视角 / 31

动态性视角 / 33

经验性视角 / 35

培养好奇心 / 36

实验性思考 / 37

养成正确的习惯 / 37

总结 / 38

第二部分 制定你的策略 / 41

5 了解竞争环境 / 43

第一阶段：事实——收集相关事实 / 44

第二阶段：锚——分离事实隐含的基本分析锚 / 46

第三阶段：判断——基于分析锚作出判断 / 47

第四阶段：证实——证实你的判断 / 49

总结 / 51

6 坐 标 / 53

优秀坐标的特征 / 54

制定坐标的原则 / 55

制作坐标的讨论协议 / 57

总结 / 60

7 渠道 / 61

渠道动力学 / 62

渠道选择原则 / 63

策略渠道选择 / 65

系统研究各种潜在的社会化媒体平台 / 65

评估和选择主动管理和被动管理的平台 / 68

为每个渠道制作一份"模式画像" / 70

为你的社会化媒体团队把渠道的"职责"打包成可管理的工作 / 71

为任务分配合适的人员或团队 / 72

总结 / 72

8 内容 / 74

我的内容选择是什么? / 75

谁来生成内容? / 78

内部生产的内容 / 79

策划的内容 / 79

共同生产的内容 / 80

用户生产的内容 / 80

如何选择正确的内容? / 81

总结 / 87

9 连接 / 89

理解连接 / 90

连接原则 / 93

连接矩阵 / 96

制作网络策略 / 100

总结 / 103

10　修　正 / 106

错误的根源 / 106

组织结构、程序和协议部门 / 109

修正矩阵 / 110

所以呢？ / 112

总结 / 115

11　同步策略点和制作行动计划 / 117

测试1：坐标测试 / 118

测试2：协同测试 / 119

测试3：转化测试 / 123

关于测试的建议 / 123

总结 / 124

第三部分　评估结果 / 127

12　制定评估方案 / 129

我们如何愚弄自己 / 129

评估的目的 / 131

开发社会化媒体评估工具 / 132

那又怎么样？ / 137

总结 / 138

13　度量社会化媒体的效果　/ 140

第一步:掌握度量语言　/ 141

第二步:深入研究度量和分析　/ 145

第三步:避免公制雷区　/ 147

第四步:将指标与5C的评估计划相匹配　/ 148

总结　/ 153

14　撰写社会化媒体评估报告　/ 156

主要原则　/ 156

评估报告的主要部分　/ 159

比较框架　/ 160

数据和分析　/ 160

成功的案例　/ 161

建议　/ 161

附录　/ 162

总结　/ 162

第四部分　结　论　/ 163

15　策略家的心态、专业的感知能力以及热情　/ 165

策略家的心态　/ 166

专业的感知能力　/ 168

热情　/ 170

总结　/ 171

附录1　社会化媒体平台概况介绍　/173
附录2　处理网络愤怒：针对社会化媒体礼仪的策略　/183
附录3　利用社会化媒体招聘新员工　/187
　　　　面向中小型企业的社会化媒体营销　/193
　　　　打造品牌知名度　/199
　　　　建立一个学生组织　/204
　　　　管理由算法引发的社会化媒体危机　/209

术语表　/218

索引　/223

关于作者　/245

关于贡献者　/246

第一部分

理解社会化媒体的基本原理

1

谁需要社会化媒体策略？

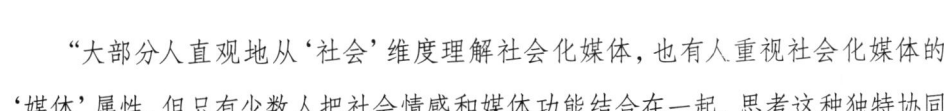

"大部分人直观地从'社会'维度理解社会化媒体，也有人重视社会化媒体的'媒体'属性，但只有少数人把社会情感和媒体功能结合在一起，思考这种独特协同作用带来的可能性和危险性。"

——"那又怎样"博士（Dr. So What）

想象你正处于电气黄金时代的黎明。危言耸听者认为把电放入电线是危险的，对此勃然大怒。领导者想知道电是一时流行的狂热，还是规则的改变者。预言家们争论交流电源和直流电源的命运。革新者们对没有蜡烛的世界的可能性前景垂涎三尺。你会怎么做？你会如何做出反应？你会给你的家装上电线吗？在你决定之前，你会等着看看你的邻居正在做什么吗？

当我们进入社会化媒体的黄金时代，相同的问题产生了。危言耸听者、领导者、预言家和革新者对这种眼花缭乱的变化，以一种可预见的方式做出连续的恐惧反应。组织领导人想知道社会化媒体是不是一时流行的狂热。预言家们争论着哪一个平台最具潜力和持久力。热切的革新者们以平台提供商从未想象到的新颖方式使用社会化媒体。你会怎么做？这就是这本书里的全部内容。

❖ 定义社会化媒体

我们需要从定义社会化媒体开始此书。听起来很容易,甚至可能不必要。毕竟,几乎每一个人都可以说出一个知名的社会化媒体如Facebook、Twitter、Instagram、Pinterest和Snapchat。但是一个好的社会化媒体定义可以:1)突出社会化媒体和其他传播形式的区别;2)帮助我们把"社会化媒体"标签的概念化速记变成更有意义的东西;3)预见本书中讨论的一些关键问题,而这些问题很少出现在日常的社会化媒体上。

为达到我们的目的,我们把社会化媒体定义为一种受到平台提供商规则控制的电子交流形式;它能使用户在选定的社区里共享图片和文本。这个定义强调了社会化媒体五个不同的特征。

电子交流形式:社会化媒体利用互联网作为促进交流的技术手段。比如,在餐馆里面对面交谈的朋友不使用社会化媒体,尽管他们已经同意用Facebook来见面了。

受到平台提供商规则的控制:诸如Twitter和Facebook的平台提供商设定了交流的规则。比如,你在Twitter上分享故事的时候只能发布140个字符。这些限制通过让用户、消费者和营销人员形成独特的成本效益关系,来塑造社区生态。[1]

用户:在社会化媒体上交流,你不需要成为名流、报纸编辑、政府官员和电视名人。任何正确使用技术的人都能参与其中,立即成为社会化媒体名人。这是通信新时代的主要特征之一,媒体把关人正退居幕后。

分享图片和文本:信息、观点、图片、图表和视频都能通过社会化媒体被分享。分享形式是一种还是两种取决于社会化媒体平台。

选定的社区:社会化媒体用户以各种规模和兴趣组成社区。一些社区很大,如一个流行歌手的追随者们,而另一些社区很小,如那些有联系的邻居组成的社区。一些社区基于地理位置,如隔壁邻居或一个社区的社会化媒体平台,而另一些社区更受主题驱动,比如致力于服务患有罕见疾病的人。

这个定义凸显了"社会化媒体"标签的复杂性。事实上,我们将在本书中探讨其中的许多问题。比如考虑选择图像和文本这一看似简单的选择。如何最大化这些选择的效用？这是我们将在后续的章节中深入探讨的一个问题。有一个更令人困惑的问题：为什么一些社会化媒体社区生机勃勃、不断发展，而另一些却停滞不前、奄奄一息？这个问题我们在接下来的章节中讨论。

这个定义还特意避免指出社会化媒体的特定用途或特定类型的用户。通常，"社会化"一词表示一种琐碎的娱乐或无聊的消遣。那是对社会化媒体过于狭隘的看法。人们使用社会化媒体有各种各样的原因，包括交换信息、征求建议和激发行动。同样，许多组织领导者狭隘地把社会化媒体仅仅视为营销工具箱中的一种工具。这本书采取更广阔和更包容的视角来分析社会化媒体的使用和用户。下一节将扩展这个概念。

❖ 谁能从社会化媒体战略中受益？

通过对社会化媒体的有效运用，各种角色的用户都可能受益。下面的示例突出了他们可能会面对的一些策略性问题。

高层领导人：在以往，首席执行官、大学校长和非营利组织的主席会通过备忘录、邮件和市政厅会议与员工分享信息。现在，许多人使用Twitter和Facebook等社会化媒体与员工保持联系。一些人采用信息丰富的策略，定期发送推特。[2] 另一些人更经常使用传统方式如市政厅会议，他们把社会化媒体当作其后续的一种辅助性工具。还有一些人完全不用社会化媒体。哪一种策略最有意义？

研发专业人士：不到50%的公司使用社会化媒体进行研发。[3] 相反，许多公司使用更为昂贵的工具来开发和测试新产品和服务。比如，在全球组成大量的焦点小组。社会化媒体如何在获取创新型消费者创意的同时降低这些成本？

营销人员：营销专家可能是最早一批认识到社会化媒体力量的人。他们之所以获得唯一的资格是因为他们与客户之间日常的人际关系推动了销售。社会化媒体在建立和支持这些关系时发挥什么作用？

公共关系专家：在以往，公共关系专家精心写作新闻稿、建立新闻资料箱、联系媒体和举办新闻发布会，许多公共关系专家还承担着品牌大使的角色。[4] 社会化媒体可以取代或支持一些传统角色吗？

内部沟通交流专家：这些专家的任务通常是推行重大改革，建立对组织价值观的支持，并使得新员工了解组织的文化、政策和流程。这些专家中的许多人使用社会化媒体来执行这些任务。这些专家如何增强对社会化媒体的使用？

人力资源专家：这些专家的任务是雇用合适的人、培训员工并支持他们的职业生涯。许多专家使用LinkedIn或Facebook完成这些任务。社会化媒体如何更好地支持人力资源专家？

记者：许多记者通过关注名人、体育人物和政客的社会化媒体帖子寻找新闻线索和突发新闻。一些记者在Twitter上向关注者发布即将发表的新闻或文章。记者如何才能最有效、最合乎道德地使用社会化媒体？

小企业主：小企业主显然没有《财富》500强企业的财力，因此他们总是在寻找性价比高的竞争方式。在某种程度上，社会化媒体使得单家餐厅与全国连锁餐厅在平等的竞争环境中竞争。通过社会化媒体进行巧妙的本地化推广很可能胜过引人注目的全国性广告宣传活动。小企业主如何最有效用地利用社会化媒体进行推广？

名人、政客和思想领袖：许多人提供建议、宣传个人品牌、分享对当前事件的看法，并发布每日活动。这种令人熟悉的行为潜移默化地鼓励追随者们参加活动、购买产品，利用点对点网络的影响力分享他们的生活方式。也就是说，你告诉你的朋友有一场精彩的音乐会或一本书，然后他们反过来参加活动或是购买那本书。一些名人共同推销他们的作品和商业产品。比如，赛琳娜·戈麦斯在Instagram上发布了一张她喝可口可乐的照片，瓶身上写着她的热门歌曲 *Me & The Rhythm* 里的歌词"You're the spark"。在帖子里的图片下，她写上了巧妙的标题"当你的歌词出现在瓶身上"，获得了惊人的四百万个"赞"。[5]另外，我们几乎每一天都能看到有名人、政客、体育明星等发布一些愚蠢、无理、没有品位的东西。这些人怎样才能在利用社会化媒体增强声誉的同时避免其负面影响呢？

能从社会化媒体策略中受益的专业人士名单可以一直写下去。不管你的专业背景如何，社会化媒体的使用都会带来一些颇具挑战性的问题，制定正确的社会化媒体策略可以帮助你回答这些问题。

❖ 那又如何？

友情提醒：在本书中，你会经常看到这个问题。这是我最喜欢的问题，因为它把关注点集中于一个想法、洞察或直觉暗示的含义和下一步工作。它还有一个好处：这个问题在你的思维中建立了我们贯穿全书使用的策略化思维模式。

在这种情况下，"那又如何"的问题让我们可以从更广泛的意义上探讨社会化媒体，特别是那些与我们讨论的潜在受益者和良好的社会化媒体策略的好处有关的问题。

第一，在你个人世界里奏效的东西可能不会很好地在专业领域奏效。仅仅会开车是没有资格成为交通工程师的。当然这会有一定帮助，但是它不会帮你优化系统、顺畅交通、防止事故。同样地，仅仅经常在Facebook、Snapchat、Twitter上发帖不会使你成为一个社会化媒体专家。尽管你的社会化媒体使用经验有帮助，但它不会保证你知道如何利用社会化媒体来发布商业成果、推广活动、防止公关失误。这正是发生在Cinnabon身上的事情：一个出于好意但无知的社会化媒体"专家"在Twitter上发布了女演员凯利·费雪——著名电影《星球大战》中的莱娅公主的死讯。Cinnabon构思拙劣的"致敬Twitter"写道："安息吧，凯利·费雪，你永远拥有银河系最棒的面包！"[6]

第二，大多数人实际上是他们自己策略的受害者而非主宰者，他们很少抓住新机会。仅仅最近几年，许多手机用户才开始放弃使用固定电话。消费者在很少使用的服务上浪费数十亿美元。为什么花费这么长的时间？简言之，惯性。同样的情况也适用于那些使用过时的方式与股东沟通，与顾客分享新消息及开展一系列活动的公司，而这些本可以通过强有力的社会化媒体策略来完成。几乎没有人谈论他们个人的电话策略，因为这是多年来未经检验的决定。无论是好是坏，这已成为实际上的电话策略。不幸的是，大多数的社会化媒体策略也以同样的方式出现。

这个决策过程不是特别有用，因为实际上策略很少被承认，更别说评估了。只允许自己的策略出现的社会化媒体专家通常会错失机会。相比之下，想想佛蒙特州的艺术家Bo MullerMoore是如何反击连锁快餐店Chick-fil-A(福乐鸡)的。这个公司声称他印有"Eat More Kale"口号的T恤侵犯了公司商标标注的"Eat Mor Chikin"。他在社会化媒体上发起一场反击活动，引发公众对Chick-fil-A的愤怒。他的行动得到了媒体高调的报道，甚至得到了免费的律师服务。[7]这正是绝妙的社会化媒体策略激发的新颖思维。

同样地，Ashleigh Blatt擅长为她的客户制定新的社会化媒体策略。她致力于帮助商界女性意识到扩大收入来源的可能性，同时为她们兼顾事业和家庭提供额外支持。在她通过熟练的数字营销手段帮助一位只有4.5万关注者的客户每年可以获得25万美元收入期间，她认识了一位拥有60多万关注者却几乎没有收入的博主。

Ashleigh甚至帮助她的名人客户通过Facebook、Pinterest、Instagram和Twitter在线营销增加收入。她通过帮助他们生产内容、选择平台和管理他们的网络形象来做到这一点。

这些活动可能对许多名人来说并非自然之事，因为他们既没有时间也没有兴趣去了解社会化媒体景观。[8]结果是，名人可能非常善于吸引注意力，却不知道怎样将注意力转化为金钱。这是一个良好的、非事实上的社会化媒体策略能做到的。

第三，组织和专业人士正在使用社会化媒体处理各种各样的工作，而不仅仅用来社交闲聊。多年以前，高层领导人很容易把社会化媒体视为儿戏，一种可以随意摆弄、不值得严肃对待的东西。在今天是不可能的。各种类型的组织和专业人士使用社会化媒体，这表明社会化媒体需要比儿童游戏更严肃地被对待。显然，社会化媒体在网络上的用途远远超过了社交聊天。现在是时候把社会化媒体看作一种策略性资产了，它就像企业品牌或其他无形资产一样重要。

想一想一些营利性和非营利性组织是如何创造性使用社会化媒体的。营利性组织通过增加收入和降低成本来为业主提供经济利益，他们意识到一个良好的社会化媒体策略可以达成这些目标。有效的社会化媒体活动可以增加市场份额，降低研发成本以及减少广告成本。例如，2014年，麦当劳面临着吸引千禧一代到其快餐店就餐的挑战。那时，千禧一代活跃在社会化媒体上，但是麦当劳在这些平台上的参与度有限。因此，该公司招聘了许多社会化媒体运营人员，但高管们发现把强大的社会化媒体参与度转化为实际销售额是一件棘手的事情。尽管如此，他们还是得到了一些意料之外的收获：研发人员在社会化媒体收集了许多关于新产品和服务的意见。比如，工作人员发现许多千禧一代抱怨10：30以后没有早餐供应。这一发现，连同其他数据，最终使得麦当劳转而使用全天化的早餐菜单。[9]

另外，非营利组织寻求向公众提供教育、社会服务或其他人道主义福利，它们没有明确的利益负担。尽管大学、医院、教堂和兄弟俱乐部可能不注重利益收入，但它们仍然必须在财务预算下开展活动。社会化媒体的低成本性可以带来巨大帮助。比如，威斯康辛大学的绿湾分校使用社会化媒体来为社区搞宣传活动，传播紧急信息，招生和表彰大学成就。其他非营利组织比如Y（原称YMCA，基督教青年会），使用社会化媒体传递新闻和通知，建立捐赠者和合作伙伴的关系，传播品牌故事。

第四，在社会化媒体的有效性和道德使用方面，人们仍难以达成共识。上一节中提到的许多问题都围绕社会化媒体相对于传统工具的有效性展开。比如，社会化媒体能取代直邮广告吗？还有些问题围绕优化社会化媒体实践的有效性展开。比如，对于思想领袖来说，什么是既具有激励性又带有宣传性的帖子的正确组合？不幸之处在于这些问题既不是判断题，也不是多选题。

其他关于社会化媒体使用道德方面的问题可能更具挑战性。例如，在2016年7月德克萨斯州达拉斯市5名警官被杀后，警察局在Twitter上发布了一张这起可怕案件犯罪嫌疑人的照片。照片中的人宣称自己无罪。此后不久，警方释放了他，行政人员在Twitter上发布了一份"澄清声明"。数小时内，Twitter将犯罪嫌疑人从可能的大屠杀凶手变成了一名完全清白的公民。社会活动家、学者和官员将在未来几年，就社会化媒体特殊使用的道德问题展开辩论。

简而言之，大多数关于有效性和道德性的问题都可以通过制定一个强有力的社会化媒体策略来解决。

第五，社会化媒体涉及如此众多不同的部门，因此需要策略性思维来同步整个组织的沟通。想一想所有可能被社会化媒体潜在影响的传统部门，最突出的部门是市场营销、公共关系和内部沟通，但还有其他一些部门。比如，客户服务部可能最先通过社会化媒体听到消费者或客户的投诉。同样地，法律部门可能不得不权衡发布某些信息的潜在责任。

至少，被社会化媒体潜在影响的组织活动和实体部门的数量意味着社会化媒体的管理者必须与其他部门进行协调。Alta Resources公司的社会化媒体专家尼克·路德表示：

"我每天与两个国家的六个不同品牌合作。每一个品牌都有自己的品牌形象和不同的社会化媒体目标。我做的每件事都涉及其他部门、品牌或其他机构。第一天我可能和BuzzFeed合作，第二天，一位由消费者转为博客写手的博主想要洽谈合作。说到底，我的成功或失败取决于我和每个人相处的情况好坏。这就是为什么我认为社会化媒体部门应该真正被称为'团队合作'部门的原因。

社会化媒体团队与我们的利益相关者有着独特的关系。法律部门想要保护组织免受侵害，而市场营销部门想要推销一些新产品。公关部希望他们的利益相关者以某种方式做事或思考。客户服务及执行部希望客户有积极和即时的消费体验。但只有社会化媒体或团队合作部门是唯一与公众互通有无的部门。我们与其他部门合作，以在组织内部或外部与其他利益相关者进行沟通。作为回应，他们会发布帖子让我们知道沟通是否成功。简而言之，是我们的社会化媒体信息的发送和接收决定我们策略的成功或失败。"[10]

如果我们把尼克的洞察力提升到下一个层次，我们可能会得出这样的结论：社会化媒体可能成为一个枢纽，将传统上独立的沟通功能（如营销、公关和客户服务）整合在一起。如果能实现，对于社会化媒体经理来说，策略性思维将变得更加重要。

❖ 总结

这一章提出了值得注意的更深层次的问题。一个策略真正产生的好处是什么？如何制定社会化媒体策略？社会化媒体策略的主要组成部分是什么？如何将我的社会化媒体策略转化为行动计划？应该如何评估自己的社会化媒体策略和表现？

好问题。我们将在本书后面的章节中探索答案。但首先，让我们回到本章开头所提出的困境。假设我们正处在社会化媒体黄金时代的黎明，朦胧的晨雾掩盖了潜在的危险和机遇。我们应如何向前迈进？一个好的策略可以为你提供指导和保护。这意味着我们需要确定一个好的社会化媒体策略。下一章将解决这个问题，照亮我们通往未来的道路。

关键术语

社会化媒体

深入思考

这些练习旨在增强你对关键原理、方法和思想的理解。

1.对照社会化媒体的定义，讨论为什么电子邮件、短信和视频会议不被认为是社会化媒体？提出三个论点，说明区分社会化媒体与其他交流工具为何如此重要。

2.就社会化媒体策略的必要性为持怀疑态度的领导者写出三条论据，包括提供支持论证的例子、数据或来自专家的证明。

3.描述《财富》500强CEO的社会化媒体策略需求与当地艺人的需求的不同之处，写出三条具体的区别。

注 释

1. M. Piskorski, *A Social Strategy: How We Profit from Social Media* (Princeton, NJ: Princeton University Press, 2014).

2. C. Malhotra and A. Malhotra, "How CEOs Can Leverage Twitter," *MIT Sloan Management Review*, Winter 2016, 73-79.

3. D. Roberts and F. Piller, "Finding the Right Role for Social Media in Innovation," *MIT Sloan Management Review*, Spring 2016, 41-47, 41.

4. M. Cervellon and P. Lirio, "When Employees Don't 'Like' their Employers on Social

Media," *MIT Sloan Management Review*, Winter 2017, 63-70.

5. N. Sands, "Four Million Fans Can't Be Wrong: Selena Gomez Has Uploaded the Most 'Liked' Image in the History of Instagram," *People*, July 12, 2016, http://www.people.eom/article/selena-gomez-most-likedphoto-instagram-history. Accessed July 13, 2016.

6. C. Mallenbaum, "Cinnabon Deletes, Apologizes for Carrie Fisher Tweet after Backlash, " *USA Today*, December 27, 2016, http://www.usatoday.com/story/life/people/2016/12/27/cinnabon-tweets-deletes-carrie-fisher-tweet-after-backlash/95893594/. Accessed December 30, 2016.

7. D. Orozco, "Using Social Media in Business Disputes," *MIT Sloan Management Review*, Winter 2016, 33-35.

8. Ashleigh Blatt, personal interview, February 13, 2017. http://mom preneuronfire.com.

9. J.Jargon, "McDonald's Turns to Social Media to Draw Millennials," *Wall Street Journal*, October 14, 2016, B6.

10. Nick Rudd, personal communication, September 5, 2016.

2

什么是社会化媒体策略?

"一个好的策略可以从集中的思想、精力和行动中汲取力量。将注意力适时集中于关键目标,能够产生一系列令人满意的结果。"

——理查德·鲁梅尔特(Richard Rumelt)

复杂的主题就像一团扭曲的结扣。专家们知道如何理清这些混乱的概念,分清核心思想。因此,为更好地理解社会化媒体策略,让我们从强调它不是什么开始。

- 策略不是一个行动方案,尽管方案一定从策略中产生。
- 策略不是一个单一概念,尽管它往往产生于一个简单的基本概念。
- 策略不是一成不变的,尽管它在一定程度上是稳定的。
- 策略不是抽象的,尽管它最初可能看起来如此。
- 策略不是一个简单的口号,尽管它是一个朗朗上口的词语。

知道什么是策略对我们没有帮助,但知道它的本质由何构成有更多帮助。我们将在下一节讨论这个问题。

❖ 一个优秀的社会化媒体策略的本质

基于对不断变化的竞争格局的评估,优秀的策略家会做出宏观的选择,并且将这些选择协调进一条连贯的前进道路,从而形成一套精心制定的战术。这个定义中包含许多重要概念。事实上,我们准备了许多内容,本章的其余部分将专注于拆开这些关键的要素。

❖ 优秀的策略家会评估竞争环境

大多数动物的尾巴是圆柱形的,但极为神秘的海马不是如此——它的尾巴是方形的。为什么?这种生物力学上的奇特之处在恶劣的环境中有两个主要的竞争优势:1)尾巴的形状提供了抓住摇摆的海草所需的优越抓力;2)尾巴提供了灵活的铠甲,保护海马免受敌人的撞击。[1]海马的尾巴体现了海马拥有基于自身和竞争环境所需的独特策略,而这正是一个优秀的社会化媒体策略的本质。

我们将在后面的章节中深入研究如何评估竞争环境。就目前而言,有必要勾勒出整个过程的一笔一画。

- 第一笔画是收集关于你的组织、你的对手、社会化媒体环境和利益相关者的真实情况。
- 第二笔画是从真实情况中寻找潜在模式。这个关注点能够帮助你确定你的优势、弱点、机会和威胁。
- 画布上的最后一笔是证实你的判断。作品完成了?它可能看上去更像一幅素描而非一幅完美绘制的伦勃朗(Rembrandt)作品,但没关系,它展示了整个过程的流动性。

理查德·鲁梅尔特是我最喜欢的策略家之一,他是这样思考的:好策略来自对形势独立仔细的评估,发挥个人洞察力来实现精心制定的目标。糟糕的策略随波逐流,用流行口号代替洞察力。[2]这说明了为什么你永远不能从他处祈求、借用、偷窃到一个优秀的社会化媒体策略。

❖ 优秀的策略家会做出宏观选择

优秀的策略家会做出宏观层面的选择。如果你没有做到这点，你会输掉比赛。让我们来看看下面的例子：

- 尽管笼罩着不详的战争乌云，面对着致命的挑衅，拥有着军事同盟，但美国在1941年12月7日的早晨没有和任何一个国家交战。而当日本人在"永远成为美国国耻日"的那天早晨偷袭珍珠港时，情况改变了。总统罗斯福面临的策略选择是集中美国的军事和工业力量应对德国，还是应对一个直接攻击美国的国家。一个与罗斯福针锋相对的策略表明日本应该成为军事行动的焦点。这不是罗斯福的决定，相反，罗斯福主张"先德国，后日本"。如果他做出了错误的策略选择，那么现在世界上许多人可能说着别的语言了。

- 20世纪80年代中期，英特尔(Intel)的CEO安迪·格鲁夫(Andy Grove)预见到动态存储芯片(DRAM)的市场将在未来数年后消失，尽管当时对这种芯片的需求旺盛。他意识到公司正处于十字路口：英特尔可以继续借此获益，乘风破浪或大举转向其他市场。格鲁夫选择将公司重点转向了微处理器制造业。如果他坚持原来的选择，他的个人财产和声誉可能不会受损失，但从长远来看，英特尔的命运和地位很有可能受到影响。他提出的"策略拐点"是对他采用方法的最好总结。他解释说："策略拐点是力量的平衡从旧有结构、旧有经营方式和旧有竞争方式转向新的。"[3]

- 海伦·凯勒在19个月大时被当时的人们认为是"聋哑盲人"。19世纪末，像"视障人士"这样的安慰性词语不通用。处于这种情况下的许多人会用余生来哀悼他们的命运，将疾病归咎于任何可以想象到的事情上，并沉溺于自怜中。而海伦·凯勒做出了一个积极的宏观选择：

    如果从悲观主义者的角度来看待我的人生，我就完蛋了。我将在寻求映入眼帘的光明和萦绕耳际的音乐上徒劳无功。我将日夜祈求，永不满足。我将独自坐于恐怖的孤寂中，成为恐惧和绝望的猎物。但是，自从我意识到他人和自己都有义务追求幸福，我摆脱了任何比身体残疾更为严重的痛苦。[4]

这是乐观和悲观之间的选择。正因为海伦·凯勒做出了最好的选择,她成为第一个获得大学学位的聋盲人。之后,她又激励了数百万人。

这三个例子具有启发性,它们突出了几个重要的问题。

第一,能够在不同的层面上做出宏观选择。这些特殊案例强调,国家、组织和个人层面会面临策略选择。部门级别也会面临策略选择,比如市场营销、人力资源和信息系统。

第二,宏观选择会涉及一系列不同的问题。

- 对于罗斯福来说,问题就是:"我们应该首先与哪个敌人作战,牵制哪一个国家?"从策略来讲:我们应该首先解决哪一个事项?
- 对于格鲁夫来说,问题就是:"公司未来应该关注什么?"从策略来讲:公司未来的策略方向是什么?
- 对于凯勒来说,问题就是:"我想在一生中成为一个悲观主义者还是乐观主义者?"从策略来讲:我应该如何面对前方的挑战?

第三,宏观选择既不是一目了然的,也不是不可避免的。做出选择需要权衡利弊。每一个案例中,主角都有合理的理由做出不同选择。罗斯福本可以合理地辩称相比于应对纳粹主义的威胁,对日本的报复才是第一要务。今天,很少人会质疑罗斯福或格鲁夫的策略选择的明智。但是,做决定之时,正反方都在争论。事后看来,这些决定的成功似乎是必然的。但在当时,并不能保证这些决定一定正确。正如一位理论家指出:"从本质上来说,试图逃避一个危险,你可能会遇到另一个危险;反之,谨慎性是知道如何辨别不同危险的本质,并把最小的危险当成好事接受。"[5]

对于社会化媒体策略师来说,什么是宏观选择?以下是优秀的社会化媒体策略的五个要素——5C。

- 坐标(Coordinates):你的主要目标是什么?它们之间有什么关系?
- 渠道(Channels):你应该主动或被动地管理哪些社会化媒体平台?
- 内容(Content):你应该发布哪种类型的内容?图片和文字正确的组合是

什么样的？你应该什么时候发布？
- 连接(Connections)：你的社会化媒体应该如何与另一个社会化媒体、组织部门、管理者、决策过程联系起来？
- 修正(Corrections)：你将如何评估效率和修正错误？

5C——坐标、渠道、内容、连接和修正——都是宏观选择，因为这些选择使你深入思考更具体的行动和策略。比如，一旦你决定了几个相关的主要目标(如坐标)，你就可以深入思考更具体的目标。同样地，在你决定突出那些热爱工作的员工的形象之后(如内容)，你可以通过挑选合适的照片或拍摄视频来表现。

❖ 优秀的策略家协调选择

如果你做出了所有正确的宏观选择，这是否意味着你拥有一个好策略？不，卓越的策略不仅仅需要极佳的决策，还需要组合设计，使你的选择共同发挥作用，获得胜利。假设你选择了一位世界级的小提琴家、一位手风琴手和一位尤克里里琴手来表演三重奏，太棒了，你做出了非常棒的宏观选择。但如果你要求他们演奏巴赫三重奏奏鸣曲或几乎任何你能想象到的曲子，你仍然会听到一片嘘声。策略产品的设计或结构应与你的宏观选择相辅相成。如果你使用小提琴、手风琴和尤克里里来演奏古典音乐，这是不会成功的。

在优秀策略的所有要素中，协调选择是最不受重视和最常被忽略的。美国军事策略家用了几十年才找到有效协调空中力量(如空军)和陆军的机制。事实证明，在全球军事冲突中，在特种部队(如三角洲部队、海豹突击队等)中部署空军控制员起到了决定性作用。理查德·鲁梅尔特被称为"策略的策略家"，他这样说道："一个好策略不仅仅要利用现存优势，还要通过设计的连贯性创造优势。然而大多数组织都没有做到。"[6]

社会化媒体世界的协调选择比室内音乐导演的任务更加困难。为什么？我们要处理比三种乐器和一段音乐更多可能性的组合。此外，音乐导演能使用几十年来的传统配乐方案作为协调音乐的参考点。不幸的是，对于社会化媒体管理者来说，参考点不易获得，甚至那些可能存在的参考点随着时间推移，在动态的社会化媒体世界中会发生变化。

然而，优秀的社会化媒体策略家承担了这项艰巨的任务。特别是他们力图使坐标、内容、渠道、连接和修正同步化——使5C成为一个连贯和强大的结构。我们将在另一章讨论这个问题。现在，一些例子会启发你思考这个具有挑战性的问题。

- 假设有一家公司想鼓励社会化媒体关注者购买它的产品和服务(即坐标)，但未能在社会化媒体发帖，也未在公司网页之间提供可用链接(即连接)。听起来可能非常荒谬。事实并非如此。我们对竞争对手的社会化媒体进行了大量比较，发现这种情况发生得太频繁了。
- 或者考虑这样一种情况，高管们希望利用社会化媒体增强思想领袖的声誉(即坐标)，社会化媒体经理决定在Twitter和LinkedIn上集中资源(即渠道)。这种集中是很有意义的，因为思想领袖往往通过对日常事务进行敏锐的观察而获得可信度。同样，LinkedIn渠道强调的是更专业而非个人的定位。在这种情况下，选择之间能够很好地互相协调并加强彼此。

❖ 优秀的策略家将选择协调到一条连贯的前进道路

在关于策略的对话中经常出现的一个主要问题是确定适当的抽象级别。有人抱怨说"策略太抽象，不能付诸行动"，或者"只是说说，没有行动"。如果策略因为这些指控而受审，它应该这样辩护：抽象罪名成立，无行为罪名不成立。优秀的策略是抽象的，因为它们为前进勾画了一个总体框架。事实证明，抽象是有价值的，因为人们可以在不明确指定的行动过程的情况下，决定精力集中的地方。这种大体上的描述使得人们能创造性地应对挑战，并避免扼杀创新精神，而以往当受到严格的规则、规章和协议的重压时，创新精神会不可避免地减弱。

前进的道路来自协调各种选择，形成对未来的展望。注意，我们现在讨论的不是具体的战术而是社会化媒体努力的宏观方向。过去，iPhone的粉丝不能准确觉察新产品的发布节奏,但他们大致了解苹果公司策略的时间表。苹果公司的员工、设计师和供应商也是如此。这种管理方案培养了足够的可预测性,使得公司能够不停地做出资源分配决策。简而言之,它提供了方向和灵活性的正确结合。这一策略的名称是什么?钟摆升级策略(Tick-Tock)。在"Tick"更新年中,苹果公司会发布手机升级,比如不同尺寸的iPhone。在"Tock"更新奇数年中,苹果公司会增强版本的许多已有功能,比如提高相机的像素密度。简而言之,苹果公司在某一年推出了重大创新,下一年,它会通过更多的微调来增强那些创新。注意这些抽象的策略是怎样引导消费者、供应商和软件开发人员的。

让我们把焦点转移到社会化媒体世界。以演员罗伯·劳(Rob Lowe)为例,他在社会化媒体上享有很高声誉。他的个人社会化媒体策略是什么?在发布任何东西之前,他都会问自己以下几个问题:

- 有必要说吗?
- 有必要我来说吗?
- 有必要现在说吗?[7]

在他的思绪掠过这些减速带之后,事情发生了变化。本质上,他用这些问题预先进行自我调节,通过避免发布一些又蠢又笨的帖子来提升个人品牌。他的内容策略叫什么?我们不知道他是怎么称呼的,但可以简单概括为一个"测试后"方法。[8]这些问题提供了过滤器,每一篇帖子都满足了粉丝对于"真正的"罗伯·劳的需求。注意,"测试后"内容策略抽象地概述了一种方法而非指定了一个精确的行动过程。这或许可以解释为什么罗伯·劳没有发布太多愚蠢的东西,而他所在行业的许多人似乎经常这么做。

❖ 优秀的策略家会精心制定一套战术

优秀的社会化媒体策略会发展成为具体的行动,因为它告诉我们,在充满可能性的社会化媒体世界里,应该把精力集中在哪里。事实上,如果社会化媒体策略不意味着行动,那么它应该被认为是失败的。我们称呼这些行动为"战术",

因为它们基本上是实施策略的方法。社会化媒体战术一直在变化,以避免不可预测的危险,并利用新出现的机会。然而,好的战术仍尊重更为广泛和持久的策略。

事实上,我估计95%的社会化媒体专家都会在博客上发表关于战术问题的观点。优秀的社会化媒体管理者会定期监控这些网站,寻找到潜在的可用战术,从而增强他们的策略性任务。重要之处在于,一个优秀的社会化媒体管理者通过为特定组织和个人开发的特定视角来看待这些战术建议。

表2.1展示了每一个社会化媒体管理者必须定期处理的许多战术问题。注意这些战术问题的答案是怎样通过参考策略来解决的。比如,基于特定领域的"提供思想领袖"策略给出了特定战术建议。如果你是一名卫生保健领域的思想领袖,你的听众就会期待你对健康危机和广泛流传的医学研究发表评论。这是一个简单的快速决定:事情发生时发帖子。如果出现了寨卡病毒恐慌,社会化媒体团队最好马上行动,尽快发表评论。如果《今日美国》(*USA Today*)宣布一种神奇的抗癌药通过了临床试验,该团队的专家需要依次给出建议。同样,这样一项策略任务将意味着,蛇油推销员的猜测——通常以医学上的重大突破为幌子——不应被转载。

表2.1　社会化媒体战术问题示例

战术类别	相关问题
时间表	·我们多久发布一次? ·事件驱动还是日程驱动?
帖子	·这篇帖子应该讲述什么或设想什么? ·我们应避免什么内容?
转载	·哪一种类型的材料应该或不应该从其他网站转载? ·我们将如何从所有可用的材料中挑选出合适的材料?
内容长度	·我们应该在不同的社会化媒体上写多长内容?
链接位置	·我们应该把其他材料的链接放在哪里? ·什么帖子应该包含我们主页的链接?
标签	·什么帖子需要一个散列标签? ·什么样的标签有助于我们的搜索引擎优化结果?
词汇选择	·我们应该在帖子中运用什么词汇? ·我们应该在帖子中避免什么词汇?

续表

战术类别	相关问题
图片选择	·什么图像是内置的？ ·什么图像是外置的？
测试	·什么内容需要在发布之前测试？
互动率	·多少比例的帖子需要关注者的意见和建议？
政治支持	·你需要谁的支持来实施和赞助你的社会化媒体策略？
外包决策	·谁来创建内容？ ·谁应该发布内容？
反馈机制	·我们应该用什么工具、方法、分析论收集反馈信息？

❖ 总结

优秀的社会化媒体策略家会对本章讨论的所有要点做出深思熟虑的决定。换句话说，他们不只是因为"所有人都在用"选择Facebook作为渠道。他们不仅仅设想到了商业目标和社会化媒体方案应结合成一个连贯的设计(即坐标)。这些都是需要深思熟虑、讨论和有意识决策的战术问题。这些艰巨任务需要深入思考，但总比雇用一个要价昂贵的社会化媒体巫师帮助你的组织摆脱可怕决定对品牌造成的伤害要好。

制定策略并非没有成本。强大的策略需要时间、精力和努力。然而，本章概述的益处远远高过这些成本。社会化媒体团队成员想知道他们应该把注意力、精力和行动集中在哪里。每一个组织领导都想明智地利用稀缺资源。每一个人都想避免做出蠢事。社会化媒体策略提供了所有这些好处，这将在下一章讲述。

关键术语

5C（坐标 渠道 内容 连接 修正）　　　社会化媒体策略
"测试后"内容策略　　　　　　　　　　社会化媒体战术

深入思考

这些练习旨在增强你对关键原理、方法和思想的理解。

1. 举出三个例子，说明在你的个人生活或职业中策略和战术之间的区别。

2. 优秀的社会化媒体策略有五个关键特征(如做出宏观选择、调节选择等)，创建一个两列的表。在第一列中，按照实现的难易度(从最困难到最不困难)对这些特征进行排序。在第二列中写出基本原理。

3. 反思你与领导者在一起的个人经历。列出五条迹象，表明他们的思维是战术性思考而非策略性思考，举出例子。

注 释

1. M. Porter, D. Adriaens, R. Hatton, M. Meyers, and J. Mckittrick, "Why the Seahorse Tail is Square," *Science*, July 3, 2015, 46.

2. R. Rumelt, *Good Strategy Bad Strategy: The Difference and Why It Matters* (New York: Crown Publishing, 2011), 276.

3. R. Tedlow, *Andy Grove: The Life and Times of an American* (New York: Portfolio, 2006), 229.

4. H. Keller, *Optimism: An Essay* (New York: Fides,2012), p. 21 of 30 (e-book).

5. V. Kahn, *Machiavellian Rhetoric: From the Counterreformation to Milton* (Princeton, NJ: Princeton University Press, 1994), 40.

6. Rumelt, *Good Strategy Bad Strategy*, 9.

7. Rob Lowe, on *Access Hollywood Live*, July 14, 2015.

8. 具有讽刺意味的是，罗伯·劳在2015年7月14日《直通好莱坞》的采访中说，他的帖子是"未经过滤的"。

3

社会化媒体策略的好处是什么？

"每个人都需要一个策略……尽管在人类事务的不确定性和复杂性中寻找出路是个难题，人们仍然认为策略性方法比战术性方法更可取，更别提随机方法了。拥有策略，意味着能从短期和琐碎之处着眼看到长期和本质之处，设法解决病因而非症状，看到森林而非树木。没有策略，面对任何问题或寻找任何目标都会被认为是粗心大意的。"

——劳伦斯·弗里德曼（Lawrence Freedman）

当我还是孩子的时候，我记得乔治·福尔曼（George Foreman）和穆罕默德·阿里（Muhammad Ali）之间一场史诗级的拳击比赛。在我脑海里，支持谁及谁会赢都毫无疑问。年轻时，很容易区分好人和坏人，并以理所当然的心态预测事件。因此当我的英雄失败的时候，我震惊了。阿里把他的获胜策略叫作"以逸待劳"时，我生气了。把我的英雄叫作"笨蛋"是压垮我的最后一根稻草。随着时间推移，破碎和愤怒的心情变成了开放和反思的心态。当怒气平息下来，我开始沉思，很快察觉到这句令人难忘的话背后的策略上的妙处。阿里的策略对于应对对手（如福尔曼有卓越的拳击力度）和场景（如非洲扎伊尔的酷热）非常有效。我意识到所有的战斗——物理上、心理上或是商业上的——都不仅需要技巧上的碰撞，还需要策略上的。这是我对策略问题产生终生兴趣的开端。

说实话，这种情绪影响就像福尔曼的右勾拳一样具有冲击力，因为我不得不承认好人——即使是有许多技巧和粉丝的好人——也不总是获胜。好策略胜过好技巧和大量粉丝，这种心理上的右勾拳带来的教训不断涌现。下面将着重讨论这些内容。

❖ 策略的好处

你和你所在的组织需要策略，因为你们想赢得战斗。你想成为社会化媒体丛林中的阿里而不是福尔曼。你会输掉几场比赛，有些人可能认为你疯了，但你最终会赢得比赛。不过，我要为我的英雄辩护，他一定已经得到了非常重要的策略教训了。毕竟，他卖出的烤架比历史上任何拳击手都多。无论你想在拳击比赛中还是家庭购物圈中获胜，好策略会在以下几个主要方面帮助你：

第一，一个良好的策略有助于指导稀缺资源的部署。经济学课程中的一个基本原理是，所有的资源都是有限的，即便是那些看似无限的资源，如氧气。登上世界上任何一座超过一万英尺的山，你就会马上理解这一点。在社会化媒体世界里，资源包括时间、人力和创造力。好的社会化媒体策略会引导你回答一些基本问题。

- 我们应该在什么社会化媒体平台(如Facebook、Twitter、Pinterest)上集中时间和注意力？
- 我们需要雇用什么样的人来执行策略？
- 我们应该把创造力资源放置在哪儿？

这些问题的答案直接来自你的策略。换句话说，好策略确保你不会陷入你认为应该做所有事的陷阱，那是灾难的根源。不幸的是，许多社会化媒体管理者在压力下工作，必须在所有的平台上随时交流。事实上，如果你看看社会化媒体管理者的招聘启事，你会在显眼处看到这句话——"精通使用所有社会化媒体平台"。"所有"一词让一个真正的策略家的脊梁直打哆嗦。

第二，良好的策略有助于协调人员和资源。前面的好处突出了使用资源的选择，而这一点好处强调了如何协调这些资源。"让所有人都站在同一立场上"需要付出努力，这会给组织带来成本。一个好策略通过使用策略暗示的思维捷径，将这些协调成本最小化。为什么？策略告诉人们什么该注意，同时也告诉人们什么该忽略。会议产生最大的协调成本。一个好策略如何减小这些成本？应控制议事日程，把特别有益的问题摆到桌面上，把其他问题搁置一旁。社会化媒体团队在核心理念上达成一致，并围绕核心理念协调资源，这将影响其他员工对角色、时机和绩效的期望。

假设有一个社会化媒体团队，当它发现某商品或服务的负面评价时，会决定采取评估和回应策略。基本而言，策略就是评估帖子并以适当方式回应。回应意指可以直接回复帖子，也可以忽略它。对比两个社会化媒体团队是怎样处理情况的：A团队使用评估和回应策略，而B团队没有使用具体的反馈策略。

A团队发现一条令人不安的帖子，它损害了公司的声誉。团队立即采取行动：1)决定发布哪一条通用回应(如道歉，采取纠正措施)；2)精心准备几个可能的反驳；3)选择最佳的一个；4)发布回应。与此同时，B团队也许发现也许没发现公司声誉遭遇的潜在危机。毕竟，团队成员使危险有机会出现在他们的雷达屏幕上，甚至更糟糕的是，出现在领导的雷达屏幕上。让我们假设团队中有人遇到了这种状况。现在该怎么办？团队讨论是否应该回应，这反过来会在讨论具体回应内容时陷入混乱，导致另一场关于谁应该回应及何时回应的讨论。即使最后那些问题解决了，另外的棘手的问题也出现了：谁能最终批准回应？回应必须经过主管人员和法律部门的审查吗？诸如此类。

A团队的策略确保成员关注重要的事情，深思熟虑地执行决策的过程，及时应对潜在威胁。B团队的策略没有这些，并可能使糟糕的情况变得更糟。B团队消耗了组织的大量时间和精力。A团队最小化了协调成本，因为策略已经就位。一个好策略带来的好处随着时间的推移及面临许多不同情况时得以显现。相反，每当发生潜在危机时，B团队的协调成本产生了，而可能的收益是暂时的。更糟的是，协调成本往往只产生短期效益，因为每一个潜在危机都被视为特殊事件。

策略为创造流动和快速的协调提供可行框架。

同样，系统、过程和技术需要一起运转来推动你的策略目标。评估和回应策略表明，团队需要专门的资源来检测几乎任何社会化媒体平台上可能出现的潜在威胁。那些资源可能以特定软件技术的形式存在，或者让特定团队成员去监视指定社会化媒体渠道。

系统、协议和进程也需与策略同步。比如，当特定种类的帖子或相同帖子的阈值数量出现时，协议会使得组织中的某些人收到通知。相反，B团队必须当场做出协调决定，这些决定往往处于压力之下并以即兴方式做出。这显然不是处理日常任务的理想状态，也肯定不适用于处理危机。

第三，良好的策略提供强有力的信息，供组织中的员工学习。社会化媒体管理者正在解决一个古老的问题："我怎样才能把信息传达给更为广泛的人群？"我这整本书都致力于回答这个问题，但答案中的一个关键部分是选择适当的抽象层次。换句话说，你需要提供多少细节？提供太多细节会阻碍学习，更别提记忆了。提供太少细节导致困惑和混乱的执行。

好的策略将信息置于适当的细节或抽象层次：这是宜居带——不太热，不太冷。思考两种策略——阿里的"以逸待劳"与"戏弄和抓住"策略。"戏弄和抓住"背后的思想在于，你用一些不同种类的帖子戏弄你的目标受众，然后检测结果并抓住反馈所暗示的机会。有些人可能指责那些朗朗上口的短语漏掉了很多细节以及没有真正告诉你该怎么做。

罪名一：这些策略的确漏掉了很多细节。那是设计成这样的。相反，它们把注意力集中在成功所必需的基本要素上。你假设策略家的战术能力将会填补没有说出的细节。注意，阿里的策略几乎完全是防御性的，在后来的比赛中，人们认为他会把天生的拳击技巧发挥到虚弱的对手身上。同样地，"戏弄和抓住"策略没有要求开发创新性职位——我们假设有那种能力。一个策略专家组在《牛津策略手册》中这样写道：

"一个组织框架(策略)不可能永远是对的或是错的，只能是有益的或无益的。一个好的组织框架(策略)是极简的——它既简单又与讨论所阐明的问题一致——并且令人难忘。"[1]

表3.1 "戏弄和抓住"策略

步骤	插图
1.想一想哪种帖子效果最好	
2.精心制作帖子	
3.缩小选择范围	筛选
4.发送给不同的受众	
5.监测结果（如筛选）	利用
6.发布那些产生最积极效果的后续内容（如利用）	
7.重复	

罪名二是无罪的：好策略指导而非指挥行动。它们通过强调对策略家来说可能不那么自然的问题来做到这一点。阿里当然没有用击败福尔曼一样的方式击败其他对手。"戏弄和抓住"策略暗含的快速实验和实施思维，对于一个采用基于仔细的规划而产生的有条不紊的方法的工程师来说不容易。社会化媒体策略家在向员工和高管发表的演讲中慷慨地使用了"戏弄和抓住"，这表明在处理社会化媒体工作时，他需要转变思维。

此外，"戏弄和抓住"给极具创造力的人传递出温和的信息。帖子的创作者往往会被自己的聪明才智迷住。这既有好处也有坏处。好处：他们会在任务中投入大量创造性精力，这可能会产生令人惊喜的结果。坏处：创作者可能会对自己的作品过于痴迷，不知道何时减少损失，继续前进。"戏弄和抓住"策略寻求在最大化创造潜力的同时，将下行风险最小化。另外，它通过向一个公正的关注者陪审团提交创造性作品，帮助每个人"挽回面子"。

第四，良好的策略能够在动荡时期和危机中提供稳定性。人们在情绪高涨或事态失控时，常常会做出非常愚蠢的事情。一个良好的策略通过提供稳定性来阻止你鲁莽行事。为什么？你的策略应当考虑到你可能会遇到的动荡形势，并帮助你在思想而非情绪主导下思考问题。

假设有人对你和你的组织发表了煽动性言论，你很生气，你要发疯了。确实如此！你想马上用更刻薄的言辞回应。那是人类的自然反应，但它可能不是一个好策略。一个好策略如何帮助你避免做一些恶化形势、让你之后后悔的事情？简单，从你策略中产生的管理协议要求组织中至少有一人，在发帖之前审查潜在的反驳意见。

一个良好的策略会在困难时期将可用选择缩小到可管理的范围。它不要求做出精确的选择,因为你既想培养灵活性又想拥有方向感。道格拉斯·菲斯(Douglas Feith),美国前国防部负责政策的副部长,总结得很好:

"拥有策略的价值是你不必每天醒来,问自己关于最佳行动方案的基本问题。精心挑选出的策略思想不需要经常修改。它们帮助你完善方案,指导战术选择,即使事件以想象不到的方式发生——就像事件总是发生的那样。"[2]

❖ 总结

暴饮暴食和懒惰会带来短期好处,但会对精神、思想和身体造成严重的长期损害。从长远来看,合理饮食和锻炼身体会带来策略上的收益。同样地,异想天开地滥用社会化媒体和懒惰思维可能会使你在短期内得到满足,但不可避免地榨取长期成本。完成必要的作业、思考策略和建立共识的策略益处会随着时间的推移得以显现;避免失败并抓住机遇。

减轻锻炼计划和策略规划压力的一个方法是让它变得有趣。把策略规划当作一场心理上的沙滩排球比赛,当你沉浸在一场有趣的比赛中时,你的大脑会保持健康。并非去打排球,你是去碰撞那些吸引你的想法。要开始这场随心所欲的比赛,没有比探索社会化媒体世界更好的地方了。那是下一章节的主题。

关键术语

评估和回应策略   宜居带   "戏弄和抓住"策略

深入思考

这些练习旨在增强你对关键原理、方法和思想的理解。

1. 本章概述了制定社会化媒体策略的四个主要好处。列出一个4×3的表格。在第一列,列出四点主要好处。在第二列,列出每一点好处的反驳理由。在第三列,列出你对反方论点的反驳。

2.列出三条迹象说明你的社会化媒体策略已经走出了宜居带。

3.画出"戏弄和抓住"策略、"评估和回应"策略的图表。用你的图表指出各策略的三个主要优点和三个缺点。

注　释

1. J. Kay, P. McKiernan, and D. Faulkner, "The History of Strategy and Some Thoughts About the Future," in *The Oxford Handbook of Strategy: A Strategy Overview and Competitive Strategy*, vol. 1, (Oxford: Oxford University Press, 2006), 27-52, 44.

2. D. Feith, *War and Decision: Inside the Pentagon at the Dawn of the War on Terrorism* (New York: Harper, 2008), 89.

4

社会化媒体世界

"内容为王,但语境是上帝。你可以产出好的内容,但如果你忽略它所在平台的语境(如动态),它仍然会枯燥无味。"

——加里·维纳查克(Gary Vaynerchuk)

即使是最有求知欲和天赋的人,他们在社会化媒体世界中遨游时,也会被吓到。的确如此。社会化媒体世界是巨大的、复杂的、动态的,就像地球周围的宇宙一样不断变化。你如何才能看透它呢?

当你面对一个棘手的、多方面的问题时,最好后退一步,从不同的角度来审视它。在这种情况下,三个不同视角可以丰富我们对社会化媒体世界的理解:功能性视角、动态性视角和经验性视角(见图4.1)。

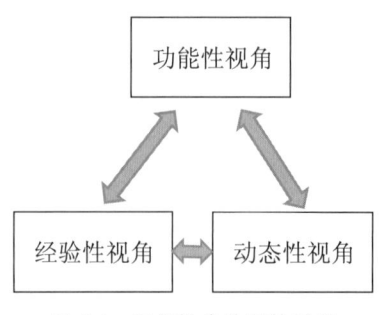

图 4.1 理解社会化媒体世界

❖ 功能性视角

和其他工具一样，社会化媒体展现着其独特的功能。比如，现代铅笔是一种精巧的工具，被用来勾勒形象、画出新奇的东西和记录（或删除）我们的想法。我们也可以用它在枯燥的会议上涂鸦，也可以用它来搅动一罐油漆。[1] 因此，我们总是需要同时思考我们的工具要做什么和它们的实际使用方式。从社会化媒体展现的独特功能方面入手，并考虑工具的用途和它们的实际使用方式，这意味着从功能性的角度看待社会化媒体。

你可以用木炭来刻画图像，但它不是特别有效率或有好的效果。铅笔取代了仅仅为达成这类目的而设计的不良工具。从某种意义上讲，可以通过回顾工具的原始形态并确定它们在原始工具中增加或减少的功能来理解工具。考虑铅笔的技术谱系，我们今天使用的单词"铅笔"来源于中世纪英语单词"pencil"，字面意思是"艺术家的画笔"。

如何向一个从未用过铅笔的艺术家解释铅笔的价值？让我们试一试："一支铅笔就像一把刷子，它保持了颜料的持续流动性，省去了管理调色板的所有麻烦。"可以肯定的是，很少有艺术家会基于这点脱掉工作服和扔掉画笔。但他们会理解铅笔的用途，一些人甚至会想象这种新工具的各种用法。

我们可以用类似的方式来理解社会化媒体平台：

找到与社会化媒体最相似的一个熟悉的工具或活动。

确定一个加到这个熟悉的工具或活动上的关键特性。

找出一个从这个熟悉的工具或活动上删除的特性。

为了简单起见，我们把它叫作"ML+−思维法"，或是"最像之物加减思维法"。使用这种思维法，你可以这样描述Facebook、Twitter和LinkedIn：

Facebook就像随时邮寄明信片给一群朋友和家人，减去了给每个人的明信片贴邮票和写地址的麻烦。

Twitter就像准备一篇小型的个人新闻稿，减去媒体中介，加上了可确保将覆盖的目标受众。

LinkedIn就像一个巨大和永不停止的招聘会，减去了着装打扮的麻烦。

表4.1展示了一些概念，关于如何用"ML+−思维法"来描述比较流行的社

会化媒体的独特功能。那些熟悉表4.1中工具的人可能会对这些描述吹毛求疵。没关系，重点不是具有说服力和全面性，而是要给特定受众提供有用信息。显然，你在Facebook上能做的事情远远不止发送明信片。然而，这张表确实可以帮助外行人理解不断增长的社会化媒体平台背后的基本理念。更重要的一点是，每一个社会化媒体经理都会与不了解这些平台的人合作。"ML+−思维法"提供了对话的起点。

把汽车描述成"没有马的马车"肯定能帮助19世纪的人理解这种新奇的装置。但对于今天购买新车的人来说，并不是特别有帮助。同样，表4.1中的描述可能有用也可能没用，主要有两个原因。第一，熟悉程度会随着时间的流逝而变化，也会根据受众的不同而变化。换句话说，第一列的描述应该随着受众和平台的发展而变化。如果你的用户已经在使用Facebook了，你可能会把Snapchat描述为"没有永久性记录的Facebook"。第二，功能的重要性随着时间发生变化。换句话说，第二列和第三列随着时间的变化而变化。

表4.1 "ML+−思维法"

平台	最相似（ML）	加（+）	减（−）	感性表达
Facebook	一起喝咖啡 冰箱上的图片 杂志	实时更新 数字交互 开源	面对面交互 可触性 隐私	·每天线上聚会 ·即可获取 ·给世界看你的私人日记
Twitter	报纸头条 社会化媒体快餐 会议谈话	实时更新 无限菜单 大量受众	细节 可信度 对话	·在线公告板 ·无细节的现代报纸 ·无纸日记
Pinterest	剪贴簿 妈妈的优惠券 公告牌	无限空间 无限虚拟文件 抽屉 定制	纸和相册 文件柜 物理存在	·拥有无限空间的电子剪贴簿 ·实时公告板 ·口袋里的公告板
Snapchat	发短信 即时消息 便利贴	参与 分享经验 视觉更新	历史记录 存档 责任	·淡出的快照 ·在角落处偷看 ·自毁形象信息

这种变化可能会发生，因为平台的特性随着时间改变。比如，Facebook中的浏览量随着推送中的图片尺寸的增加而变化。同样地，用户可能并非出于创建

者最初的意图而开始使用平台或平台特性。比如，YouTube在2005年首次推出时，看起来更像是一个约会网站。当然，对今天的一些人来说，它是网络电视一个可行的替代品。[2]

尽管有这些附加说明，但"ML+-思维法"为社会化媒体经理提供了一个强大的描述性工具，为他们的策略提供支持。天文学家需要的不仅仅是一台强大的望远镜来探测宇宙。同样，社会化媒体经理需要其他强大的工具来理解社会化媒体世界。下一节将提供另外一种工具。

❖ 动态性视角

影响特定社会化媒体效果水平的因素有很多。表4.2分析了对热门社会化媒体渠道潜在动态影响最大的因素。选用"动态"（dynamics）二字是很慎重的，其并非平台的属性。相反，评级代表了通常从平台属性中产生的基本使用模式。"动态"一词关注的是用户实际如何使用平台，而非平台的固有特性。从动态性视角看社会化媒体，需要评估可信度、接收者的地理位置、图像等因素对用户的重要性。表4.2的评分代表了我们长期咨询的数百位用户和专家的意见。以下是我要求他们评估的关键因素：

- 时间敏感度：发帖的时间有多重要？
- 来源可靠性：帖子的信息来源可靠性有多重要？
- 接收者位置：关注者的地理位置有多重要？
- 类别选择：在社会化媒体平台里选择正确的类别有多重要？
- 用词选择：在帖子中选择用词有多重要？
- 图片选择：帖子中的图片有多重要？
- 信息有用性：帖子中提供的信息有用性有多重要？关注者可以在生活中使用它们吗？关注者对它们感兴趣吗？
- 情感印象：帖子的情感印象有多重要？它让关注者笑了吗？哭了吗？
- 用户规模：典型用户的受众规模有多重要？

下面的表从0(不重要)到10(非常重要)对各种社会化媒体因素的重要性进行了评分。这些评分来自与100多位专家和用户的讨论。

表4.2 社会化媒体平台动态

	时间敏感度	来源可靠性	接收定位	类别选择	用词选择	图片选择	情感印象	信息有用性	用户规模
Twitter	9	9	4	5	9	5	7	9	9
Facebook	8	9	5	5	8	8	9	8	8
Instagram	6	7	5	4	4	10	7	3	7
LinkedIn	5	9	3	7	8	4	2	10	7
Pinterest	3	5	2	10	3	9	5	8	7
YouTube	3	5	2	7	3	10	7	7	6
Snapchat	9	6	4	3	4	10	8	3	4

这些因素帮助我们理解特定社会化媒体平台的独特动态。LinkedIn专家不一定是Facebook明星。为什么？正如表4.2所示，要在LinkedIn上取得成功，需要发布带有更多信息而不是只有情感价值的帖子。[3] 使用表4.2还有其他效用：

第一，你能够决定如何提高你的社会化媒体有效性。比如，学习掌握Twitter的发布节奏需要花费很多时间。如果你在错误的时间或是不太频繁地发帖，你的信息就会像鸟类保护区里的一声鸟鸣一样消失。事实上，大多数帖子的生命周期是18分钟。如果没有在那个时间段里被阅读，它就会被其他刺耳的嘈杂声淹没。[4] 如果你要掌握Instagram或YouTube，你最好让你的视觉神经适应受众的视野。

第二，你能够磨炼你的策略敏感性。正如我们了解的那样，制定策略需要深入理解目标受众的偏好。这包括知道表4.2中的哪一个因素对他们来说可能是最重要的。比如，如果你的目标受众重视移动性并且经常很忙碌，那么某些平台如Instagram应当在你的策略中占据重要位置。

第三，你可以更好地分配你的时间和资源。比如，如果你的策略涉及YouTube视频，那么你需要用一段时间来自学表演、剧本写作和叙述故事。或者，你可以雇一个摄影师。如果你想在Twitter上具有影响力，那么你最好分配资源来磨炼你的写作技巧。比如,权威科学杂志《科学》(Science)要求年轻科学家用几个词描述他们的领域。这是一些年轻科学家精妙绝伦的描述:诺曼·阿尔瓦雷斯(Norman Alvares)描述他的领域是"科学着火:身体发热,头脑冷静"(Fire Science: Hot bodies, cool heads),而卡罗尔·阿尔珀特(Carol Alpert)描述科学传播领域是"科学记者寻找没有首字母缩略词的故事"[5](Science journalists seek acronym-free story)。事实上,研究者们已经确定,帖子越简短,被阅读的可能性就越大。[6]

❖ 经验性视角

我把最广泛使用的视角——经验性视角留到最后。为什么?大多数人把经验等同于能力。但事实并非如此。几乎每个人都可以说出某个驾龄不短,但你不想让他掌握方向盘的人。然而,有时深刻理解某事的唯一方法就是去直接体验它。你可以透过望远镜去了解月球,但那些踏足月球表面的宇航员比我们这些地球人更加深有体会。简而言之,经验同时带来危险和希望。知道如何正确地管理这两者,是思考学习的核心。

经验带来的危险是什么?不是说"经验是最好的老师"吗?不一定。原因如下。

第一,一些经验上的错误可能会对你的职业生涯造成致命影响。问问美国前国会议员安东尼·韦纳(Anthony Weiner)就知道了,他是一个富有经验的Twitter用户。他错误地在Twitter上发布了一张R级照片,引发人们对他判断力的怀疑,最终导致他丢掉了工作。不幸的是,这种情况一次又一次上演。第二,一段时间"奏效"的东西在另一段时间可能不是特别有效。比如,AM电台以前依靠播放流行音乐而蓬勃发展,现在依靠谈话节目生存。同样地,如西尔斯(Sears)和梅西百货(Macy's)的大型零售商在过去几十年里繁荣发展,今天却面临亚马逊等网络零售商的挑战。第三,有时候人们从经验中学到了错误的教训。克服自我欺骗是获得正确教训的第一个障碍。对于一些人来说,这个障碍就像在一场艰难的比赛中爬上一堵火墙一样令人畏惧。为什么?对于他们来说,保护自尊和"挽回面子"比学习有用的东西更加重要。因此,这些人把更多时间花费在指责别人和重复思考错误的想法上，而不是花时间进行真正的学习。简而言之，当你进行经验性学习时，你要避免致命错误、自满的思想和学习错误的教训。

社会化媒体错误是不可避免的，从错误中学习到正确的经验教训并不容易。社会化媒体上的成功也是如此：如果你常常发帖，你就会获得成功，但这并不能保证你从胜利中吸取正确的经验教训。

好消息是，如果你树立了正确的心态，学习到正确的经验教训是很有可能的。什么是正确的心态？就是培养你的好奇心、实验性地思考，并养成正确的习惯(见图4.2)。

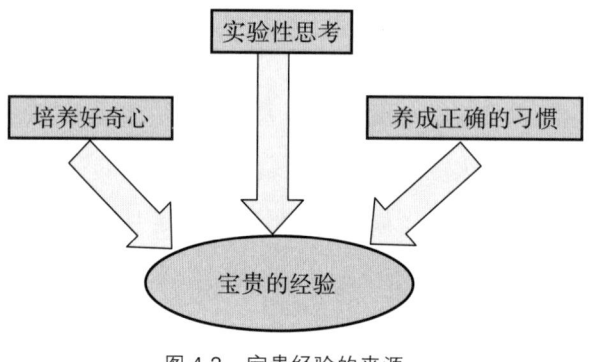

图 4.2　宝贵经验的来源

❖ 培养好奇心

好奇的人会寻找一切学习机会。这种敏感性在学习特定的社会化媒体平台机制时特别有用。熟悉每一种工具的选项和功能需要一段时间。比如，LinkedIn用户忽视了关键词和图库功能，而这些功能可以帮助他们发展个人品牌。[7]他们怎样才能知道这些呢？他们可以阅读《LinkedIn傻瓜指南》，可以阅读关于选项的博客，也可以询问作为LinkedIn专家的朋友。所有的策略都是可行的。或者，当他们意外点击了一个按钮，可能会偶然发现LinkedIn的一个功能，那也是可行的。

❖ 实验性思考

好奇心激发实验性态度。实验会提供更为系统的学习经验，并帮助你学习到正确的经验教训。把每一篇帖子和得到的反馈作为实验，你得到了你想要的结果了吗？遇到了什么意外？你学会了什么应该做，什么不该做了吗？你不需要一架几百万美元的望远镜来做这些实验，你所需要的只是一种创造性的精神和思考反馈意见的意愿。

最重要的是，社会化媒体专家会牢记这句箴言："我很好奇，我喜欢尝试新的工具、想法和方法。我会有灵感和失误，但我发誓要从中学习。"

❖ 养成正确的习惯

任何人都可以立下誓言，比如婚姻誓言，但你的习惯会决定你是永远幸福地生活下去还是以离婚结束婚姻。好习惯有三个基本特征：1) 它们很简单；2) 它们被频繁使用；3) 它们会产生短期和长期的收益。有一个习惯符合这些特征：每天（频繁）刷牙（简单），你会在未来的岁月里拥有健康的口腔卫生（有益的）。

有哪些良好的社会化媒体习惯能兑现你的社会化媒体誓言？这确实不像刷牙一样简单直接，但你可以考虑以下几点：[8]

早晨刷一刷你的订阅、列表和信息流。

回复直接的互动（评论、回复、消息、提及等）。

定期检查你的竞争对手在做什么。

搜索包含与你的组织相关的标签和关键词的帖子。

管理要分享的内容。

检查你的关键分析指标。

调整策略并进行评估。

监测关于社会化媒体的新闻。

分享团队的成功和胜利。

记录你的成功、错误和新的机遇。

最后一个习惯可能是最重要的，因为它能在一个动态的环境中培养正确的学习方式。

❖ 总结

社会化媒体世界每天都在不断发展，偶尔会爆发出超新星般的力量。那又如何？那意味着如果你想成为社会化媒体领域的大师，你需要不断调整自己对于各种社会化媒体功能的理解，即使是在你深入了解其潜在动力时。最重要的是，你需要培养正确的心态，从社会化媒体经历中学习。许多时候，人们认为经验等同于能力。不要落入那个陷阱，相反地，拥抱并享受不断发展的社会化媒体世界的活力。

关键术语

动态性视角　功能性视角　经验性视角　"ML+−思维法"

深入思考

这些练习旨在增强你对关键原理、方法和思想的理解。

1. 在表4.2中圈出三个你认为准确的评分和三个你认为不准确的评分，并证明你的判断。

2. 使用"ML+−思维法"，解释一个社会化媒体不被以下这些人广泛使用的原因：a) 具有较少社会化媒体经验的用户；b) 有大量社会化媒体经验的用户。说说你的理由。

3. 假设你只能运用表4.2中的三个要素做出关于社会化媒体渠道的策略决定(如平台)，你会选择哪三个要素？假设你只能运用表4.2中的三个要素做出关于社会化媒体内容的策略决定，你会选择哪三个要素？说说你的理由以及你是怎样做出这些决定的。

注 释

1. H. Petroski, *The Pencil: A History of Design and Circumstance*(New York:Alfred A. Knopf, 1992).

2. 查看互联网档案馆，看看这些网站是如何变化的。参见：https://archive.org/web/.感谢伊丽莎白·辛兹(Elizabeth Hintz)提供的这个提示。

3. 亚里士多德的学生可能会这样说：在LinkedIn上，理性胜过感性，而在Facebook上感性胜过理性。

4. P Bray, "When is My Tweets Prime of Life?" *YouMox* [blog], November 12, 2012, https://moz.com/blog/when-is-my-tweets-prime-of-life. Accessed January 28, 2017.

5. J. Sills, "Science in Brief," *Science*, July 1, 2016, 22-24.

6. A. Malhotra, C.Malhotra, and A.See,"How to Create Brand Engagement on Facebook, " *MIT Sloan Management Review*, Winter 2013, 18-20.

7. A. Brinkman, "11 Incredibly Useful Linkedin Features You Might Not Be Using, " *HubSpot* [blog], April 21, 2014, http://blog.hubspot.com/ insiders/linkedin-features. Accessed July 17, 2016.

8. 感谢杰娜·里克特(Jena Richter)和艾达·哈夫曼(Adam Halfman)分享其中的许多内容。

第二部分

制定你的策略

这一部分着重介绍如何制定你的策略,可以用图的形式概括七个形成有效的社会化媒体策略和计划所必需的步骤,对应这一部分的七个章节。

第一步从理解你的竞争环境(第5章)开始。这意味着深入观察你所在组织内部的和外部的竞争环境。在这一阶段的出色表现有助于你确定后期的可行方案。通常,当我们发现一个组织的社会化媒体策略存在问题,或是高管们抱怨投资回报率时,我们可以追溯到这一阶段的一些不足。如果你不了解培育社会化媒体策略的气候和土壤,那么你的许多绝妙的点子会因为缺乏支持和适当的培养而在组织的藤蔓上枯萎。

第二步到第六步(第6章到第10章)主要是关注坐标、渠道、内容、连接和修正。社会化媒体策略的"5C",代表了策略的五个核心要素。坐标代表一个特定的目标,它受到你在第一步中所做研究的影响(第6章)。渠道代表了你为了实现你的策略目标而选择的社会化媒体平台和其他交流工具(如网页)(第7章)。内容指的是你将在你的社会化媒体平台上发帖、转帖或分享的图片、想法和信息的类型(第8章)。连接着重于平台之间以及平台与组织流程之间的链接方式(第9章)。修正突出了你计划如何管理错误和错失的机会(第10章)。

最后一步(第11章)可能是最棘手和最有挑战性的。为什么?它将5C同步成一个相辅相成的可持续结构。这意味着优秀的社会化媒体策略师会放弃一些好点子,因为结构性要素不支持它们。就像为房子中的另一个房间创造了一个很棒的设计,却因为地基不支持而放弃了这个计划。我们不想让这样的事情发生!因此我们将研究如何复核和同步你的所有策略性思维。让我们一探究竟吧!

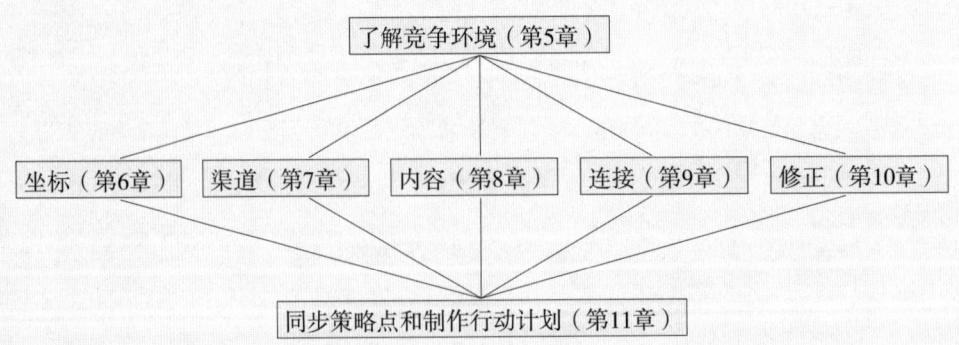

5 了解竞争环境

> "总而言之,这个想法是试图提供所有的信息,以此帮助他人判断你所做贡献的价值,而不是仅仅给出那些引导人们朝着某一特定方向做出判断的信息。"
>
> ——理查德·费曼(Richard P. Feynman)

警告:大多数人不会阅读警告标签,尤其是当他们熟悉问题的时候。但请读读这一条:制定社会化媒体策略比接下来我们要讨论的步骤更灵活和统一。策略规划员常常陷入这一过程的假想线性关系中。我们不希望陷进这个陷阱,因为它剥夺了过程当中的创造力、活力和趣味。

有效地评估竞争环境需要卓越的研究技能、分析能力和适应不确定性的性格。下面概括的方法是基于事实设计的,并仔细考虑了你的专业判断。拥有以下的方法,当情况发生变化时,你就可以从容而快速地改变判断。这一过程有四个基本阶段,理想情况下应按照以下顺序进行:

事实(Facts)——收集相关事实

锚(Anchors)——分离事实隐含的基本分析锚

判断(Judgments)——基于分析锚做出判断

证实(Validation)——证实你的判断

FAJV是它们的首字母缩略词,提醒这一过程的所有参与者,让事实来驱动判断而不是倒过来是多么重要。它是一种强大的思维病毒的解毒剂,思维病毒造成每个人的确认偏见,这种偏见可以被定义为一种倾向,即寻找证据来支持已有的观点和想法,而不是基于事实做出判断。

❖ 第一阶段:事实——收集相关事实

收集相关事实不像收集海滩上的贝壳。为什么?一些最重要的贝壳藏在海里,而另一些在遥远的海滩上。让你的事实探索之旅更加复杂的,是确定你所收集事实的相关性的挑战。在某一时刻看似无关紧要的东西,可能反过来在另一个时刻会变成相关性高的宝藏,你只是不知道。这就是为什么你要收集尽可能多的事实,然后进行相关性筛选。

你应该搜索哪些海滩?从这三个地方开始:1)你所在的组织;2)你的竞争对手;3)社会化媒体世界。任何寻宝者都清楚,搜寻工作可能会永远进行下去。因此你需要设置限制:每一片海滩有100个事实。你的团队应当搜索哪种宝藏?以表5.1为起点回答问题。比如,了解业务目标对制定策略要素至关重要,这会在后续章节讨论。关于你的竞争对手在社会化媒体上的表现的问题也是如此。

表5.1 你应该收集哪种类型的信息

类型	问题
你所在的组织	·你最高的商业目标是什么? ·什么外部组织能够对你所在的组织产生重大影响? ·你所在组织的领导是谁?他们的社会化媒体表现如何? ·你所在组织的主要历史里程碑是什么? ·你所在组织的使命是什么?它的核心价值是什么?
你的竞争对手	·你的主要竞争对手是谁? ·你的竞争对手是如何与你所在组织竞争的(如价格、质量、方便性)? ·你的竞争对手使用的社会化媒体平台是什么? ·除了社会化媒体,你的竞争对手通常使用什么渠道? ·你的竞争对手通常发布什么内容? ·你的竞争对手所在组织的领导是谁? ·你所在组织如何在关键业务和社会化媒体指标上与竞争对手抗衡?

续表

类型	问题
社会化媒体世界	·在过去的12个月中,有哪些新的社会化媒体平台被推出? ·你所在行业使用的主要社会化媒体平台是什么? ·在过去的12个月中,主要的社会化媒体平台提供商做出了哪些改变? ·在过去的12个月中,社会化媒体专家最常讨论的问题是什么?
利益相关者	·谁是你的利益相关者(如顾客、股东、供应商、政府机构)? ·你的利益相关者的典型的社会化媒体使用模式是什么? ·你的利益相关者的主要关注点是什么? ·你的利益相关者从不使用社会化媒体的目的是什么? ·你的利益相关者通常在何时使用社会化媒体? ·你的利益相关者通常在何地使用社会化媒体(如在办公室、在家、在外)? ·为什么你的利益相关者会使用社会化媒体?

并非所有的事实都是平等的。在某些方面,比如你的业务目标,你可以有99.9%的把握。其他的,比如你的竞争对手的发布策略,可能更多的是推测。只要你对你收集的各种事实表现出一定程度的信心,那就没有问题。显然,一些事实非常重要,比如你的可用资源水平。而其他的事实可能没那么重要,至少在最初的时候是这样。

表5.2提供了一个方便的工具来捕捉这些事实动态。特别是当专业团队人员使用的时候,该工具为深入的策略讨论提供了一个起点。为什么?它通常会鼓励人们对某些事实的可靠性和实用性产生有效的分歧,这可能会促使人们提出令人感兴趣的见解。它鼓励策略性思考,因为它强调了任何我们称为"事实"的东西的多变性。毕竟,商业目标无时无刻不在变化,我们今天能用近乎百分之百的信心断言的,可能在竞争中一眨眼就会改变。

表5.2 判断事实的可靠性和实用性

事实	可靠性(高、中、低)	实用性(高、中、低)
类型1		
类型2		
类型3		

❖ 第二阶段：锚——分离事实隐含的基本分析锚

分析锚代表将许多事实连接在一起的描述性交汇点。它们是关于竞争环境的基本模式的客观陈述。换句话说，它们是从前面讨论的第一阶段已收集的事实中提取出的关键见解。分析锚没有好坏之分，它们在设计上是描述性的，而非评价性的。然而，它们确实代表了一种关于什么被认为是重要的观点。

分离竞争环境中的关键分析锚通常是棘手的，但以下步骤可能是有用的：第一，回顾收集到的关于组织、竞争对手和社会化媒体世界的"100个事实"。通过澄清奇怪的陈述和注意意外事件来讨论每个类别中的事实。第二，寻找那些似乎能合成一种模式或似乎与类似主题有关的事实。这些事实将会成为你的分析锚。用图表把事实联系起来或把一堆被编号的事实分离通常是非常有用的，这种列举越直观越好。第三，选择一个合适的描述性话语或标签放置于关键见解莢中。下面是每个类别的一些例子：

- 我们有一个小而忠实的社会化媒体粉丝群体。
- 竞争对手X常常在网页上宣传低成本产品。
- 我们的目标群体更可能使用Twitter而非Facebook。

请记住，你正在寻找一些基于分析的锚，这些锚可用于在下一步提供可行的见解。要避免做出这样的评价："在促销活动方面，我们比竞争对手做得更好。"相反，要使陈述更有描述性，如"我们比竞争对手发布了更多的促销活动"。这种通过描述而不是评价的方式可以使你避免来自潜在认知偏见的影响，这些偏见往往会无声地破坏清晰的思维。这样的描述还能够详细说明为什么你的促销活动是有效的，以及它是如何起效的。（"更好"一词是评价性的，而"更多"一词是描述性陈述。）

有很多原因证明了从评价性评论中分离锚的方法是极其有效的。第一，这一过程会防止你匆忙做出判断。我们的天性倾向是闪电般做出评价，任何减缓这一天性的事情都会增加我们策略性思考问题的可能。那就是为什么陪审团在做出裁定前，需要听取所有关于案件的事实。第二，这个过程会帮助你辨别情况的好坏。假设你的竞争对手在社会化媒体上的知名度比你高,这一事实没有好坏之分,它只是关于环境的一个关键性观察和分析锚,是你必须面对的事实。它带来了挑战,也带来了独特的机会。最后,将分析锚和你的评价判断分开可以培养基于事实的讨论。如果我们就有关情况的基本看法达成一致,就应该增加在其他策略任务上共同前进的可能性。下面的故事揭示了这种思考的力量。

1965年,戈登·摩尔(Gorden Moore)在一份相对不太知名的期刊《电子学》中阐述了我们现阶段寻求的白金级的见解。如今,提起著名的摩尔定律,它准确地预见了"(电子)电路的复杂度几乎每年会翻一番"[1],现在似乎已经变得平淡无奇。然而,在那时,它是对电子工业状况的一个绝妙的见解,这个见解会对地球上的每一个人产生深远的影响。正如他的传记作者指出:"摩尔定律是人类想象力的产物。摩尔定律作为技术见解而闻名于世,它描述了数字电子和计算机技术的发展。的确如此,并且远不止如此。这是一个关于想象力、热情和世界革命的惊人故事。"[2]这一见解融合了许多关于竞争环境的事实,包括制作成本、消费需求和技术诀窍。这个关键见解最终促成了传奇的硅谷公司的成立,摩尔帮助创建了这家公司并领导多年。当然,仅仅凭借一个关键见解——即使是像摩尔定律那样影响深远——也不能够保证你能创建并发展为像英特尔(Intel)一样的公司。这种成功需要能看出见解影响的能力。这是下一阶段要解决的问题。

❖ 第三阶段:判断——基于分析锚做出判断

强些总比弱些好,对吗?更多总比更少好,对吗?许多人会同意这两种说法。这是错误的。首先,想一想粘合剂,强真的比弱好吗?如果你试着修理水管,你需要一种耐腐蚀性的强力粘合剂。但如果你想在你最喜欢的社会化媒体书籍中注意到一段重要内容,你需要的是弱粘合剂,比如便利贴。同样,更多的选择总是比更少的选择好吗?不一定。事实上,研究人员创造了"选择悖论"一词,用于表达选择太多常常导致优柔寡断的瘫痪状态。换句话说,太多的选择反而让你无法做出选择,[3]想买贵重物品的人们通常会陷入这种矛盾。

传统地说,策略规划人员常常与团队合作来确定优势(strengths)、劣势(weaknesses)、机会(opportunities)和威胁(threats)(SWOT分析法)。这一过程如果不以前面收集的事实和锚定阶段中提出的观点加以调整,可能会有启发,但也会产生误导。比如,粘合剂的强力程度是优势还是劣势?都是。对于你的花园水管来说是优势,但对于你最喜欢的社会化媒体书籍来说是劣势。同样,在大卖场有更多选择是机会还是威胁?都是。对于根据自己的情况选择最佳商品的购物者来说是机会,但对于仅仅是走进商店都感到害怕的人来说是威胁。

强弱和多少的谜题反映了策略师心态的一个基本特征。也就是说,策略性思考并不是机械地指出优势、劣势、机会和威胁。而是取决于你如何看待它,一个竞争形势的分析锚可能是以上的所有因素——一个优势、一个劣势、一个机会和一个威胁。

表5.3提供了一个工具来帮助你遵守这一原则,在第一列中,你要记录你之前确定的分析锚。在其他列中,你要确定每一个锚是如何转化为你所在组织和社会化媒体团队的优势、劣势、机会和威胁的。比如,一所大学的目标是扩大对校友和未来学生的宣传。

分析锚:绝大多数(90%以上)的社会化媒体粉丝都是校园中的学生。

优势:住校学生有一个紧密联系的社会化媒体网络,这似乎满足了他们的需求(我们可以从收集到的关于社会化媒体使用模式的事实中合理地推断出这一点)。

劣势:住校学生比整个社区、通勤学生和政府官员有更多不同的社会化媒体偏好。

机会:住校学生可能成为扩大网络的潜在倡导者。

威胁:基于校园的内容可能会被误解,甚至对外界具有煽动性。

表5.3 基于锚的SWOT分析

分析锚	优势	劣势	机会	威胁

这正是"双管齐下"的思维法，将最终促成一个极佳的社会化媒体策略的形成。

我们需要在这一步中增加更多调整。在策略家确定了每个锚的SWOT后，可以突出显示批判所暴露的主要评估。哪一个锚是主要的优势？劣势？机会？威胁？简单地在适当的一栏或几栏上画圈就可以了。如果我是一名研究人员，任务是开发强力粘合剂，但我无意中制造出了弱粘合剂，那么我会在表5.3中圈出劣势单元格。随后，核心策略问题将是："我们如何将这一劣势转化为机会？"这几乎和3M公司开发便利贴的情况一模一样。

在前面所举的大学示例中，你的团队可能做出与直觉相反的判断，认为这个分析锚主要是一个劣势或威胁。反过来，这一见解也启发了一个策略决策，就是为社区建立一个独特的社会化媒体平台，为潜在学生建立另一个。

❖ 第四阶段：证实——证实你的判断

事实、锚和判断都充满了不确定性。你永远无法摆脱所有的不确定性，但你能够通过询问正确的问题和验证你的结论来增加自信。

你的验证测试的范围可能从非正式到逐渐严格（见图5.1）。通过快速的谷歌搜索来证实事实，在可信的同事那儿进行深入了解，或向一群朋友询问与你的评价有关的事情，以上这些都被认为是非正式的测试。进行焦点小组访谈、调查、建立实验研究都提供了更为严格的测试形式。这些方法中的任一种都能适用于你的社会化媒体团队。

通常，组织没有意愿或资源实施更多正式的技术。在社会化媒体世界中，这往往是一个不错的决定，因为当一项正式研究的结果面世时，一些新的社会化媒体"小行星"已经在地平线上燃烧了。简而言之，大多数正式的社会化媒体研究的半衰期都长不过Snapchat上的照片。

因此，大多数的社会化媒体管理者发现，如果使用得当，非正式的测试技术往往会提供最大的实用性和价值。负责任地使用非正式的测试会帮助你抵抗确认偏见的诱惑。人类总是在自欺欺人。正如所提及的，我们这样做的主要方法之一是寻求确定的而非相互矛盾的信息。这种做法保护了我们的自尊，增加了

我们的希望,代价是无法获取准确的信息和实现我们的目标。抵制这种自然冲动可能相对容易:

新手的自然倾向——我只会问一个同事:"你难道不觉得我关于X、Y和Z的观点是对的吗?"

专家深思熟虑的替代方案——我会问:"X、Y和Z的观点在什么情况下有可能会错?"

新手的自然倾向——我只会寻找支持我的洞察的事实。

专家深思熟虑的替代方案——我会搜寻所有与洞察有关的事实。

新手的自然倾向——我的社会化媒体专家说这是我们应该做的。

专家深思熟虑的替代方案——我会问:"其他专家的建议是什么?"

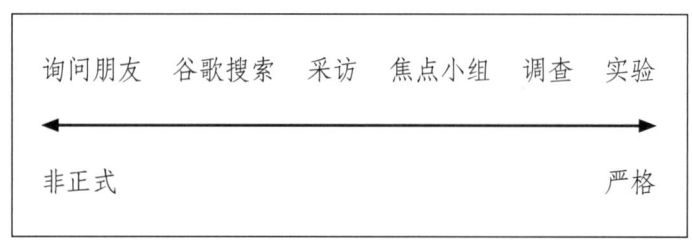

图 5.1　验证的选择

注意,新手的非正式测试倾向于个性化和寻求支持性的评论。专家的方法是将测试过程去个性化,并寻找相矛盾的信息。简而言之,新手的方法是按下"确认偏见"按钮;专家试图将其断开。

使用非正式测试技术可能不符合传统的社会科学标准,但其好处是加速了进程。有时候,放慢脚步并使用更正式的技术来处理特定的事实、见解或评论是很有意义的,尤其是那些对新兴的社会化媒体策略来说可疑或至关重要的事实。对于可疑的事实,你可能会质疑关于竞争对手的社会化媒体信息组合的洞察的合理性。快速的研究可以印证你的团队的看法。在关键的类别中,你可以测试你的客户服务团队对社会化媒体上投诉的回应能力。

假设你已经完成了列出的所有阶段所要做的事情,甚至可能多次重复了这些过程,现在,是时候把这些见解总结为一个简短的文档了,并将该文档作为选择你的坐标、渠道、内容、连接和修正(即5C)过程的集合。

关于这一阶段你需要注意这些:从表面上看,这个最终文档对于那些没有参与其创建过程的人来说，似乎相当平淡无奇和缺乏启发性。当然，这种简单的表象只是海市蜃楼。事实恰恰相反。事实上，这个文档综合了所有在FAJV阶段的辛勤努力。那就是为什么注意到用来达成每个主要见解的关键事实往往是有意义的。这一步对于获得那些没有参与过程的人的支持可能是有必要的。

最后一点注意事项：可以回溯本章描述的步骤，因为重大问题可能会伴随光标的抖动出现。当你躺在舒服的床上睡觉时，在眼球快速运动周期中，一个策略性洞察可能会出现在大脑的深处。一句话：向前走，但不要害怕回溯和重新审视。回想起来，到达选择你的5C的阶段点可能比实际情况看起来更加线性。或者至少，你可以这么告诉他人。

❖ 总结

备受尊敬的美国前参议员帕特里克·莫伊尼汉（Patrick Moynihan）曾经打趣说："你有权发表自己的见解，但你无权掌控自己的事实。"[4]正如他从美国参议院的辩论中了解的那样，观点总是推动事实的发现而不是相反的那样。这是导致策略失败的一个原因。相反，本章概述的FAJV流程为制定一份伟大的社会化媒体策略提供了大部分的要素。

关键术语

分析锚　FAJV　认知偏见　SWOT

深入思考

这些练习旨在增强你对关键原理、方法和思想的理解。

1. 把FAJV元素按照从最难到最简单的顺序排序。为你的排序提出至少三个论据。在处理清单上最困难的项目时，提出三种方法来克服你将面临的挑战。

2. 针对为传统SWOT分析法添加"分析锚"的价值，提出三条论据。

3. 创建一个两列的表格。第一列标上"非正式"，第二列标上"严格"。第一列中，提出三种最适合使用非正式验证方法的典型情况。第二列中，提出三种最适合使用正式验证方法的典型情况。为表中的选择提供理由。(提示：有关验证选项的列表参见表5.1。)

注　释

1. A Thackray, D. Brock, and R. Jones, *Moore's Law: The Life of Gordon Moore, Silicon Valley's Quiet Revoltionary* (New York: Basic Books, 2015), 261.

2. Thackray, *Moores Law*, xix.

3. B. Schwartz, *The Paradox of Choice: Why More is Less* (New York: Harpercollins, 2009).

4. E. Hume, *Tabloids, Talk Radio, and the Future of News: Technology's Impact on journalism* (Washington, DC: The Annenberg Washington Program in Communications Policy Studies of Northwestern University, 1995). http://ellenhume.com/wp-content/uploads/2016/12/tabloids_printable.pdf. This quotation has also been attributed to Bernard M. Baruch and James R. Schlesinger.

6

坐 标

❖ ❖ ❖

"战略思考是困难的,也是不自然的。你可能会想象你是在做战略,但很可能你只是在做战术。要拥有只有战略才能带来的力量,你必须能够置身于'战场',专注于你的长期目标,精心策划一场完整的战役,摆脱生活中诸多战斗将你困住的反应模式。牢牢记住自己的整体目标,就能更容易地决定何时战斗,何时走开。这使得日常生活中的战术决策更加简单和理性。战术家的脚步沉重,陷在地里;战略家的脚步轻盈,看得远,看得广。"

——罗伯特·格林(Robert Greene)

我们常常忘记惊叹于那些需要惊人智慧、特殊技能和纯粹勇气的日常事件。想想全球每分钟数千次成功的飞机着陆,诚然,这是司空见惯的事,但这并不会削弱我们对飞机设计师的想象力、跑道建造者的工程技能以及飞行员将数千磅联系在一起的钢、铝、电线、电脑和乘客抛向稀薄空气的勇气的敬畏。我们很少能从日常生活中找到令人敬畏的灵感。这是不幸的,但也许是可以理解的,正因为每一次成功的飞行,才让非凡变得司空见惯。优秀的社会化媒体战略也包含着类似的特质。随着每天的成功累积,在制作过程中所付出的特殊努力很快就被遗忘了。在这一章中,我们将深入研究导致这种现象的潜在因素。

怎样才能使飞机成功着陆?风速必须合适,飞机的俯仰要恰到好处。为了获得合适的速度和完美的俯仰,飞行员必须精确地知道跑道的确切坐标——经度、纬度和高度。如果飞行员没有把每一个坐标都弄对,飞机就会坠毁。

同样,如果社会化媒体策略师不能获得所有正确的坐标,那么整个企业就处于危险之中。策略规划人员常常把注意力集中在目标上。飞行员的经度目标至关重要,但如果他错过了纬度和高度,飞机仍然会坠毁。这说得过去。这也是为什么我更喜欢使用坐标这个术语,因为它强调了在多个维度上取得成功的必要性。

❖ 优秀坐标的特征

几何老师喜欢谈论坐标,即使他们觉得很难解释。简单地说,坐标定义了空间中的位置或点。三角形有三个坐标或连接点。社会化媒体策略师至少应该从三个角度考虑问题。也就是说,要选择三个相互联系、相互促进的目标。选择并实现一个目标并不会让你主导社会化媒体空间。三个紧密相连的目标可以帮助你定义和支配这个空间。你的社会化媒体的三个目标创造了秩序,并在一个充满可能性和不确定性的令人迷惑的星系中,提供一个定向结构。优秀的坐标有三个特征。

第一,优秀的坐标表示了关于做什么和不做什么的艰难的、"大局"的选择。在社会化媒体世界里,你几乎可以做任何事情,但你也不能做任何事情。为什么?因为资源是有限的。这意味着我们必须明智地选择做什么和不做什么。事实上,苹果公司已故的史蒂夫·乔布斯(Steve Jobs)曾经说过:"正如我为我们所做的感到自豪,我也为我们没有做到的感到自豪。"[1] 优秀的社会化媒体策略家,比如有远见的技术先锋,会选择能带来最大收益的坐标,同时还能限制不利因素。他们不会尝试做每件事。在引言中提到的策略"困难的和不自然"的部分,会在讨论坐标时出现,因为它通常意味着要为了配合目标而留出一些有价值的目标。这意味着不要追求一些诱人的目标,而是追求一些更有价值的东西,发挥你的优势,提供更长远的利益。

第二,优秀的坐标相互补充。断开的点不会形成三角形,同样,没有关联的

社会化媒体目标也不会对竞争力量形成影响。相反,伟大的战略目标是相辅相成的。考虑以下三个目标:

- 建立一个更加带有互动性的网站,突出我们的社会化媒体存在。
- 更好地利用社会化媒体平台吸引用户关注我们的网站。
- 与主要组织成员合作,为我们的数字战略获取支持和内容创意。

这个简单的例子展示了目标或坐标如何通过将一个目标的元素交织到另一个目标中来增强彼此。

第三,优秀的坐标严格定义了操作空间。社会化媒体管理新手往往会落入这样的陷阱,即通过他们所监管的社会化媒体平台来定义自己的工作。可以肯定的是,管理社会化媒体平台代表了他们工作的一个方面,但这是他们对操作空间过于狭隘的看法。这就像飞行员只考虑高度一样,如果不考虑经度和纬度,飞机肯定会坠毁。严格定义操作空间意味着为内容决策、渠道选择、联系选择和纠正机制建立目标。还有一个更重要的维度是组织目标,将在下一节中讨论。

❖ 制定坐标的原则

将典型的目标陈述转化为坐标,需要一种特殊的思维方式。传统上,人们被教导要制定SMART目标,即specific(具体的)、measurable(可衡量的)、actionable(可执行的)、realistic(现实的)和time bound(有时间限制的)。这很好,但是建立坐标需要更高层次的思维,而这种思维已经经过军事战略家和思想家的磨炼。事实上,战略思维的概念起源于文明之初的军事行动。将军们需要一种方法来部署有限的资源,做出闪电般的快速决策,同时不受血腥的日常战争的影响。战略思想就是从这种需要中产生的。随着时间的推移,这些想法得到了磨炼、争论,并被应用到许多其他领域中,如商业,甚至我们的日常生活中。记住这些丰富的历史,考虑以下三个重要的经典战略概念。

第一,尊重组织中的"不平等对话"。美国和欧洲的高级军官在与文职领导人打交道时遵循"不平等对话"的原则。艾略特·科恩(Eliot Cohen),美国前军事战略专家,解释了交谈如何既是对话也是不平等的:"对话双方(军官和文职领导人)直言不讳地表达了他们的观点,事实上有时候是冒犯性的。不是一次而是反复出现的,而且是不平等的,因为文职领导人的最终权力是明确和毫无疑问的。"²

理想情况下,社会化媒体经理应该与自己的组织领导进行类似的辩论。遗憾的是,这可能不会发生,因为许多领导者未能理解社会化媒体在实现组织目标方面的重要性。因此,我们可能还需要一段时间才能看到负责社会化媒体的领导者被列为大多数组织的高级领导团队成员。不过,有一个充满希望的迹象:一些更进步的公司拥有首席数字官(CDO)或首席数字信息官(CDIO)。

也就是说,社会化媒体管理者可以通过尊重"不平等对话"背后的基本观点来提升这种影响力。这意味着要认识到组织的目标应该指导社会化媒体的目标。如果你的企业正在寻求降低成本,那么你最好开发这样的社会化媒体目标。如果你的组织想要扩大它的客户或捐助者基础,那么你最好找到使用社会化媒体的策略方法来帮助实现这个目标。简而言之,如果你不能证明你的组织目标和社会化媒体目标之间存在紧密联系,那么你就不配参与任何与高层领导人的对话,不论它们是平等的还是不平等的。

第二,"不要打最后一场战争"。这是伟大的策略准则之一,经常被引用,但往往被忽视。从以往战争中汲取的教训比想象未来所需的教训要容易得多。前者基于相对确定性,后者基于不确定性。这就是为什么军方经常陷入一种简单易懂的习惯,即设计武器系统以应对已知和常规的威胁。这就是为什么"9·11"袭击事件审查委员会将"缺乏想象力"作为战略上未能预见这种事件的主要原因之一。委员会注意到,"想象这种天赋通常与官僚机构无关……因此,关键是找到一种方法,将想象力的运用常规化,甚至官僚化"³。

避免社会化媒体领域的"最后一场战争"心态,需要头脑灵活,关注当前的动态趋势,以及行业中更稳定的因素。这种识别力既稀有又珍贵。想想最初有多少组织响应了社会化媒体。他们发布的内容几乎与他们多年来在传单、直邮广告和电视广告中使用的内容相同。这种"剪切和粘贴"战略简单易行,这是"最后一场战争"的战略,但很快就被证明是软弱无能的。

第三,知道何时进攻,何时防守,何时使用特殊的团队。进攻性战役追求竞争优势,防御性战役则注重守住现有阵地。军事领导人知道,发动一场有效的进攻行动通常比保持防御行动需要更多的资源。这就是为什么成功的军事指挥官会避免一次袭击所有地方。经常被人提起的格言"选择你的战斗"很好地概括了这种情绪。不幸的是,这并不能概括大多数社会化媒体管理者所承受的压力。原因是什么?组织领导经常告诉社会化媒体经理该打什么仗。一个共同的要求是,在所有社会化媒体平台上都要强有力地出现,同时满足所有不同利益相关者的需求。与将军们一样,社会化媒体经理往往没有足够的资源来完成所有的任务。

知道什么时候该进攻,什么时候该防守,什么时候该使用特殊的队伍,这就为我们提供了一个解决这个难题的方法。考虑一下在所有社会化媒体平台(即所有渠道)上存在的压力。一个深思熟虑的社会化媒体经理会选择最适合公司目标受众使用且最适合其核心信息的平台。

进攻性战役与防御性战役协同作战。在某些平台上,最好是投入大量资源并向前倾斜。在其他方面,最好是通过主动保护相关域名、监控帖子和链接到更强力的平台来进行防御。偶尔,你必须组织一个专门的团队,来处理特殊的问题或意想不到的挑战。这个行动可能集中在以前被边缘化的平台上,或者集中在解决对你的组织构成潜在威胁的内容问题上。

这三项原则——尊重不平等的对话、对未来的挑战充满想象,以及将资源和战略与特定目标相匹配——对于开始制定坐标至关重要。然而,要将这些原则转化为协调一致的目标,需要一种讨论协议,该协议可以最大化和协调分析与想象力之间的内在张力。下一节将概述这一过程。

❖ 制作坐标的讨论协议

坐标本质上是同步的宏观目标。建立有用的坐标往往是相当有机并有点混乱的。没关系,好的策略讨论很少是线性的,但它们需要向前推进。它们往往会随着你的思路澄清和新问题的出现而形成回环。一个简单的结构有利于强有力、具有前瞻性的讨论。

有许多可能的协议可以为讨论注入适量的结构和鲁棒性。其显著的特点是,它们一开始提出了相对笼统和互不相干的见解,最后却提出了更加具体和协调的目标。从本质上讲,这是一个筛选过程,旨在筛选出最好的策略洞见。最终坐标的质量和效用取决于竞争分析的质量,以及你从中吸取正确教训和设想前进道路的能力。尝试以下协议的一些变体,以达到这些具有挑战性的标准。

第一,回顾你的竞争分析,找出隐藏的联系。你的竞争分析包含了关于策略优势可能来源的提示。有些是显而易见的,有些则不是。把自己想象成一个四分卫,回顾下一个对手的比赛录像,寻找可以利用的机会和需要避免的危险。想象一下,将你的社会化媒体活动的"比赛影片"与竞争对手的"比赛影片"进行对比,可以得到怎样的启示。

从竞争分析中收集到的一个见解可能是有用的,但是将多个见解连接到见解荚中,就会使竞争环境完全偏向你的方向。一个简单的方法是在白板上把各种见解分组,然后挑战小组成员在荚之间画线和箭头。如果这听起来有点像绘制足球比赛的图表,那你是对的,因为你确实是在试图想象隐藏的联系。画出你的见解能让你更好地了解你需要做什么和你需要避免什么。

第二,构建一个"大脑刺激"表,如表6.1所示。这张表为你提供了一个工具来尊重不平等对话原则。在第一列中列出的业务目标将在第二列中引导你进行创造性的头脑风暴。表6.1提供了一些可能的起点,但并不意味着它是全面的。

表6.1 头脑风暴业务和沟通目标

业务目标	可能的沟通目标
提高产品或服务的销售	·推动人们访问网站 ·应对问题 ·鼓励积极的评论 ·为新产品创建戏弄者 ·提供示范 ·与公众分享公司专家 ·为意见领袖提供预先包装好的内容 ·启动"与朋友分享"计划 ·使用用户生成的内容 ·提供激励
降低成本	·创建成本削减创意大赛 ·强调节约成本的事例 ·展示节省成本的好处 ·将员工招聘转移到在线平台 ·利用在线平台进行消费者调查
增加活动出勤率	·推广活动 ·提供提示 ·给予及时的反馈 ·回答问题 ·分享事件内容 ·提供独家的好处 ·开展一个比赛

你的竞争分析自然会导向对你可能追求的策略目标的猜测。写下可能的沟通目标。此时不需要线性或逻辑，想象力和胆识胜过合理性和一致性。

第三，发现目标集群或见解荚。如果你成功地完成了第二步，那么你就已经完成了一个大杂烩目标清单，其中包含了指向不同方向的不同层次的具体目标。它应该像一个孩子的玩具箱一样，是一个纠缠不清的快乐的烂摊子，里面扔着各种价值的见解。现在该是大人们进来整理的时候了，把价值不高的东西扔掉，把珍贵的东西选出来。在第二列中的各种目标之间绘制类似于豆荚状的状拢线通常很有启发性。对目标进行分组，通常需要明确比较抽象的目标。有些目标可能不容易归入一个组别，可能会单独存在。

第四，给荚贴上标签并进行评估。例如，在表6.1中，围绕增加参与度出现了一组见解（例如，回应关切，鼓励正面评价）。然而，这些荚并不平等。将真正重要的事情和其他事情分开通常是很有挑战性的。但如果你想要制定一个真正卓越的策略，就必须这么做。需要注意的是：当与其他更宏伟的目标相联系时，一些最不令人兴奋的见解荚可能被证明是非常有价值的。例如，重新设计你的网站，同时重新定位你的社会化媒体内容，以激发更多的互动，这可能是一个成功的策略。

第五，确定如何将这些目标联系起来，以完成一些独特而壮观的事情。回想一下，目标只有相互联系才能成为坐标。用几何学的方法思考、画图表可以提供帮助。画出带有不同粗细箭头的线条，有助于显示目标之间的紧密程度。较粗的线条表明各荚之间的协同关系更紧密。箭头指向隐含在目标群中的潜在序列，需要先做什么，后做什么等。你甚至可以在箭头上加上数字，以指示充分实现该策略所需的步骤。

表中的一些荚可能是"无链接"或"无关系"的。扔掉它们，修改它们，或者至少把它们放在"将来要考虑的事情"的箱子里。一般情况下，你要寻找有多条连接点的线的荚。三角形每次都能打败单线。为什么？荚之间的联系表明，你正在竞争激烈的环境中开拓一个不容易复制的独特的空间，结果通常是惊人的。好处是你已经把单纯的目标转化成坐标。

❖ 总结

优秀的策略坐标为你的其他主要决策提供了概念框架。坐标框定并因此约束你关于渠道、内容、连接和修正的所有其他决策。如果坐标表示策略蓝图和框架,那么你选择的通道将象征你的策略的屋顶、镶板和地板。这些事情我们都见过,但是不会经常考虑。社会化媒体策略师就像一个优秀的设计师一样,这就是我们下一章要讨论的问题。

关键术语

见解芙 不平等对话

深入思考

这些练习旨在增强你对关键原理、方法和思想的理解。

1. 暂时忘掉社会化媒体吧。列出三个你的个人或职业目标,它们可以互相补充。解释这些目标是如何协调的,如何丰富彼此和你的生活。

2. 描述三个背离不平等对话原则的潜在危险,并提供例子。

3. 这一章的开篇就指出,从策略上思考是困难的,也是不自然的。创建一个两列表。在第一列中,列出策略"困难且不自然"的三个原因。在第二列中,列出应对每个原因的行动步骤。

注　释

1. J. Elliot, *The Steve Jobs Way: ileadersbip for a New Generation* (Philadelphia, PA: Vanguard Press, 2011), 157.

2. E. Cohen, *Supreme Command: Soldiers, Statesmen, and Leadership in Wartime* (New York: Free Press, 2002), 209.

3. *The 9/11 Commission Report: The Final Report of the National Commission on Terrorist Attacks Upon the United States*(New York: W.W. Norton and Company2004),344.

7

渠　道

❖　❖　❖

"选择你的社会化媒体渠道，就像女主角选择她们的衣橱一样，注重舒适度、功能性和恰到好处的戏剧性。"

——"那又怎样"博士

人们会在他们的Facebook页面上展示一些他们在聊天中可能永远不会提到的事情，他们发布的照片永远不会当面展示给你看。所以说渠道对人们的影响是潜移默化的，人们往往无法意识到这样的选择过程。渠道还以同样不被感知的方式形塑消息。生活中讽刺性的笑话、戏弄性的评论或半开玩笑的评论通常需要面部表情或声音的变化来传达潜在的诙谐意图，而电子邮件或Twitter等渠道会将这些信号从你想要表达的信息中剥离开。因此，大多数人高估了其他人包括朋友理解和解读他们想要传达信息的能力，[1]表情符号或许可以提供一定的帮助，但作用不大。至少我们可以认为：渠道的选择会直接影响内容给受众的印象。优秀的社会化媒体策略家建构了基本的渠道动力学，下一节将对此进行讨论。

❖ 渠道动力学

渠道是我们的信息传递给他人的媒介。面对面交流通常被认为是信息最丰富的渠道，因为许多不同类型的信号——语言、非语言和视觉暗示——都可以通过它传递。电话、备忘录和电子邮件是更精简的渠道，因为它们隐藏了某些在面对面交流的渠道中传递的信号。但这些渠道的覆盖面更广，因为它们可以帮助不同地域的人们跨越时间和空间进行沟通交流。

社会化媒体渠道，如Facebook、Twitter和YouTube，与传统渠道一样也有自己的优势和劣势。了解这些优劣势下的信息传递成本与收益有助于社会化媒体管理者为他们的组织选择正确的渠道，并充分利用所选择的渠道。把握成本和收益需要对信息传递中的三个基本过程深入理解。

首先，信道连接发送方和接收方。大洋上的航路提供了地球上两端之间的连接(想想巴拿马运河)，同样，Facebook、Twitter和其他平台就像运河一样将你与家人、朋友、同事、熟人和组织连接起来。这给社会化媒体管理者提出了一个重要的问题，也就是该通道主要连接到哪些受众或有关团体？在什么情况下？例如，大多数人同意喜剧演员杰瑞·宋飞(Jerry Seinfeld)的观点，认为电话推销员令人讨厌。[2]然而，如果这些人需要寻求售后服务或其他需要和这些电话推销员背后的公司联系的服务，他们往往会寻求通过电话解决这个问题。这些正是你在制定社会化媒体策略时需要考虑的情景。

其次，每个信道都具有传输特定类型信号的独特能力。社会化媒体平台在另一个意义上也很像运河，你不可能让"玛丽女王"号通过地球上的每一条运河或水道。同样，你也不能指望通过每个社会化媒体渠道都能传递出强大而复杂的信息。你必须知道这个渠道是否能有效地在A点和B点之间传递信息。迈克尔·杜宾(Michael Dubin)在关于这点的运用上颇具天赋，他在YouTube上发布了一段有趣的视频，推销他的刀片。在这个平台上发布的信息不同于满是文字的帖子，视频直观而巧妙地展示他的刀片的优越性和他的服务的便利性。他那句简单却富有煽动性的广告语"我们的刀片棒极了"大受欢迎，公司在成立四年后，揽获10亿美元的销售额。[3]

渠道和消息之间的不匹配带来的结果可能是灾难性的。例如，高度情绪化的冲突在电子邮件或Twitter上就不好处理,相反,这些应该面对面或通过电话来处理。反馈质量以及发送者和接收者检测语气、情绪和意见强度的能力降低了互动失控的可能性。例如在电话中,误解可以比在Twitter上更快地被发现和纠正。

最后是渠道形成独特的习俗与规范。每个社会化媒体平台都限制了不同类型的互动,同时鼓励其他类型的互动。机会来自约束,而约束反过来又影响着受众构成和关于所交换消息类型的约定。例如,领英建立了激励机制,"在招聘者和长期处于雇佣关系中的人之间开辟了一条沟通渠道,这些人可能正在寻找工作",但希望对自己的求职"保密"[4]。对于有这些特定愿望的用户来说,Facebook的相对透明使其不是一个明智的选择。显然,社会化媒体世界的习俗和规范正在以比传统交流渠道更快的速度发展。那又怎样?对于社会化媒体管理者来说,更重要的是对它们进行监控。

❖ 渠道选择原则

上一节所讨论的动态表明,社会化媒体管理者应该遵循几个关键原则,这些原则如下。

首先,选择与你的坐标和目标受众偏好同步的平台。假设你、你的朋友和同事都住在纽约市,你有驾照,而你没有过一辆车,一直都痴迷于汽车,假设今天是你的幸运日,你刚刚继承了一大笔钱。问题:"你应该买什么车?"当然,这是个棘手的问题。合乎逻辑的答案是,购买一辆汽车可能不会促进你的任何个人或职业目标。而一辆新车,即使是最有光泽、最快、最时髦的,也不太可能增进你的友谊或业务关系。事实上,你的新车可能会破坏这些关系,因为你会花很多时间驾驶和维护它。更好的问题应该是:"根据我的个人和职业目标,我如何才能最好地利用这些资金?"除非你把自己的终身志向定义为做个豪华车车主,否则买车将是对这笔意外之财的浪费。

作为一名社会化媒体策略师,你也面临着类似的决定。也就是说,你应该选择哪种通信工具或渠道?答案取决于本章回顾的一些因素,但是重点应该放在你已经建立的坐标和你的目标受众的社会化媒体平台偏好上。至少渠道要能促进你的战略目标,如果你的目标受众使用社会化媒体平台,那么一定要考虑选择这个渠道。例如你住在田纳西州(Tennessee)的诺克斯维尔(Knoxville),那里的公共交通有限,那就买一辆你梦想中的跑车吧。[5]

领导者往往会天真地认为,因为每个人都在使用这个平台,所以它就是适合他们的平台,其实并不尽然。宣传大师们喜欢谈论使用特定平台的人数,看似很公平,例如,Facebook用户的数量让人瞠目结舌,但这可能与你有关,也可能与你无关,因为真正重要的因素是你的目标受众是否经常使用该平台来访问你提供的那种内容。例如,一位依靠Twitter的思想领袖维护了一个Facebook账户,主要是为了防御。为什么这么做呢?为了不让别人认领平台账号名称并发布材料。但他将发现,他的追随者对Twitter的回应频率远远高于对Facebook帖子的回应。

其次,发掘适合你的小众社会化媒体平台。主流媒体和商业媒体上几乎所有的热议都集中在Facebook、Twitter、Snapchat和Pinterest等社会化媒体巨头身上。但还有更多的小众平台可能最适合你和你的受众的社会化媒体需求。例如,许多学者使用ResearchGate聊天,请求会议论文,发布他们最新的研究想法,并向他们的追随者询问潜在的研究想法。同样,许多苹果设备网络的专业管理员也会求助于Slack,以寻求独特系统问题的专业支持。这家只接受邀请的社会化媒体网络比任何一家社会化媒体巨头都具有自身的独特价值和相对可控的规模。[6]该网站的行为准则是"不要做一个混子",这或许可以解释为什么热心的用户会免费分享工具、最佳实践和招聘信息。[7]

其他知名度较低、但拥有较大用户基础的平台或许也值得考虑。Waze自称是"世界上最大的基于社区的交通和导航应用"。它是一个实时的社会化媒体网络,通过提醒司机注意潜在的危险和拥堵,帮助他们节省路上的时间。平台使用者对Waze有一种特殊的亲切感,也许仅仅是因为在某些少见的路况下为他节省了几美元的油费。一些快餐店的营销人员也会发现,这个低调的平台的口号是"一起构建智慧交通",它也帮助顾客"一起打消饥饿感"。

最后,选择可以在战术层面掌握的平台。平台选择计划中的另一个因素涉及你掌握渠道的能力和意愿。坦率地说,你的能力带来的挑战比你的意愿要少。谷歌提供关于社会化媒体平台的基本建议,但专家不会因此停止学习、实验和创新。

在意愿层面，它归结为一个基本问题：你想要拥抱并致力于掌握特定平台所需的战略性技能吗？这些技能会因渠道的不同而变化。Twitter上的用户发布内容十分高频，而LinkedIn用户可能不会经常发表文章，但他们会以多种不同的方式创造具有煽动性的内容。如果你有在平台上脱颖而出的愿望和技能，那就去做；如果没有，那么即使你的目标受众利用了这个渠道，也要考虑更被动的管理策略。原因在于如果你不准备付出精力以熟练掌握使用渠道需要的技能，你的受众很快就会发现你的缺点。

❖ 策略渠道选择

上述原则可以指导我们，但我们如何利用它们来对渠道的选择做出决策？这就是我们接下来要讨论的问题。

❖ 系统研究各种潜在的社会化媒体平台

以下是如何通过三个简单的步骤来进行这项工作。

第一步：制定调查议程，对每个平台进行调查。对于每个潜在的渠道，都要设立一些标准问题，把它想成一个严格的交叉测试。只要思考这些疑问，就能让你超越平台自己的宣传广告，并建立一个框架来进行有见地的比较。表7.1列出了社会化媒体经理应该专注的一些问题。

作为起点，请参阅附录1中的说明，以获得一些重要问题的答案。需要注意的是虽然社会化媒体表面看起来是免费的，但更加明智的观点可以发现，社会化媒体"不是免费的，广告商为此付费"。这种看法更加接近事实，但它也只揭露了一部分。用户每一次点击、点赞或转发都会生成数据，这些数据可以卖给营销人员、政府，甚至是不那么引人注目的对象。我最喜欢的一个平台是Waze，它把我的位置数据汇总起来出售，这种情况我一直知道，但我没有意见，有些人可能不是，最起码，如果你对平台业务模型没有一个基本的了解，那么你可能会让你的公司面临潜在的数据泄露威胁。

第二步：广泛撒网调查。进行调查的一个常见错误是过早地缩小选择范围。人们很容易被Facebook、Twitter和Pinterest等主要网站的炒作宣传所吸引。过早地缩小选择范围会产生两个问题：首先，我们经常误以为，通过对广告宣传内容的熟悉，可以建立起对产品的理解和欣赏，就像你可能很熟悉你每天在街上看到的微笑着的邻居。但这并不意味着你真的知道他家里关着门发生了什么。而社会化媒体管理者要从门缝中窥见一斑。其次，社会化媒体管理者如果过于关注重量级人物，也可能走上歧途，毕竟，你可能忽略了那些提供投机者价值的小众市场参与者。作为开始，你可以考虑表7.2中的平台。

表7.1　社会化媒体平台调查问题

关键问题
平台的历史里程碑是什么？
该平台如何赚钱？
用户通常发布什么类型的内容？
典型的用户有什么特征（如生活方式、收入水平）？
什么样的组织最充分地利用了这个平台？
与其他社交网站及我们的网站等有何连接机会？
使用该平台的好处和风险是什么？
什么样的免费分析是可用的？
与该平台相关的显著成功案例有哪些？失败案例呢？

第三步：知道什么时候做出选择。研究平台是为了选择而不是单纯地研究。然而你怎么知道自己已经深入调查了足够多的平台，可以做出选择了呢？这个问题有一个半经验性的答案。在调查深度的问题上，你可以依靠你的调查议程（见表7.1）。你是否以足够具体的程度回答了大多数问题，如果得到肯定答案，那么对平台的选择和使用具有合理性。

在广度问题上，我们要感谢计算机科学家提供了一个有用的指导原则或启发式。他们称之为"最优停止问题"，即"关键的困境不是选择哪个选项，而是要考虑多少个选项"[8]。如果你有一个月的时间来制定你的社会化媒体策略，那么在做决定之前，你应该花多少时间去搜寻最好的渠道。答案是37%的时间，大约11天。这将优化你做出非常好的决策的可能性，因为你几乎用尽了了解选择范围的所有可能性。如果你等到这个月30号，你可能会发现更多信息，但它们对你做出决定并不会产生重大影响。

表7.2 社会化媒体平台的主要功能

功能	平台
社交分享	Facebook Google+ Myspace Ning Bebo Snapchat
个人或职业新闻	Twitter Tumblr Reddit Slack Hacker News Quora Digg ResearchGate
定位	Waze Foursquare Yelp Meetup Nextdoor MapMyRide
音乐和艺术	Spotify Vimeo DeviantArt Pandora YouTube SoundCloud
专业	LinkedIn SlideShare Yammer Xing Slack
图片分享	YouTube Ficker Instagram Snapchat Vimeo Periscope
购物	Yelp UserVoice Venmo Pinterest Facebook Letgo

续表

功能	平台
发短信	Messager Snapchat WhatsApp Skype Wechat Google Hangouts

注意：一些平台可能兼具几种主要功能。

❖ 评估和选择主动管理和被动管理的平台

当你将渠道标记为主动管理平台或被动管理平台时，应该建立标准来支撑你的决策过程。下面列出了该过程的机制。

第一步：建立一个评估标准列表。你可以考虑以下问题作为出发点：

平台是否与我们的坐标和目标一致？

- 业务目标
- 沟通的目标

我们的目标受众使用这个平台吗？

- 主要受众
- 次要受众

我们能熟练使用这个平台吗？

- 欲望
- 能力

我们有资源支持这个平台吗？

- 设备
- 人员
- 预算

第二步：构建渠道评价网格（见表7.3）。表中的行列出你调查的所有渠道，包括常见的渠道，如Facebook、Twitter和Instagram。表中的列包含你已经建立的评估标准。不过这里有个小转折。注意将最后一列与其他列分隔开的双行线。这一列表示目标线，因为它是你对渠道的预测状态进行最终判断的地方。你打算怎么做？是主动地，被动地，还是干脆忽略它？

表7.3 渠道评估网格

渠道	坐标匹配		用户对平台的使用		掌握平台的潜力		资源可用性			A、P 或I
	商业	大众	主要的	次要的	欲望	能力	装备	人员	预算	
Facebook										
Twitter										
Pinterest										
Snapchat										

第三步：根据标准评判每个渠道。如果该渠道帮助你实现了主要业务目标，请在空格中打勾。如果没有，那就留下空白。如果你的第一个目标受众使用该渠道，请检查它，诸如此类。如果你想对比更加全面，你可以给每个空格打分（1-10等）。

团队使用不同的方法来完成网格。一种是就所有项目进行公开讨论。另一种则要求参与者私下完成调查，然后整理结果。这两种方法都有优点和缺点。公开的讨论可以从不同的角度提供有用的见解，但占主导地位的个人也可能垄断对话。单独对项目进行评级可以避免这个缺点，而且效率更高。但这样的过程的主要缺点是，就像在任何私人投票系统中一样，我们并不了解参与排名者的思维过程。这就是为什么我更喜欢一种混合方法，在这种方法中，每个团队成员私下完成网格(除了最后一列)，然后团队聚在一起讨论结果。

第四步：确定每个渠道的现状。因为你的声誉或品牌几乎可以在任何社会化媒体平台上被提升或玷污，所以你应该管理好每一个社会化媒体平台。诚然，行业巨头、盗版和恶搞内容可以从任何平台攻击你的公司或品牌，但这并不意味着你需要积极管理所有可能的社会化媒体平台，这个任务太艰巨了，即使对《财富》百强企业来说也是如此。事实相反,向每个平台投入资源,即使能做到,也会破坏企业宣传的战略架构。

每一位将军都知道,进攻比防守需要更多的精力和资源。事实上,根据一些军事理论家的观点,发动一场进攻性的战役需要防御性的战役的8倍资源。作为社会化媒体"将军"的使命,在每一个平台上都处于攻势或活跃状态,会浪费资源,削弱你的效率。指定几个积极管理的平台,并将其余平台转移到更被动的管理中,不失为一个明智的选择。

那么,如何决定哪些应该主动管理,哪些应该被动管理呢?你可以简单地将表7.3"渠道评估网格"中的检查标记(或评级)相加,就可以很好地了解应该主动或被动地管理哪些平台。然而,如果通过讨论是否在最后一栏中放置A(主动)、P(被动)或I(忽略),却可以得出令人惊讶的结论,因为这些检查标记和总数并不能显示每个团队成员对特定标准的重视程度,例如,一个团队成员可能会将要素X置于要素Y之上。在决定是否在最后一栏中加上A、P或I时,通过讨论判断这些潜在的、往往是隐藏的见解大有帮助。毕竟,策略师了解到了用有限的资源做出艰难选择时体现的内在价值。

❖ 为每个渠道制作一份"模式画像"

哈佛商学院(Harvard Business School)的克莱顿·克里斯坦森(Clayton Christensen)提出了颠覆性创新的概念。他认为,保持创新的最佳方式是根据客户希望他们的产品和服务完成的方式来思考。我们可以在为每个渠道设计模式时使用类似的逻辑。套用克里斯坦森的话说:社会化媒体平台的工作是该渠道在特定环境下所寻求实现的。[9]换句话说,我们希望渠道为我们服务,而不是相反。我们希望它在特定的情况下发挥特定的作用。因此,我们设计一个平台的运行模式,以确定某个特定的社会化媒体渠道如何为我们服务。

我们可以从指定每个平台在特定情况下的主要和次要"职责"开始。换句话说,这些渠道的主要功能是什么?从坐标和沟通目标中寻找真知灼见。例如,Twitter的主要工作功能可以是"提供实时更新的实时事件"。想想这个"模式画像"的两个关键方面:"提供实时更新"满足了粉丝的愿望,"实时事件"

指定了具体情况。或者想想顶级社会化媒体品牌之一《国家地理》(National Geographic)的总编是怎么说的——"我们对待每个(社会化媒体平台)的方式都不一样,我们定制内容,以满足每个网站用户的独特期望。例如,我们的Snapchat用户——主要是年轻人——比我们在Facebook上的用户获取信息更加活跃。"《国家地理》杂志拥有26亿的社会化媒体平台传播量,与维多利亚的秘密和美国职业橄榄球大联盟并列。[10]

你还需要为每个平台开发一个记分卡。优秀的管理者会指导和培养他们的员工。但只有当他们清楚自己的评估标准或记分卡时,他们才能做到这一点。我们的Twitter"员工"每个月应该发布多少"实时更新"?如何判断这些更新的质量?如何衡量渠道对组织目标的影响?这些都是值得思考的问题。

❖ 为你的社会化媒体团队把渠道的"职责"打包成可管理的工作

到目前为止,我们已经分别研究了每个渠道。你认识只做一份工作的人吗?相反,不同的职责被捆绑成有意义的单元,这些单元应该相互协同地加强。这种方法也适用于渠道分发任务。将主动管理的平台与被动管理的平台捆绑在一起尤其有益。主动管理的渠道可能会更积极地推送内容,而被动管理的渠道则可以充当安全阀,以防你的宣传力度过大。此外,你在主动管理的渠道上投入了更多的时间和精力,因此被动管理的渠道有助于平衡工作负载。

关于被动管理,请注意:至少,它意味着保护企业的名称,通过被动管理而注册的账号保护你的名字或相关的名字——甚至是拼错的名字——几乎不需要花费你任何东西,只需要花费最少的时间和精力。对大多数大公司来说,即使是在所有可能的域名(如.com、.org、.net、.us或.eu)上为网站安全命名也是一种收获。除了确保名称和名称的相关变体的安全之外,社会化媒体领袖还可以将被动管理的社会化媒体平台链接到主动管理的社会化媒体平台上,甚至链接到网站上。

当然,定期监控被动管理的平台也是有意义的。毕竟,一个好的将军总是会检查向何处派遣有限数量的增援部队。

❖ 为任务分配合适的人员或团队

显然,有些人或团队需要执行这些工作。不那么明显的是,确保这项工作做好意味着选择和培训合适的人,他们拥有合适的技能和从事这项工作的正确动机。这可能听起来很简单,但不一定如此。很多时候,经验更丰富的经理的默认假设是,"如果你很年轻,经常使用社会化媒体,那么你就会做得很好"。这可能是事实,也可能不是。

❖ 总结

选择正确的渠道就像选择合适的餐具、盘子和碗一样。你不会用纸盘和塑料勺来盛美食。那美食到底是由什么组成的呢?这就是内容问题,在本章中一直被放在次要位置的问题,这也是我们在下一章要回答的问题。

关键术语

积极管理的平台　　　　被动管理的平台
小众平台　　　　　　　平台工作说明

深入思考

这些练习旨在增强你对关键原理、方法和思想的理解。

1. 列出你在要求团队讨论并完成渠道评估表格时可能遇到的三个反对意见(见表7.3)。你将如何反驳每一个反对意见?

2. 在表7.1中提出的"社会化媒体平台调查问题"列表中,还应增加另外三个重要问题。讨论一下为什么你认为这些问题很重要。

3. 选择三个你经常使用的平台,为每个平台制作一份工作描述。根据你的"工作描述",为其制作一个记分卡。

注 释

1. M. Riordan and L. Trichtinger, "Overconfidence at the Keyboard: Confidence and Accuracy in Interpreting Affect in E-mail Exchanges," *Human Communication Research* 43 (2017): 1-24.

2. 许多粉丝会记得杰瑞在其电视剧中对一个营销电话的巧妙回应。参见：https://rn.youtube.com/watch?v-hllDWSbuDsQ.

3. R Ziobro, "Funny Video Led to $1 Billion Deal," *Wall Street Journal,* July 21,2016,82.

4. M. Piskorski, *A Social Strategy: How We Profit From Social Media* (Oxford: Princeton University Press, 2014), 16.

5. 田纳西州的诺克斯维尔在2011年被布鲁金斯学会评为全美国公共交通最差的城市之一。参见：A. Tjmer, E. Kneebone, R. Puentes, and A. Berube, *Missed Opportunity: Transit and Jobs in Metropolitan America* (Washington, DC: Brookings, May 2011), https://www.brookings.edu/wp-content/uploads/2016/06/0512Jobs_ transit.pdf.

6. macadmins.slack.com.

7. 感谢布瑞斯·卡尔森(Bryce Carlson)让我对这些有所了解。

8. B. Christian and T. Griffiths, *Algorithms to Live By: The Computer Science of Human Decisions* (New York; Henry Holt, 2016), p. 22 of 712 (e-book).

9. C. Christensen, Karen Dillon, and David Duncan, *Competing Against Luck: The Story of Innovation and Customer Choice* (New York: Harper Business, 2016), p. 53 of 392 (e-book).

10. S. Goldberg, "Where Social Media Fits in National Geographies Mission," *National Geographic,* April 2017, http://www.nationalgeographic.com/ magazine/2017/04/editors-note-social-media/.

8

内　容

❖　❖　❖

"这张来自理性边缘的明信片让我感觉像是一个发展的里程碑，瞬间的自我意识让我明白自己正在经历一场转型。我怕对这个世界有着明确的期望，其中之一似乎是对他人的反应能力有着坚定的信念，但似乎从未从失望中吸取教训。数字技术正在重塑我的反应，与我的直觉合作，在我身上创造出它的主题，各种各样的新敏感性。"

——劳伦斯·斯科特（Laurence Scott）

你的受众很少了解你的目标(即坐标)、渠道决策过程、连接选择或者是你的核心机制，但他们会直接回应你的内容。如果你的内容无法引起共鸣，那么你的整个社会化媒体策略将在一堆善意中崩溃。内容代表你选择发布的字词、图片和视频。这些都是关乎策略的考虑，但它们应该以类似激光的内容策略为指导。本章概述了如何制定这种策略。

内容决策归结为三个相关问题：

- 我的内容选项是什么？
- 谁来创作内容？

- 如何选择正确的内容？

❖ 我的内容选择是什么？

这个问题犹如一个小孩子问图书管理员："你的图书馆里有什么？"一个技术娴熟的社会化媒体专家就仿佛一位了然于胸的图书管理员，会给出这样的回答："几乎任何东西。"这不是问出这个问题的目的，比那更重要的是让你的思维围绕着几乎无限的选择来思考。

在这些笨拙的问题边缘的是几个隐藏的问题：

- 我怎样才能确定我没有遗漏一些潜在的有用机会？
- 我如何估计这种情况发生的可能性？

图书管理员对不同类型的书籍、期刊和工件类别的熟悉程度可以为他的回答提供帮助。同样，社会化媒体专家也需某种组织框架来回答这些核心问题。[1]

内容选项基本上分为两个主要选项（见表8.1）。最明显的选项是形式：内容主要是图片、文字、视频、音频还是动画？社会化媒体平台有效传输不同形式内容的能力各不相同。我们在渠道章节中深入讨论了这个问题，在内容选择时同样需要注意。

一个不太明显的选项涉及内容的类型，而无论其形式如何。基于对社会化媒体网站上实际发布内容的大量调查，我和我的学生总结出了以下一般性分类：

新闻和信息：突出显示新信息、突发事件或感兴趣的热门话题的内容。

人物：内容包括顾客、员工、合作伙伴、名人，甚至是拥抱可爱动物的父母。

事件：强调对时间敏感的信息、事件或场合的内容。

呼吁采取行动：要求读者、粉丝或关注者做某事的内容。

娱乐活动：娱乐、分散注意力或带来欢乐的内容。

操作方法：以流程演示为特色的内容。

灵感：旨在提升他人精神或鼓励他人的内容。

评论和意见：强调利益、动机、理由或如何理解事件的内容。

索引：提供关于帖子内容的指标或元数据的内容，通常构建虚拟社区感。

表8.1　内容选项：类型和形式

类型 \ 形式	图片	文本	视频	图形
新闻和信息				
人物				
事件				
呼吁采取行动				
娱乐活动				
操作方法				
灵感				
评论和意见				
索引				

表8.2提供了每个领域更详细的示例。

表8.2　各类内容示例

内容类型	例子
新闻和信息	・提供更新 ・发布新闻 ・讨论热门话题、新闻或话题标签 ・分享令人信服的统计数据 ・分享一份关于你的公司的证明 ・回答常见的问题 ・链接到一个有趣的信息图表 ・纠正一个常见的误解 ・创建一个事实－神话列表 ・制作一个对比文档 ・创建一个"前10名"列表 ・更新客户的新产品、服务或主要项目

续表

内容类型	例子
人物	·与客户聊天 ·分享客户照片 ·采访名人或思想领袖 ·认可员工或善行 ·谢谢粉丝 ·介绍新员工 ·张贴主管和员工的照片 ·突出你的员工的日常英雄行为 ·呈现你的员工作为志愿者服务社区的形象 ·庆祝生日或里程碑事件
事件	·直播活动 ·标记组织里程碑事件 ·发布带有季节性主题的图片或想法 ·创建可归结为主要组织事件的帖子 ·发布提醒
呼吁采取行动	·提示参加活动 ·鼓励对偏好进行投票 ·交叉推广另一个组织 ·鼓励注册电子邮件、邮件或后续电话 ·促进签署请愿书 ·请求粉丝点赞、转发、添加书签下载或添加到收藏夹 ·提供可下载的优惠券 ·开始比赛 ·邀请订阅者与同事分享内容、添加内容、上传视频、查看产品、索取产品样本或预订现场活动
娱乐活动	·分享幕后花絮 ·直接关注一个有价值的免费资源 ·以你的产品或服务为特色发布有吸引力或不寻常的地方的图像 ·分享你工作区的有趣图片 ·创建一个测验 ·唱一首歌 ·分享有趣的笑话 ·开发谜题 ·分享视错觉 ·并列不寻常的图像 ·分享有趣的事实
操作方法	·分享有价值的提示 ·制定提示表 ·概述流程 ·提供有关如何解决问题的建议 ·创建和共享决策流程图 ·制定操作方法视频 ·发布完成任务的说明 ·分享食谱 ·突出显示如何加入邮件列表 ·提供教程 ·创建完成任务的清单

续表

内容类型	例子
灵感	·分享鼓舞人心的语录 ·提供生活视角的图像 ·发布关于帮助他人的故事 ·分享成功人士的想法 ·分享激励博客帖子的链接 ·讲述引人入胜的故事,坚持不懈,正直,勇气,同情,自律或忠诚
评论和意见	·提供对重大事件和意见的评论 ·创建博客帖子,帮助粉丝了解混淆问题 ·解释重大决策的基本原理
索引	·使用标签标记你的内容索引 ·包括相关网站和博客的链接

这个分类系统可以帮助社会化媒体策略家思考最有可能产生积极结果的内容分类类型。即使你不能在发布前确定哪些内容会产生最积极的结果,这些分类也提供了方法论来分析受众对这些帖子的反应。例如,我们是通过发布图片还是文字可以获得更多点赞?我们是通过"娱乐"还是"教学"内容可以获得更大的影响力?

当然,与其他所有类别系统一样,当某些事物属于多个类别时,使用这种类别系统就会面临挑战。举例来说,如果一篇帖子上有你和某位"超级碗"中明星的合影,那么这篇帖子同时属于人物和事件类别。尽管有这些类型的分类重叠,但是分组依然是有用的。例如,你可能会发现某些类型的人和事件帖子会产生轰动效果。这种类型的试错方法可以视为最有效优化内容策略的方法。

在正确的层面上考虑这些内容问题(例如,考虑形式类别和类型类别)而不是具体的内容代表意义的级别(例如,考虑"超级碗"图片),是有思想的策略家与偶然获得成功的愚蠢修补者之间最大的区别。

❖ 谁来生成内容?

用最简单的话来回答:作家、摄影师、摄像师、声音和图形艺术家。如果不这么笼统,更加全面的表达可以是:在理想的世界里,一些专业人士将围绕社会化媒体管理者生产内容。但在现实世界中,大多数组织都不会将这些专业资源用于社会化媒体运营部门,因此社会化媒体管理者在回答这个问题时需要机智和策略。

社会化媒体管理者的选择范围是从内部制作到用户生成的连续体。组织对内部生成的内容施加更多控制,而对连续体的另一端施加更少的控制(参见图8.1)。每种方法都有与之相关的优缺点,表8.3对此进行了回顾。

图 8.1　内容生成的连续体

表8.3　选择推导方法时的注意事项

	内部生产内容　　策划内容	共同生产内容　用户生产内容
潜在优点	·符合组织的目标 ·一致的信息 ·品牌形象的保护 ·与其他组织计划协调和沟通的工具 ·为自定义、修改和调整帖子提供机会	·有机的吸引力 ·与目标受众产生共鸣 ·降低生产和管理成本 ·更广泛吸引内容生产人才 ·通过参与培养忠诚
潜在缺点	·无法吸引具有足够广度和专业知识的人才 ·招聘和培训人才的成本 ·外观千篇一律的程序性帖子	·缺乏令人感兴趣的内容的提供者 ·与组织目标不一致的帖子 ·兴趣冲突

❖ 内部生产的内容

如果你富有才能和时间,那么创建自己的内容可能是最佳选择。这样做可以让你最大限度地控制内容创作,并使你的内容与你的传播目标保持一致。这样做可能带来的缺点包括创建内容需要大量时间以及可能有团队专业知识和创造力的局限。

❖ 策划的内容

此内容来自你整合的其他来源。正如博物馆馆长的主要工作之一是策划或挑选将在展览中展出或永久收藏的作品，这几乎就是社会化媒体管理者在选择策划内容时所要做的工作。把有见地的博客转发给粉丝的意见领袖，以及转发支持性评论的政客都属于这一类。

如果你的内容能让受众产生共鸣，那么你很可能给出了满分策略。当然，这样做的风险在于，受众可能在别的渠道已经看过这些内容。

例如，过度依赖策展内容可能会破坏你的品牌，特别是如果你被定位为意见领袖。有些粉丝可能会问，"这位意见领袖有什么独到的见解？"或者问问唐纳德·特朗普(Donald Trump)利用二手内容的危险性。在2016年的总统竞选初选中，他不时转发有问题的内容和照片，其中一些与白人至上主义者有关。他也曾反省，认为"Twitter很好，只是转发量有点不稳定"[2]。

❖ 共同生产的内容

通过你的关注者或客户共同参与到创作过程中，创建的内容可以迸发出新的创造力，并培养更高的受众忠诚度。例如为了在印度推出联想Vibe X2手机，手机制造商挑选了10位艺术家的艺术作品，社会化媒体用户通过添加标记和视觉符号来展示他们的Twitter和Facebook粉丝对原始艺术的兴趣。然后将它们放在微型博客上(#VibeUpMyLife)，[3]这是一次巨大的成功。同样，一种新口味的薯片或饮料的竞争都归于这一类过程。

伟大的共同创造的内容往往通过为特殊用户提供一定的名人地位来增加品牌忠诚度，而这种用户又可以扮演品牌传播者的角色。另外，优秀的协同创建内容需要大量的精力和资源来有效地管理。不可避免地，有人会为了私利或竞争原因而破坏这样的合作。对这种可能性进行控制已成为必须注意的事项。如果你不想那么麻烦，那么你可以考虑策划内容。

❖ 用户生产的内容

纯用户生成的内容标志着连续体的另一端。粉丝在没有任何提示的情况下创作这些内容。内容可能是一个巧妙或有趣的可用产品，以吸引社会化媒体管理者的眼球。明智的社会化媒体管理者会抓住这些意想不到的机会。纯粹的用户生成内容和精心策划的内容之间的区别仅仅是内容质量问题。对于精心策划的内容，社会化媒体管理者会积极地扫描某些预先确定的渠道，寻找潜在的素材。对于纯用户生成的内容，社会化媒体管理者可能会偶然间发现有用的内容。这就像在你最喜欢的节目频道之间切换和浏览任何可能有潜在价值的节目一样。

采用纯用户生成内容的好处大致有：创新的想法、令人愉快的惊喜以及招募新的忠实用户。而需要付出的成本则包括需要花费大量的精力和时间来筛选所有潜在的内容，而且可能永远无法找到真正需要的内容。因此，许多社会化媒体管理者只能通过从可信来源整理内容来节省时间和精力。

❖ 如何选择正确的内容？

你的内容策略为你的发帖制定了目标。选择信息、图像和视频时应遵循五个原则。这些原则还可以帮助你确定如何发布内容、保持更新的。(参见图8.2)。

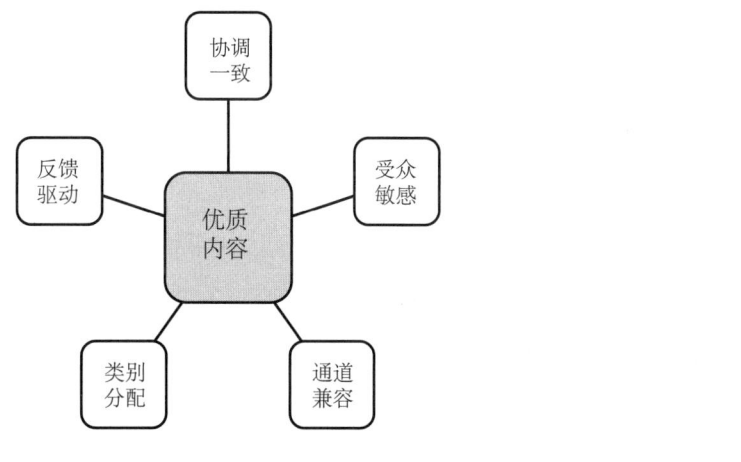

图 8.2 选择内容的原则

协调一致

内容创作者或策划人应该关注的基本问题是，"这些内容是否会帮助我们推进业务和沟通目标？"如果答案是肯定的，则考虑使用这些内容。如果答案是否定的，那最好三思后再决定，这其实执行起来并不困难，你可能会发现一个讽刺性的政治漫画非常棒,但如果它不能推进你的商业目标,就不要转发它甚至不要"赞"它,这是最基本的规则。你仍然可以在一定程度内自由发挥,但要对你发布的内容深思熟虑。

当目标(即坐标)的设立同时呈现出不同的方向时,就会出现更加复杂的情况。例如,一家企业有两个主要目标:1)保持当前的客户忠诚度;2)扩大客户基础。从表面上看,这些目标看起来并不排斥。于是这家公司决定给一家颇具煽动性的营销公号运营商发电子邮件,但内容很可能看上去像一张个性化的吊唁卡,上面写着:"为你的损失感到抱歉。"如果收件人点击图片,就会出现以下信息:"抱歉,你错过了我们的促销活动……"这篇营销文章产生了比企业历史上任何一篇文章都更强的反响和更大的销量。这样的内容表面看似没有出现什么不良的后果,但是它惹恼了一些最近家庭中刚刚经历过生离死别的顾客,很可能因此那些顾客就会决定把他们的业务转移到其他地方。根据大数据规律,这几乎是百分之百会发生的事情。如果你把这些材料发送给一个足够大的用户群体,那么很可能其中一些收件人最近失去了一位亲人。总的来说,公司赢得了一些新客户,但也失去了一些忠诚的客户。这样的策略值得吗?你可以做出自己的评判,但从公司角度看,这样的行为绝不会重复,管理团队也认识到,要平衡看似一致的目标是多么困难。

受众敏感

你的定位决定了你的目标受众。如果你主要尝试接触其他企业(B2B),那么默认情况下你已经选择了目标受众。在B2B业务的世界里,金·卡戴珊(Kim Kardashian)是否喜欢你的帖子并不重要。然而如果你正试图用你的产品(B2C)吸引年轻人,卡戴珊的支持可能会有很大帮助。

至少,你需要为你的受众提供支持,然后从他们想要什么开始思考,以及他们关注什么类型的人,他们想在哪里接收内容,以下是一些社会化媒体管理者应该能够回答的关于目标受众的问题:

1.什么?

- 是什么让受众彻夜难眠?

- 他们觉得有趣的是什么?
- 他们发布了什么样的帖子?
- 他们关注社会化媒体的潜在动机是什么?
- 他们会惊讶于什么?
- 他们会发现什么有趣或有用的东西?

2.谁?

- 谁会被认为可信或有趣?
- 谁是受众中的意见领袖?
- 谁是最糟糕的信息来源?
- 他们更喜欢图片、文字、视频还是制图?

3.在哪里?

- 他们在哪里使用社会化媒体(例如,在工作中、在家、在餐馆)?
- 他们什么时候在特定的平台上使用社会化媒体?
- 他们如何使用社会化媒体(例如,手机、计算机、iPad等便携式设备)?

对这些问题深思熟虑的答案揭示了受众的偏好,这反过来又为你的内容策略决策过程提供了基础。

通道兼容

为什么不在你所有的社会化媒体平台上使用相同的材料呢?毕竟这样实施起来快速、简单。但这是完全错误的,它会降低你的效率。为什么呢?因为在一个渠道中效果良好的东西,可能在另一渠道中的效果并不会太好。例如,一个在电视上效果很好的广告,在收音机上却常常毫无效果。或者,在"超级碗"期间效果不错的电视广告在家庭购物网络上却面临失败。在许多情况下,不同的社会化媒体渠道类似于广播和电视之间的差异。不要在所有平台上使用相同的内容，而应该使用以下关键点作为确定不同内容兼容性的指南：

在尊重每个平台独特性的同时，制作能够在不同平台产生共鸣的内容。这一操作原则上允许你在推进相同目标的同时跨平台构建协作。这就像广告宣传相同的产品或推广相同的想法，但在广播和电视中要采取不同的形式，比如在Pinterest平台上选择正确的图片比在Twitter上更重要。在某些平台上，文字更为重要；某些平台图片更为重要。基于大V用户如何使用平台的细微差别，我们可以更加具体地了解。例如，歌手蕾哈娜（Rihanna）在Instagram上晒出迷人的照片——穿着缀有羽毛、珠宝的比基尼摆出各种姿势。然而，她用Snapchat发布的帖子则更多展示了她日常生活的方方面面，例如她在酒店房间杀死一只虫子的视频片段。这两种形式都适用于各自的平台，并揭示了她在利用每个平台细微差别中的潜在复杂性。[4]

掌握细节。每个社会化媒体平台都有其独特之处，你需要在创建内容时加以考虑。你需要了解每个平台运行的潜在规则。例如，Twitter平台上粉丝的心理时钟比LinkedIn平台上的速度要快得多。事实上，研究人员发现，更新Twitter页面的速度越快，"组织亲善感越强"，信任价值感也越强。[5]帖子的发布速度对社会化媒体管理者来说是一个时间上的挑战，另一个挑战则涉及发布的最佳日期和时间。为什么这一点如此重要？我们都生活在社会化媒体消息的海啸中，因此，我们根据我们的职业和个人生活的节奏来优先考虑我们的可用时间，而检测大多数粉丝的节奏会增加成功的可能性。

时间问题只是重要的细节之一，其他包括文章的长度、使用的文字、图片的大小以及图片的类型等。一些学者的研究产生了许多有益的启发：

- 较短的帖子往往比较长的帖子能获得更多的"赞"和分享。[6]
- 在视频中使用VIP会提高吸引力。[7]
- 引人注目的内容可以由专业人士或业余爱好者制作。由谁制作并不重要，只要它是令人惊讶的、有趣的，就能带来快乐。[8]
- 强调真实性、社区自豪感、具有共同价值观的认同感和趣味性的内容往往能增强吸引力。[9]

注意：使用这些启发作为起点而不是终点，因为像所有总结一样，它们只能适用于特定的目标受众。如果你发现了与常规不同的趋势，不要分享它！那将是你的秘诀。

类别分配

什么分类系统最有意义？这取决于你的目标、受众和平台。我们在整个章节中一直在讨论的类别系统——形式和类型——提供了最全面的可能性概述。然而，许多组织会将该列表细化为一个更可行的分类系统。

多年来，我们指导我们的研究团队检测各种组织、产品和人员使用的类别系统。例如，一个团队发现推广红牛能量饮料的帖子可以归类为幽默、动机、赞助活动、信息或号召性用语。[10] 另一个团队分析了两位著名政治家在竞选期间发布的帖子，发现这些帖子可归类为人身攻击、政治观点、民意调查结果、话题、幽默和个人信息。[11]

从一个客观的角度来看你的帖子会有什么帮助？把它想象成你在测量你最喜欢的菜的配料，你不希望一种口味覆盖过另一种口味，相反，你想要得到正确的比例，以最大限度地提升口感。同样，你的社会化媒体内容类别也需要适当的比例分配，以最大限度地提高用户的体验。如果你的帖子中有50%都是销售宣传（或"行动呼吁"），那么你就仿佛为食物添加了太多的盐——你的用户可能只会尝试一次，他们就不会再回来了。《纽约时报》畅销书作家、故事企业家加里·维纳查克提倡"客户，客户，客户，销售"的内容策略。在这本令人愉快的书中，他解释道："Jabs是轻量级的内容，可以让用户发笑、窃笑、思考、玩游戏、感受被欣赏或逃避，从而使用户受益。"[12]

他的三个以客户为中心的帖子与一个以销售为中心的帖子的比例可能在营销领域很有效。在其他领域，比如公共关系或人力资源领域，你需要计算出一个最能实现业务目标的比例。

什么是合适的类别组合？如果你问"铁厨"Bobby Flay他做的每道菜要放多少糖，他会把你赶出厨房。毕竟答案是他只有尝了菜才能知道，而且这完全取决于他在做什么菜。同样，适当的抨击、评论和销售取决于你的帖子是为谁而写的，它们将在什么样的平台上被浏览，以及何时被发布（即受众、平台和时间）。

一般来说会有两种对立的策略模式对社会化媒体管理者的发帖模式产生影响。一种策略把你拉向随机的灵感方向——发布几乎所有看似模糊地符合你的目标的东西。另一种策略将你拉向可预测原型的方向——一遍又一遍地发布相同类别的内容。但这两者都不可取。如果你的帖子过于随意,则无法建立起自己的一个可信赖的身份;如果你的帖子太容易预测,则可能会让观众感到无聊。以类别或体裁来思考文章可以调和两种对立力量之间的紧张关系。如果你选择了正确的类别,那么你将赢得粉丝的注意力,同时培养一个可靠的人设。

分类思维培养了你对帖子的战略思考。它让你的权衡取舍变得清晰可见,并鼓励社会化媒体策略师提出这样的问题:"在这个时候,对这个平台上的受众来说是正确的组合吗?"它还对整个社会化媒体企业施加了一种编辑潜规则。在给定类别中具有目标百分比的帖子会促使你在这些区域中寻找内容。如果在一个内容类别中有太多的可能性,这种分类方法会强迫你只选择最好的。这就像一个厨师知道新菜需要一定的味道刺激一样。

反馈驱动

无论你准备的内容有多仔细,总是可以随时进行调整。倾听来自评估过程中的反馈,可以提供两种类型的信号:强信号和弱信号。强烈的信号会在网络感知到你犯了大错误的那一纳秒内启动,如果你经常关注反馈,你几乎是可以立即知道什么时候发生了错误。而好消息是:如果你有正确的社会化媒体维护技能,你几乎可以立即做出反应并阻止情况恶化。关于这个问题的更多内容将在另一章讨论。

感知微弱的信号则需要敏锐的听觉,一般只有青少年才能成功做到。随着年龄的增长,我们在声谱极高端的听力会逐渐衰退。这可能就是为什么年轻人能在某些东西成为主流之前就经常可以抓住趋势的原因:他们从字面上和比喻上可以听到其他人无法听到的东西。同样,聪明的社会化媒体管理者会寻找到其他人可能在他们的网络中听不到的信号。而寻找微弱信号的最佳方法之一是定期提出以下问题:

1.本周令我们感到惊讶的是什么?

2.在我们的网络之外,我们看到了什么新兴趋势?

3.从我们的平台度量中,哪些数据趋势表明了需要调整我们的方法?

感知弱信号需要我们使用双耳——一只耳朵用来接收更精确的数据,另一只耳朵用来接收用户反馈流中的特性。

对于许多人来说,"纠正"这个词仅仅是解决问题的信号。我们也在采取更加积极的态度,包括抓住新的机遇。明智的社会化媒体管理者会不断对内容进行微调,以实现目标。

❖ 总结

本章介绍的原则可以帮助你做出正确的决定。即使你的内容决定是社会化媒体游戏中最引人注目和最性感的部分,但优秀的内容并不能确保出色的社会化媒体策略。这只能通过密切关注你策略中最不引人注意的部分来实现。这个相对隐蔽的战略要素——下一章讨论的主题——将决定正确的人收到你的内容,或你是否正在向不活跃的僵尸客户进行广播。

关键术语

共同生产的内容	类型(内容类别)
策划的内容	形式(内容类别)
用户生产的内容	

深入思考

这些练习旨在增强你对本章主要思想、原则和方法的理解。

1. 将图8.2中的原则从最易遵循的到最难遵循的进行排序并说明理由。

2. 找出最近三个社会化媒体内容不佳决策的例子。讨论每个决定违反了哪些选择内容的原则。

3. 构建一个网格。在横轴上,列出你最熟悉的五个社会化媒体平台。在纵轴上，插入表8.2中的内容类别。

a. 使用网格，在与内容类别最匹配的社会化媒体平台上进行检查。

b. 在与内容类别最不兼容的渠道旁打"X"。

c. 提供你的理由。

注 释

1. 我就本节的观点咨询了威斯康辛大学绿湾分校图书馆的两位馆员，感谢宝拉·甘亚德(Paula Ganyard)和德布拉·史翠卡(Debra Strelka)。

2. N. Andrews, "Trumps Edge on Twitter Cuts Both Ways," *Wall Street Journal*, April 18, 2016, A7.

3. Vinaya, "The 11 Best Content Co-Creation Campaigns of 2014," *Lighthouse Insights*, December 19, 2014, http://lighthouseinsights.in/con tent~co-creation~campaigns-2014.html/.

4. D. Seetharaman, "The Answer is in the Stars," *Wall Street Journal*, October 14, 2O15, R1-R2.

5. R Spence, K. Lahlan, A. Edwards, and C. Edwards, "Tweeting Fast Matters, But Only If I Think About It: Information Updates on Social Media," *Communication Quarterly* 64, no. 1 (2016): 55-71, 64.

6. A. Malhotra, C. Malhotra, and A. See, "How to Create Brand Engagement on Facebook," *MIT Sloan Management Review*, Winter 2013, 18-20.

7. "Social Media: Making Clickbait Videos For the C-Suite," *Harvard Business Review*, September 2016, 22.

8. D. Pirouz, A. Johnson, M. Thomson, and R. Pirouz, "Creating Online Videos That Engage Viewers," *MIT Sloan Management Review*, Summer 2015, 83-88.

9. Q. Huy and A. Shipilov, "The Key to Social Media Success Within Organizations," *MIT Sloan Management Review*, Fall 2012, 73-81.

10. 感谢丹尼拉·比纳(Daniella Binas)教授的学生：妮可(Nicole)、皮特(Pete)、希拉(Sirah)、朗达(Rhonda)和汉瑞(Henry)。

11. 感谢莎拉·亚历山大(Sarah Alexander)、桑德拉·格雷比尔(Sandra Graybill)、卡利·彼得森(Karli Peterson)、泰勒·汤姆森(Taylor Thomson)和阿什利·维克尼(Ashley Vickney)。

12. G. Vaynerchuk, *Jab, Jab, Jab, Right Hook: How to Tell Your Story in a Noisy Social World* (New York: Harper Collins, 2013), 7.

9

连 接

❖ ❖ ❖

"路径在这个星球上起着至关重要的引导作用:从微小的细胞到成群结队的大象,在生命的每一个层面上,都可以找到依赖路径的生物,它们可以把大量的选择减少到一条快速的路径上。没有踪迹,我们就会迷路。路径的灵魂——它的踪迹——不受泥土和岩石的束缚;它是非物质的,易逝的,像空气一样流动。其本质在于功能:它是如何不断发展,以满足用户需求的。"

——罗伯特·摩尔(Robert Moor)

历史学家经常给重要时期起有启发性的名字,如"黑暗时代""启蒙运动""工业革命""大萧条"或"原子时代""太空时代""信息时代"。这些名字揭示了那个时代的核心问题,同时几乎神奇地描述了形成政府政策、商业活动、普通人日常经历和文化敏感性的潜在力量。例如,大萧条时期出现了失业救济热线、救济厨房、新政、节俭的商业行为,以及联邦资助的描绘经济希望的艺术家。简而言之,要想全面了解一个特定的时代,你需要欣赏、调查和思考当时的核心问题。

几年后,一些历史学家将为当前的时代贴上标签。会是什么?没有人能确定,但我怀疑"连接时代"将会到来。[1]电子邮件和社会化媒体可以连接全球各地的人们。移动设备可以连接我们的实时生物数据，我们的心跳或我们的步数，以及我们家里的恒温器。我们的"事物"可以以奇妙的方式彼此连接。例如，我们的智能冰箱可以拍下我们储存的食物，并把它们发送到我们的手机或其他设备上；一些冰箱甚至可以在亚马逊上订购食物。

最重要的是：深入理解互联互通有助于我们更好地理解塑造我们的世界和伟大的社会化媒体策略的力量。这听起来可能很简单，毕竟，有什么能比在两个渠道（比如Facebook和网站）之间画一条线更容易呢？但在理论和实践中，它并不是那么简单和直接。事实上，连接问题很可能是伟大的社会化媒体策略中最不受重视和讨论的特性。当我们花时间揭去人们人格的层层面纱，揭示人们性格中更深层次的复杂性之后，我们往往会更加珍惜身边的人。这正是我们要用"连接性"做的。

❖ 理解连接

两个节点间的一条线隐藏了大量的复杂性。这就像试图通过只画出红绿灯的位置来理解交通流一样。要获得对连接性的基本了解，需要了解节点、链接和网络。

节点

节点是参考点。城市是航空公司目的地地图上的节点。个人是你的家族族谱上的节点。水龙头、洗碗机、马桶和莲蓬头都是管道系统中的节点。移动电话、手机信号塔和电子交换站是让我们在开车时彼此连接的节点。

社会化媒体世界的明显节点包括社会化媒体站点、网站和电子邮件系统。不那么明显的节点在社会化媒体策略的成功中扮演着同样重要的角色。包括：

- 传统媒体（例如，出版、报亭、菜单、广告）
- 决策实践（例如，解决客户对服务的投诉，研究市场）
- 合作伙伴广告（例如，销售你的产品或服务的公司的网站）

跳出传统社会化媒体平台的框框思考,就像创建一个网络,把我们的草坪洒水器与我们的手机连接起来。

在某些连接里,某些节点比其他节点会产生更多的价值。靶心节点是为网络指定的目标节点。它可以是你网站上的"购买"按钮或"点击这里申请"按钮,也可以是在社会化媒体平台上"点击查看产品"或"立即购买"。[2] 指定靶心节点通常会启动关于连接的战略对话。

链接

了解哪些节点是链接的,哪些节点没有链接,这很有启发性。这就像在两个节点之间画一条线一样简单。管子是水管工们的联系纽带,航线是飞行员们的联系纽带,道路是司机们的联系纽带。社会化媒体经理的链接多种多样。不妨考虑以下问题:

- 公司的网站是否与其Twitter账户链接?
- Twitter账号是否与Facebook链接?
- Pinterest的职位是否与客户服务代表挂钩?
- 你最喜欢的餐馆的菜单是否宣传了它的网站和社会化媒体地址?
- 研发部门是否会审查社会化媒体上的帖子,以发现新的产品或服务机会?

对这类问题的回答往往揭示错失的机会。通过理解方向、容量和体积的概念,可以获得更深层次的见解。

图 9.1　靶心节点示例

1. 方向

简单地在两个节点之间的直线上放置一个箭头,可以极大地增强我们对系统中结缔组织的理解。箭头表示流程的方向,帮助我们预测可能出现的故障和瓶颈。双向连接胜过单向连接吗?不一定。毕竟,你想让马桶里流过的水流向一个方向。

2. 容量

理解方向有助于解释马桶堵塞或交通堵塞,但我们也需要了解管道或道路的容量以管理流量。容量越大,通行越流畅,管道越大,堵塞情况就越少。然而,无论是管道、道路还是组织中的报表线,提高容量都会产生启动和维护成本。

3. 体积

体积解释了关于通过链接的典型流量的问题。显然,体积取决于容量:如果你的心脏跳得太猛,你的血管就会破裂。容量设置上限,但它并没有说明通过该通道的典型流量。是2%的产能还是95%的产能?确定了体积就可以回答这个问题。

网络

网络产生于节点和链接在跨层上的连接。即使是对几乎所有网络的初步扫描,也会发现网络中的一些节点比其他节点重要得多。奥黑尔国际机场(芝加哥枢纽)大雾弥漫,扰乱了全球空中交通。雾蒙蒙的奥斯汀·斯特劳贝尔国际机场(威斯康辛州绿湾)几乎不会出现在全球的视野中,当然,除非那天绿湾包装工队(Green Bay Packers)在蓝博球场(Lambeau Field)参加季后赛。

学者们致力于用书籍和期刊来理解网络,虽然我们对此不能讨论太多,但我们可以介绍一些基本概念,这可以极大地增强你的社会化媒体策略:

1. 中心

集线器是在多个网络中发挥作用的节点。奥黑尔国际机场连接着世界各地的城市,是众多航空公司的主要枢纽。奥斯汀·斯特劳贝尔国际机场将不会被视为一个枢纽,尽管它的官方名称是奥斯汀·斯特劳贝尔国际机场,虽然它对居民很重要,但它确实只代表了商业航空系统中的一个端点。

2. 枢要

枢要连接网络中不同的组,[3]是网络的枢纽,如果此节点关闭,则两个组将无法连接。

3. 路径长度

这表示在系统中分隔任意两个节点的链接的数量。这个距离的分离让我们想起孩子们打电话的游戏:链中的链接越多,路径长度越大,缠结的可能性越大。

这些基本思想为我们理解连接性提供了必要的思维工具。我们将在下一节中使用这些工具。

❖ 连接原则

通过理解节点、链接和网络的概念,可以得出许多有意思的特性和原则。以下我们强调其中几个。

连接(网络)的模式比单个组件(节点)的强度更重要。一个公司拥有一个很棒的网站(一个节点),但缺乏正确的网络连接,这在功能上是无用的。然而,这并不意味着连接的数量越多,网络就越好。相反,这意味着我们必须考虑我们希望这个连接网络执行什么功能。有时,我们的目标是尽可能多地接触人,这正是"超级碗"举办期间广告公司的理念。有时,它是为了限制对有限数量的排他性关系的访问。例如,恐怖组织希望招募恐怖分子,并宣传他们的恐怖行为,但其网络并不寻求国家情报机构的关注。[4]

中心、枢要和路径长度的各种组合形成的三个原型网络:

集中式:集中式连接网络的最极端形式是一个集线器,零枢要点,点A和点B之间的路径链接(见图9.2)。

分散式:分散式连接网络的一种极端形式有许多集线器和枢要点,以及潜在的大量路径链接(见图9.3)。

分布式:分布式网络的一种极端形式直接将每个节点与其他节点连接起来。这种网络很少出现,即使是在我们大脑紧密相连的神经结构中——它太笨重了。而大多数分布式网络如图9.4所示,将点A连接到点B需要零集线器和铰链点,根据消息的路由方式,路径长度不等。分布式网络有很多方法来连接A和B。例如,你可以穿过多个枢要点到达节点C,然后回到你的邻近节点再到达B。5这是集中式或分散式网络不可能做到的。

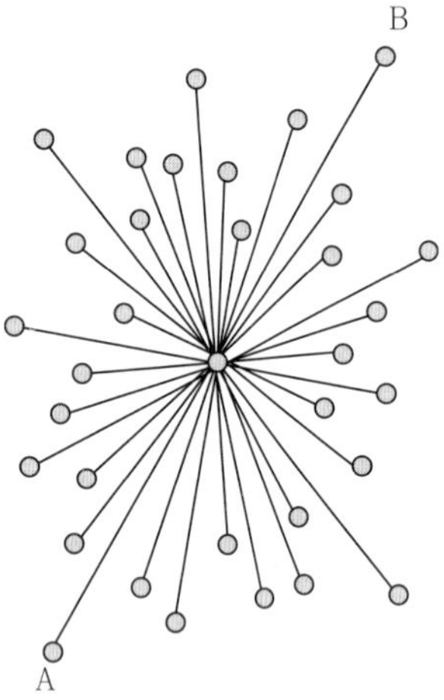

图 9.2 集中式网络 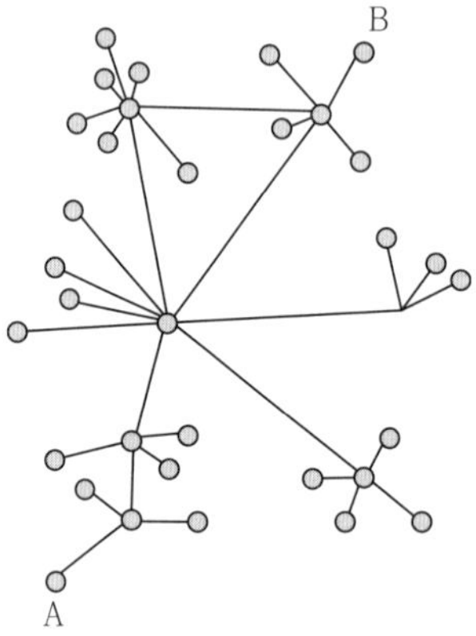　　图 9.3 分散式网络 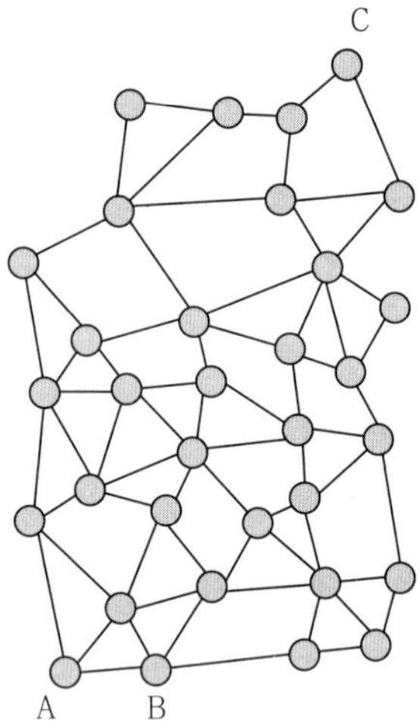　　图 9.4 分布式网络

如果仔细研究不同类型的基本网络,你会发现每个网络都包含相同数量的节点。这意味着,任何通过强调平台数量来证明其社会化媒体策略质量的人,都很可能错失良机。节点的连接方式几乎每次都优于网络中的节点数量。

同样,重要的不是连接的数量。你可能想要一些"死"链接,因为这些服务于你的目的。想想这个不幸的例子:几个世纪以来,马来西亚的养猪场在地理上与蝙蝠的栖息地分离,随着农场规模的扩大,这两个栖息地的距离越来越近。那么发生了什么事呢?是蝙蝠把病毒传给了猪,通过猪,这些病毒进入了人类的食物链。这并不是物种间的良好联系,因为尼帕病毒最终杀死了70%的感染者。6因此,关键的问题是:关系网能帮助你实现你的业务和沟通目标吗?要回答这个问题,你必须理解下一个原则。

每种类型的网络都有各自的优缺点。表9.1总结了多年来通过对不同类型网络的测试所得出的见解。该表还暗示,"什么是最好的网络类型?"类似于"什么是最好的交通方式?"最好的网络,就像最好的交通方式,取决于你想要实现的目标。选择正确的网络配置需要在潜在的收益和成本之间进行权衡。骑自行车对健康有很多好处,但它是一种相当慢的越野旅行方式。

例如,如果你想通过"五星上将"此类权威人物最大化地"命令和控制",那么集中式网络结构或一些相关的变体(如层次结构)就非常有意义。权衡一下:如果敌人杀死了将军,网络可能会崩溃。的确,艾森豪威尔总统认识到核武器对中央网络的威胁,随后改变了传统指挥和控制结构背后的整个思路。在他的领导下,出现了一种高度分布式的用于指挥和控制的通信网络,称为"高级研究计划署网络"(ARPANET)。这个网络成为当前互联网结构的推动力。[7]艾森豪威尔的故事应该至少在两个层面具有启发性:首先,在一种情况下运作良好的结构,在另一种情况下可能根本不起作用。回想一下,艾森豪威尔将军是二战期间盟军的最高指挥官。[8]其次,它需要艾森豪威尔这样的领导人具有敏锐的智慧,能够认识到需要随着形势的变化改变策略。对于大多数人来说,依赖以前的"最佳实践"太容易了,而这些"最佳实践"往往不再相关。

同样,为一个受众群体建立一种类型的社会化媒体网络,为不同的受众群体建立另一种类型的,可能也是有意义的。例如,你可能决定你的社会化媒体平台和网站应该连接在一个高度分布式的网络中,这样消费者就可以很容易地从一个平台转移到另一个平台。然而公司的内部节点(营销、宣传、管理)需要更加分散。为什么呢?因为你不会想要创造一个"每个人都对每件事负责"的内部环境,这将导致没有人对任何事情负责。本质上,内部网络执行路径功能,确保正确的人在正确的时间了解正确的问题。

表9.1 基本网络的潜在优势和劣势

网络	潜在优势	潜在劣势
集中式	·最大化地命令和控制 ·鼓励快速决策 ·促进中心节点决策的快速实现	·如果命令节点宕机,则崩溃 ·中心节点可能会经历过载 ·非集中式节点可能会出现信息缺陷
分散式	·鼓励专业人士 ·促进思想的多样性 ·平衡开发和决策速度	·促进集团形成 ·不均匀分配信息 ·如果枢要减少,网络就会受损
分布式	·控制传播焦点 ·当一个或多个节点发生故障时,保护通信网络 ·激发多个思路	·阻碍形成共识 ·减缓决策 ·执行质量可能会发生变化

网络既具有结构特性,又具有涌现性。到目前为止,我们已经强调了网络的物理结构。换句话说,地图上的道路在哪里?哪些节点理论上是相互关联的?对这些问题的回答使我们能够确定网络结构如何约束和促进某些类型的连接,但这只告诉我们流的可能性,而不是通过网络实际的消息和信息流。的确,链接的存在并没有告诉我们该链接是按预期使用的,还是已经变形为其他东西,只看网络的结构来理解网络就像只看路线图来理解交通流一样。当然,这是有帮助的,但它只是故事的一部分。

你可以通过超越网络的纯结构特性并检查其涌现特性来做更深层次的理解。紧急属性解释了网络的实际使用情况和潜在使用情况,比如识别出交通流在早高峰时段流入城市,下午流出。添加精度级别允许我们更好地使用链接属性(例如容量和方向)。它为我们的战略思维工具连接矩阵提供了一个天然的入口。

❖ 连接矩阵

连接矩阵通过强调社会化媒体策略师的关键决策点,综合了我们上面讨论的最有用的元素(见图9.5)。可以这样想:横轴——链接的数量表示网络中的道路数量。

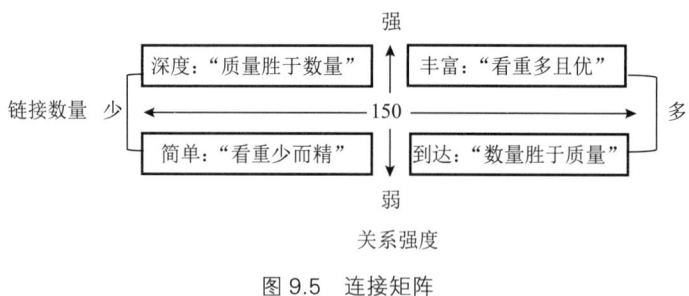

图 9.5 连接矩阵

而纵轴——连接强度——则集中在汽车的流量上。

矩阵的横轴表示网络中的原始链接数。拥有数百万Twitter粉丝的流行歌手贾斯汀·比伯(Justin Bieber)属于这一阵营的一端。如果一个人只使用Facebook与直系亲属保持联系,那么他就是另一个极端。注意矩阵横轴中间的数字150,

这是邓巴数。以罗宾·邓巴的名字命名,他发现普通人只有能力和150个人维持有意义的关系。[9]这个数字在坐标轴上是一个很好的标记,提醒我们什么时候动力开始移动。

但是原始的链接数量只说明了一部分,你还需要了解来自这些链接的连接强度。请注意,强度主要是网络紧急特性的函数,特别是具有强烈强度的连接往往是频繁的、双向的和多样化的,包含大量不同类型的消息。这种联系就像你和亲密的朋友或父母之间的联系一样,总而言之,这些联系是强大而丰富的(见表9.2)

表9.2 强连接和弱连接的趋势

强度	倾向	示例
强	·频繁的 ·两个方式 ·高度多样化的内容	·重要的人 ·亲密的朋友和家人 ·工作团队
弱	·偶尔的 ·一种方法 ·有限的多样化内容	·流行歌星或电影明星 ·思想大师 ·政治家

另外,弱强度的连接往往不那么频繁,而且以一种方式包含有限或一般的内容。这就像你和一个远房亲戚之间的关系,他们只通过每年节日的来信与你联系。

如果你是某个偶像、政治家或电视名人的追随者,你也会有一个薄弱环节。即使接触再频繁,这种联系仍然很弱,因为它主要是一种单向途径:流行歌星很可能不会读你的任何帖子。

强链接和弱链接并不等同于好链接和坏链接。牢固的关系是熟悉的、快速的、丰富的和抗压力的。如果你不假思索地发布一些事情给密切相关的人(例如亲密的朋友),他们可能会有更多的了解,比起与你是弱关系的人来说。牢固的关系需要大量的维护和关心,弱关系具有较低的维护成本,但对于发现新信息可能非常有用。美国的总统通过Twitter与公民有很多薄弱的联系,但如果你需要什么,他不太可能来帮助你。

结合强度和数量这两个维度可以得到一个矩阵,该矩阵强调网络选择所隐含的底层策略(见图9.5)。

简单:"少而精"的策略对于那些正忙于准备期末考试或医学院轮岗的人来说非常有意义。毕竟,在完成一项高要求的任务时,维护这些联系需要花费大量时间。

深度:深度战略的特点是"质量胜于数量"的理念。处于职业生涯晚期的人倾向于限制自己维持的人际关系的数量,寻求与和他们有联系的人进行非常丰富的互动。

到达:到达策略体现了"数量胜于质量"的理念。对于一个渴望成为公众人物的人来说,这是很有意义的,例如,一个流行歌星、思想领袖或政治家。这些人渴望广泛的接触,但不希望有深入的联系。

丰富:这种策略结合了深度策略的丰富性和到达策略的广泛性。"看重多且优"的口号对于那些想要领导拥有着众多不同利益相关者的大型复杂组织的首席执行官们来说,是很管用的。

每种策略都有利弊。例如,乍一看,丰富策略似乎胜过其他所有策略。但是如果你深入了解成功执行策略需要什么,你会发现它需要大量的时间和精力来管理。相比之下,简单策略所需的时间和精力要少得多,但也有代价:快速获得他人帮助的能力有限。图9.6和图9.7总结了其他潜在的策略成本和收益,因为所有的策略都需要权衡利弊,成功的策略家通过最大化收益和最小化成本来达到他们的目标。有了好的策略,你就能在忍受坏的的同时得到好的。

我们可以通过考察各种社会化媒体和其他传播渠道的内在倾向来扩展这一思路。例如,Twitter自然倾向于到达策略,因为它更强调单向而不是双向交互。难怪我们看到那么多政客和流行歌星完全接受它。另外,微观社会化媒体网站,倾向于深度策略是因为会员的排他性和强调双向沟通。[10]同样的情况也发生在一个更普通的社会化媒体网站Nextdoor.com上。该网站致力于让邻居们相互分享最新动态。[11]请注意,我们只是在讨论趋势,因为所有主要的社会化媒体平台都可以用来执行覆盖范围、深度或丰富性策略。例如,Twitter有一个工具来促进一对一、双向的沟通,Facebook也是。然而,由于许多用户常常无法接受这些特性,实际的使用可能与平台提供者的意图会有不同。

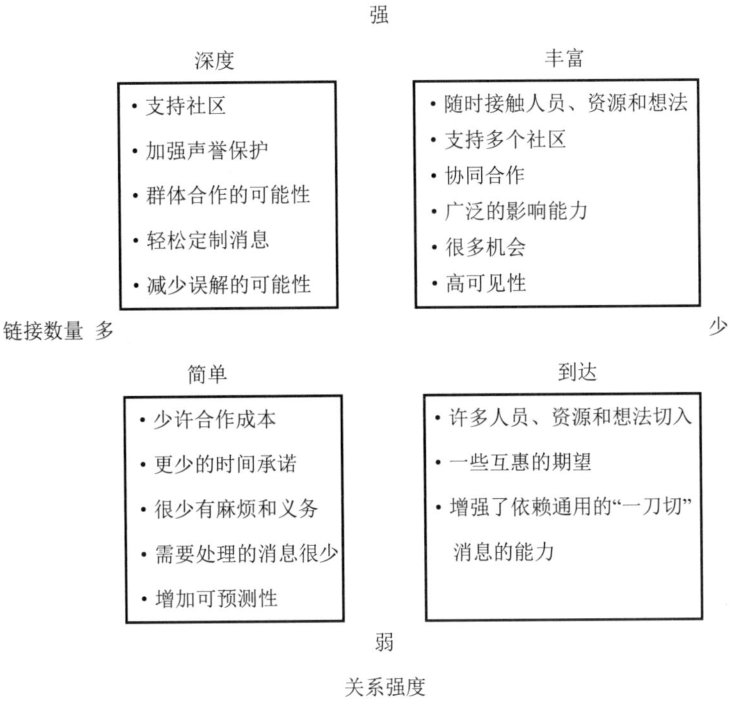

强

	深度	丰富

深度
- 支持社区
- 加强声誉保护
- 群体合作的可能性
- 轻松定制消息
- 减少误解的可能性

丰富
- 随时接触人员、资源和想法
- 支持多个社区
- 协同合作
- 广泛的影响能力
- 很多机会
- 高可见性

链接数量 多　　　　　　　　　　　　　　　　　　少

简单
- 少许合作成本
- 更少的时间承诺
- 很少有麻烦和义务
- 需要处理的消息很少
- 增加可预测性

到达
- 许多人员、资源和想法切入
- 一些互惠的期望
- 增强了依赖通用的"一刀切"消息的能力

弱

关系强度

图 9.6　连接矩阵:潜在的好处

强

深度
- 团体期望高
- 群组外几乎没有直接连接
- 群组外部影响力有限

丰富
- 协作成本高
- 耗费时间
- 需要处理的消息很多
- 许多互惠义务
- 许多惊喜

链接数量 多　　　　　　　　　　　　　　　　　　少

简单
- 限制访问人员、资源和想法
- 影响力很小
- 可追求机会更少

到达
- 缺乏忠诚和团队支持
- 没有直接影响
- 培养协作困难

弱

关系强度

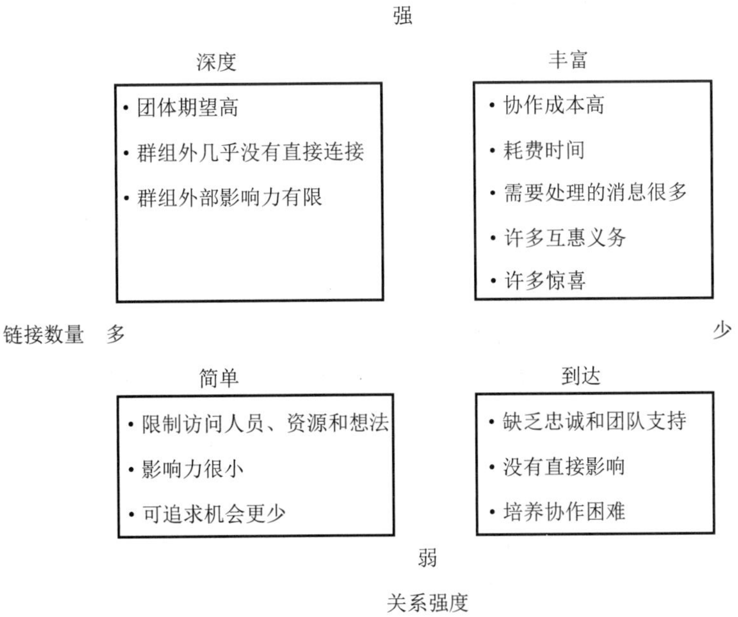

图 9.7　连接矩阵:潜在的成本

❖ 制作网络策略

我们在前几节中关于网络和连接矩阵的讨论应该会形成你的社会化媒体策略的轮廓,将策略塑造成更坚实的东西需要更深刻的思考和艺术性,可以从以下想法开始:

识别广泛的节点和链接。只考虑社会化媒体平台和网站上的节点是很有诱惑力的,将链接的概念限制在电子路径上也很有吸引力,要抵制这些诱惑!节点视图包括广告牌、桌面亭、时事通讯、其他印刷品和电视/广播广告,这些广告可能显示也可能不显示在社会化媒体平台的链接里。此外,节点包括链接到社会化媒体站点的人员、部门和决策过程,同样,这些链接可能是电子的,但也包括面对面的讨论、会议和书面报告。

相对于将节点视为网络中的简单点,更可靠地查看节点意味着要考虑节点中独特的感知机制。神经科学家发现,"每一种神经元(或网络节点)都有自己独特的输入-输出连接特性,与其他神经元(或节点)以不同程度的特异性连接。"[12]从本质上讲,我们大脑中的节点(神经元)的行为方式往往略有不同,因为它们根据刺激的类型和数量表现出不同程度的敏感度。当你选择使用与你的社会化媒体平台相关联的广泛连接中的两个特定节点来联系相同的消息时,几乎就会发生这种情况。例如,一条图片帖子可能不会在你的Twitter网络中引起太多的兴奋,但是相同的图片在Pinterest上可能会激起一波兴趣。因此,优秀的社会化媒体策略家会仔细考虑各个节点的"连接配置文件"。简而言之,对链接和节点的强烈思考开启了一个充满可能性和机遇的世界。

规划并评估现有的网络结构。对你系统中的所有节点简单地集思广益一下,然后画出连接的节点的图表,就能极大地揭示问题。通过使用箭头标注通过链接的流的典型方向和体积,为图表添加另一层深度,线条的粗细可以清楚地说明网络的这些特性。

图表说明了一些问题,而这些问题仅仅是用一条线模糊地暗示出来的。对图表进行批判性的检查可能会暴露潜在的策略连接错误以及新的机会,我们将在评估章节中更深入地探讨这个想法。

请注意,我们已经为许多企业、品牌和项目进行了几十次连接评估,包括艾伦·德杰尼勒斯秀、唐纳德·特朗普的政治竞选、士力架、耐克和许多小企业。从这些评估中得出的一个更令人吃惊的发现是,网络中出现了数量惊人的断开链接和单向链接。例如,一家公司的网站没有与其Facebook账户、Twitter或Pinterest帖子超链接;在另一起案件中,一家公司的Facebook账户没有与其网站链接。我们无法确定这些是不是战略决策,然而令人好奇的是,有时潜在的消费者无法通过点击一个网站的链接来购买产品或服务,或者自愿参加某个活动。很难想象这种情况是由最优连接策略造成的。

混合和匹配你的连接策略。正如我们所强调的,不存在乌托邦式的或一刀切式的连接策略。相反,策略必须与竞争环境、你的目标和受众的愿望相匹配。例如,深度策略对于企业对企业关系(B2B)或企业对员工关系(B2E)之类的关系非常有意义。对于流行歌星、思想大师、政治家以及大多数企业对消费者(B2C)之类的关系,到达策略都非常有效。

然而,没有必要只采取一种策略。例如,你可以为一个目标受众采用深度策略,为另一个目标受众采用到达策略。事实上,这正是红裙精品店所追求的策略。红裙精品店通过打造一个"能给妇女节带来色彩、自信和快乐的地方"来销售服装、配饰和鞋子。[13]公司通过Instagram和其他平台在社会化媒体领域追求深度和广度策略。一个相对精挑细选的客户群体充当市场研究人员,对对目标受众有意义的款式、价格和产品做出判断。这个群体内部的联系是紧密的,但人相对较少,这一经典的深度策略为执行针对广大客户的到达策略提供了必要的建议。这家非常成功的公司巧妙地将其社会化媒体策略与商业目标相匹配,将传统公司的营销研究和购买行为真正落实到点上,因为"专家"才是真正的消费者。

培养与你的人际关系策略相匹配的技能和承担力。任何对社会化媒体稍有兴趣的人都会注意到,每天都有大量关于如何通过社会化媒体营销产品的"免费"建议。大多数出谋献策的人都在大肆宣传自己的传播策略,告诉你如何吸引更多的追随者,或者通过获得更多的"赞"来创造更多的虚假参与。问题是为了吸引更多的关注者或可见性而设计的相同技能很可能会破坏简单、深度或丰富的策略。一个令人震惊的视觉冲击或一段种族主义言论可能会吸引很多新的社会化媒体粉丝,但它会破坏基于相互尊重的深度策略。想想梅根·菲尔普斯-

罗珀(Megan Phelps-Roper)吧。2009年世界艾滋病日那天,她在Twitter上发布了一条令人发指的攻击性帖子,表达了一种基于堪萨斯州托皮卡市韦斯特博罗浸礼会教堂(Westboro Baptist Church)培育的一种信仰结构的情感之后,她的追随者人数增加了1000多人。随着时间的推移,这位年轻女子开始后悔并放弃了这种行为。[14]

假设你已经意识到冒犯他人的潜在风险,但仍然决定采取到达策略,那么你应该读一读本·帕尔(Ben Parr)的《引诱学》(Captivology)。他提倡使用以下方式来吸引人们的注意力:

自动性:自动选择图像、颜色或声音来吸引注意力。不管你想不想,你都会注意到一个响亮的声音或老虎向你冲过来的图像。

框架:改变通常看待事物的方式,考虑一下将通常不会在一起看到的图片放在一起。

颠覆:以某种不寻常的方式违背预期。例如,假设创建一个标题,该标题违反了之前报告的所有关于重大选举的民意调查结果。

神秘感:制造待解的悬念或不确定性。你不必是阿加莎·克里斯蒂(Agatha Christie),但接受她的角色或许会有所帮助。

奖励:承诺外部或内部奖励。例如,你可以提供折扣,或者提供一个测验个人见解的答案。

声誉:利用专家、名人或历史人物的信誉来吸引注意力。想想你的沟通中可能包含的宣传。[15]

你必须发现哪些方法最能吸引受众的注意。

相反,如果你选择深度和丰富的策略,你会发现你的受众更看重回报而不是吸引注意力的噱头,这需要警惕并进行有意义的参与(见图9.8)。它需要比呼吸策略更强的个性化和捕捉信息的能力,简而言之,仅仅因为你或你的团队熟练地执行了一种策略,就不能保证另一种策略的成功,你们玩的游戏就像棒球和篮球一样不同。当然,出色的运动能力对所有运动都有帮助,但正如迈克尔·乔丹那样,在一项运动中获得总冠军并不能保证在另一项运动中也获得总冠军。

根据所采用的策略和到达靶心节点的容易程度来判断有效性。如果你采用到达策略,你就是在玩数字游戏。这种"越多越好"的策略旨在争取尽可能多的人参与进来,你想要增加追随者的数量、目标网站的点击量,或者Facebook页面上的"赞"。相反,如果你采用深度策略,那么原始数据的重要性就会低于人际关系的质量、互动的丰富性以及所获得的见解的类型。与到达策略相比,这些有效性标准更难评估,简单策略的有效性取决于你想要避免多少社会化媒体和其他纠缠。

有些节点比其他节点更重要。靶心节点显然必须是连接策略的核心。一般的原则应该是:到达靶心节点所需的链接越少越好,原因是:将你的目标受众与你的靶心分开的每一个链接都降低了正确的人达到目标的可能性,使目标容易到达增加了人们击中靶心节点的概率。简而言之,判断连接策略的有效性不能简单地归结为一个数字,相反,它还必须基于关于连接策略是否服务于你的策略目标的定性判断。

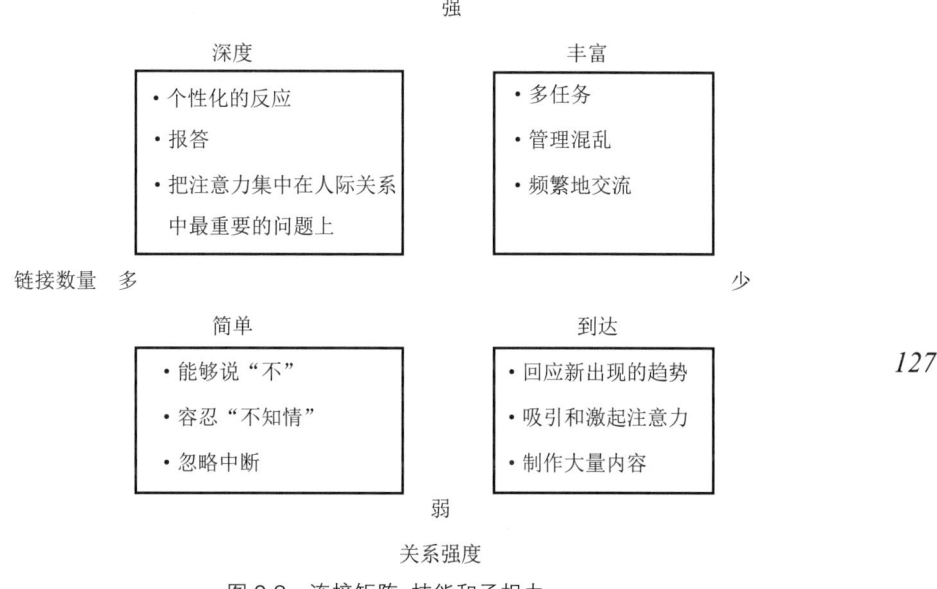

图9.8 连接矩阵:技能和承担力

❖ 总结

当大多数人讨论社会化媒体策略时,"连接"这一要素往往会退居幕后,这是不幸的。可以肯定的是,除了水管工,没有人会对你家或公寓里的管网感到非常兴奋,但当管道爆裂或污水流向错误的方向时,一切都改变了。同样,当社会化媒体策略未能达到预期效果或社会化媒体引发的危机席卷互联网时,就该重新审视连接策略以及其他元素，比如你的内容。然而，很明显，查看连接策略的最佳时间是在构建过程的早期，因此它可以像优质的管道一样无声地隐藏在后台。

---| 关键术语 |---

| 集中式网络 | 分散式网络 | 分布式网络 | 深度策略 |
| 简单策略 | 丰富策略 | 到达策略 | |

---| 深入思考 |---

这些练习旨在增强你对本章主要思想、原则和方法的理解。

1. 图9.2至图9.4描述了三种不同类型的网络。选择两项你个人在工作、学习或社交生活中参与过的活动。

a. 创建一个关于"网络1"和"网络2"的优缺点的表格。

b. 反思你在每个社交网络上的经历，根据你的经验，指出每种网络的优缺点。

c. 根据你的表格，总结一下什么时候使用这两个网络最有意义。

2. 构造一个矩阵，如图9.5所示。

a. 在每个象限中，指出成功执行特定策略的三个关键。

b. 提供你的理由。

3. 列出五个你最熟悉的社会化媒体平台。

a. 为每个平台识别靶心节点。

b. 描述你在为每个平台定位靶心节点时遇到的挑战。

c. 根据这个练习，描述三个关于正确使用靶心节点的经验教训，并说出你的理由。

---| 注　释 |---

1. 写完这一部分后，我发现了一本广受欢迎的书，它以更广泛的形式提出了类似的论点。参见：J. Ramo, *The Seventh Sense: Power, Fortune, and Survival in the Age of Networks* (New

York: Little, Brown, and Company, 2016).

2. N. Olivarez-Giles, "A Shop Now Button on Instagram for Buying," *Wall Street Journal*, November 3, 2016, D4.

3. C. Levine, *Forms: Whole, Rbytbm, Hierarcby, Network* (Princeton, NJ: Princeton University Press, 2015), 113.

4. C. Roper, "Illuminating ISIS: How One Journalist Uses Social Media to Get Inside the Minds of ISIS," *Wired*, August 3, 2016, 93-95.

5. 这一特性在分布式网络中创造了巨大的多样性和复杂性。我们可能都会在B点结束，但经过的路径不同。更多信息请参见：N.Przulj and N. Maloud-dognin, "Network Analytics in the Age of Big Data," *Science*, July 8, 2016, 123-4.

6. S. Shah, *Pandemic: Tracking Contagions From Cholera to Ebola and Beyond* (New York: Farrar, Straus, Giroux, 2016), 55.

7. S. Malcomson, *Splinternet: How Geopolitics and Commerce Are Fragmenting the World Wide Web* (New York: OR Books, 2016).

8. 高级研究计划署网络不仅涉及网络配置的结构性变化，还彻底改变了通过分组交换在网络结构中发送消息的方式。

9. R. Dunbar, *How Many Friends Does One Person Need?* (Cambridge, MA: Harvard University Press, 2010).

10. 你必须提交一份个人资料，然后由一群评委来决定你是否有价值。参见：http://www.theleague.com/#are-you-in.

11. 该网站拥有超过111,000个注册邻居，是一种分散式网络。

12. XJiang, S Sheen, C. Cadwell, P.Berens, F.Sinz, A. Ecker, S. Patel, and A.Tolias, "Principles of Connectivity among Morphologically Defined Cell Types in Adult Neocortex," *Science*, November 27, 2015, 1055.

13. "Our Red Dress Boutique Story", http://www.reddressboutique.com/our-story. March 25, 2017.

14. A Chen. "Unfollow," *The New Yorker*, November 23, 2015, 80-93.

15. B Parr, *Captivology: The Science of Capturing People's Attention* (New York: Harper One 2015), p.16 of 230((e-book).

10

修 正

❖ ❖ ❖

"对他人来说显而易见的错误对我们来说是不可见的,无论我们多么努力地去发现。"

——乔瑟夫·哈里南(Joseph T.Hallinan)

歪曲人类错误的必然性并不等同于本章将这一责任放在社会化媒体战略的前沿和中心位置。我们首先回顾一些更常见的错误来源,这正是关于修正矩阵章节的核心内容。结论部分重点关注矩阵的含义以及如何制定策略的修正组件。

❖ 错误的根源

一系列纠结的心理力量和组织惯例会产生错误,我们将讨论下面的主要问题。

注意力

没有注意力,我们根本无法关注任何事情,然而,我们可以从一个句子中提取意义,因为尽管存在错误,读者也可以这样做——没有关注每一个字母。¹这是一种祝福和诅咒。我们很幸运能够将大量输入内容组合在一起以快速形成响应。我们也会受到相同的诅咒,并且经常忽视显而易见的错误。这就是为什么作者需要优秀的文案编辑,同样,社会化媒体经理通常需要有人帮他们查看拼写错误、遗漏的单词、不恰当的图像以及可能令人反感的帖子。

速度

速度让大多数人眼花缭乱,尤其是当他们驾驶、跑步、骑自行车或下棋时。速度也会导致事故的发生,只要问一个在多雪路上驾驶汽车的人便知。产生快速结果的组织也会让我们眼花缭乱,但有时他们会错过一些东西,比如用汉堡订购的额外酱菜。而且他们经常错过机会,例如推销一个可能比较有益的新菜单选项。

这种特殊的酱菜可能影响主要渠道的社会化媒体经理,因为大多数平台都在快速发展。几乎每个星期都会发布一些他们后悔的东西,因为他们会对某些真实或想象的进攻产生情感上的反应。同样,名人可能会发出错误的信息,因为他们匆忙地发出,没有考虑潜在的误解。通常,错误包括发送者认为突出显示了一条消息,但无意中引起了对另一条消息的注意。奥运会金牌获得者林赛·沃恩(Lindsey Vonn)在一场比赛中滑雪板的鞋固定装置发生了故障,赛后她发布了一段视频,视频里她愤怒地破坏了滑雪板的固定装置。她的滑雪赞助商认为她的行为对公司不利,她很快就向赞助商和粉丝道歉,同时澄清她并没有因为这次事故而责怪她的滑雪板。²

熟练的策略师会认识到速度的价值,但会采取预防措施来应对潜在的威胁。总而言之,我们都知道,仓促会产生浪费,我们也应该认识到,速度可能会妨碍我们深思熟虑。

习惯

习惯,比如运动习惯,可能是非常有益的,但是当情况发生变化时,运动也可能使人衰弱甚至狂热的锻炼者需要在受伤后休息一天,他们也可能面临使问题复杂化的风险。³

一个习惯引起的社会化媒体错误甚至可能发生在Facebook的创始人马克·扎克伯格身上，他的Twitter和Pinterest遭到了黑客攻击，因为他做了我们许多人所做的事情。他使用了他另一个也遭到过攻击的账户的密码"dadada"。[4] 这种事发生在他身上，也可能发生在其他任何人身上并对其个人品牌造成伤害。

同样，有效的社会化媒体管理者应该有一些健康的习惯，例如第4章中讨论的那些，但也有另一面，例如，一个社会化媒体经理有一个令人钦佩的习惯，即回应每个帖子，无论内容如何。他甚至回应了一个特别刻薄的帖子，可能更好的方法是忽略该帖子而不是长篇大论地回复，这种帖子最终会淡出公众视野。

思考偏差

最近，一个最丰富的心理学研究领域涉及了启发和制定对策。例如，可用性意味着我们经常使用最常用的信息做决定，比如，如果你使用原始零售价衡量销售是否会成交，那么你依赖于可用信息就可能会成为可用性偏差的牺牲品。是好的交易吗？也许是。但如果卖家从未以原价出售该物品，或许就不是。问题在于我们很少考虑这种可能性。在表10.1中，我们已经确定了一些常见的思维偏见和一些可能帮助你摆脱其神秘力量的问题。

社会化媒体经理应该特别关注策略规划和评估中的这些偏见。在评估你的社会化媒体方法的有效性时，可用性偏差很大。例如，有许多关于你的社会化媒体帖子的现成统计数据，它们可能与你的业务目标相关，也可能不相关。

例如，知道有多少人喜欢你的帖子是有帮助的，但是特定类型的帖子驱动人们购买你的产品或回应你的号召性用语是有帮助的吗？

这是不容易回答的关键问题。例如，考虑下在澳大利亚墨尔本推出的公共服务公告，提倡最大限度地提高地铁的安全性。一个聪明而有趣的视频模拟了"愚蠢的死亡方式"。视频以最简单的方式结束，是由一列火车撞击的。它获得了超过1亿的观看次数，是一个爆款广告，但它确实提高了安全性吗？这是值得商榷的，因为在该视频广为传播的那年，安全事件的数量几乎保持不变。[5]

表10.1 打破思维偏见的魔咒

偏见	描述	纠正问题
确认	寻找支持你已有观点的信息、见解和论据（例如，只看支持你政治观点的电视网络）	有什么矛盾的证据？
沉没成本	继续前进，因为你在这方面投入了太多的时间和金钱，尽管成本是无法回收的	如果你的花费（时间、金钱和能量）在这一点为零，你会继续走当前的道路吗？
损失厌恶	倾向于避免损失而不是获得收益（例如，害怕失去你已经拥有的东西）	你会过于担心潜在的损失而不是潜在的收益吗？
锚定	根据提供给你的比较点判断（例如，将列出的价格与商店货架上的折扣价格进行比较）	还有其他的比较点吗？
框架	对一个决定做出反应的倾向（例如，新程序将为百分之八十的顾客省钱）	是否有其他方法来表达这个问题或决定？
关系	支持你的朋友所采取的立场的倾向	如果你把友谊排除在外，你会怎么决定？
可用性	依赖于现成的信息倾向（如依赖谷歌搜索中最先出现的内容）	还有其他的吗？（如果你咨询的信息不那么容易获得，但更可信呢？）
控制	高估你对事件的掌控力（假定你的安全驾驶习惯能保护你免受伤害）	这种情况下，机会扮演什么角色？你打算怎么做？
角色	倾向于判断对你当前角色和工作职责的看法（如部门经理和CEO）	如果你换一个不同的头衔，你会如何看待这个决定？
叙述	将事实与已有的故事情节相印证的倾向	你能用同样的事实讲述不同的故事吗？

❖ 组织结构、程序和协议部门

工作部门和会议协议对组织的效率和影响力方面会产生巨大的好处。例如，正是亨利·福特(Henry Ford)发现，在装配线上设置不同的部门或专业，远远好过建造汽车的万事通方法。他的成功理念被复制并完善了无数的组织。

然而，福特先生的组织结构也面临沟通挑战，就像他们任何装配线制造的汽车一样。最重要的是部门间的沟通问题，人们去商店兑换优惠券，店员却完全不知道有促销这回事，这就是经历了部门间沟通问题的挫折。特别是，营销部门可能比客户做得更好。[6]

面对类似挑战的社会化媒体经理，必须协调各部门的沟通。他们不仅需要了解营销计划，还需要了解产品、服务、公共关系问题和执行机制，而且他们需要几乎立即知道这些事情。这只是一个没有被纳入大多数组织结构的问题，而且它会产生意想不到的错误和机会。

多年前，恩斯特·马赫(Ernst Mach)指出，知识和错误来自同一个心灵，只有成功才能告诉另一个人。[7]他强调了一个非常重要的想法，作为整个讨论的背景。也就是说，上面讨论的每个问题——注意力、速度、习惯、思维惯例和组织结构都会产生效益和成本。我们试图强调两者同时关注其为社会化媒体管理者所创造的特殊挑战。管理者们承诺不仅要承认偶尔的错误，还要制定策略来积极管理纠正过程。接下来讨论的修正矩阵为战略提供了智力基础。

❖ 修正矩阵

尽管存在固有的心理和组织障碍，但有些错误比其他错误更易于检测和纠正。校正矩阵解释了原因(见图10.1)。这一切都归结为了解错误的不同类型。两个基本维度定义矩阵。纵轴表示错误的严重程度：是战略还是战术？横轴表示错误的类型：是遗漏还是犯的错？象限中的标签描述了错误的类型并暗示相对严重性。为了说明，我们假设你正在运营一个有社会化媒体存在的咖啡吧。

四个象限说明了各种类型和程度的错误：轻微的疏忽、适度的失误、错失的机会以及重大错误。

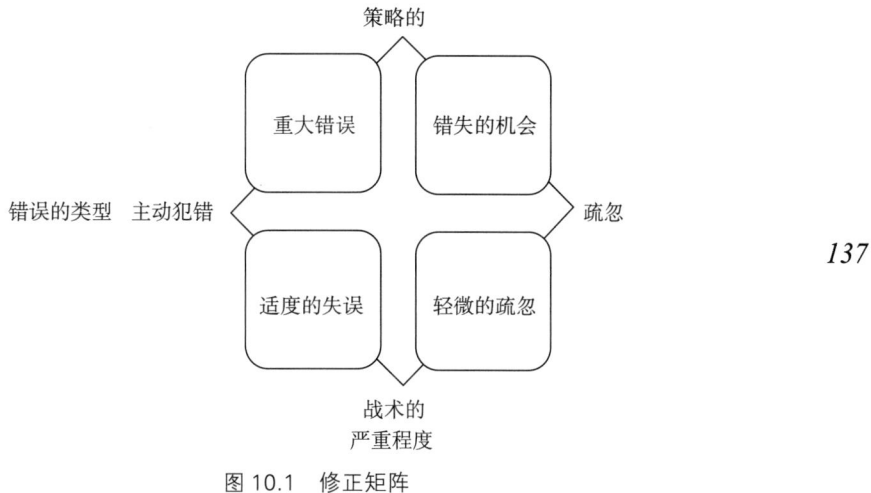

图 10.1 修正矩阵

　　轻微的疏忽：此象限突出了遗漏的战术错误。如果咖啡师忘了给你的咖啡添加奶油，那么这个轻微的疏忽可以通过一把勺子轻松纠正。同样，宣布新咖啡混合但忽略发布相关图片的社会化媒体经理可以通过鼠标点击快速纠正这种情况。

　　适度的失误：这个象限突出了所犯的错误，客户要一杯爱尔兰奶油，但被提供了一杯浓汤，肯定不会特别高兴。那些回复Facebook帖子的客户也不会在咖啡馆中替商家标记出咖啡过滤器的销售情况。即使这些事件适度地惹恼了客户，也可以轻松纠正错误。

　　错失的机会：这个象限引起了对遗漏的战略的关注。咖啡馆受到传统情感的过度影响，可能无法识别推销冰咖啡的机会。同样的社会化媒体观点可能导致同一个咖啡馆忽视Tinder或Nextdoor等低调平台。在这两个例子中，没有人做错了什么。更确切地说，咖啡馆提出了一些可以提高其盈利能力的创新想法。

　　重大错误：这个象限揭示了所犯的错误。由于标签混乱而经常混合其脱咖啡因和含咖啡因的咖啡的咖啡馆已经跌跌撞撞地陷入了一场大混乱。社会化媒体经理即使在证据表明一场危机正在酝酿的情况下，也会让员工应接不暇。毕竟，有人的心脏可能会导致一场惊人的危机，因为他不知不觉地消耗了太多的含咖啡因的咖啡。到最后，咖啡馆的形象受到影响，这种打击有可能损害企业的长远生存能力。

或者考虑拼写错误或遗失单词的影响,这可能与鼠标的敲击有关。即使是拼写检查可能也不会发现这个问题。这正是阿迪达斯不得不为美国足球锦标赛广告中拼错了南美国家哥伦比亚的名字道歉的原因。写错国家名字一事在社会化媒体上引起一片嘲笑。[8]修正矩阵为社会化媒体经理提出了一个强有力的纠错挑战。例如,它意味着我们应该使用不同的方法来检测和纠正不同类型的错误。下一节将探讨更多。

❖ 所以呢?

那么为什么修正策略很重要呢?修正矩阵意味着什么呢?下面回答这些问题。

第一,检测错误模式。你是否一直犯同样的错误?这听起来像一个简单的问题,但可能不是。例如,我们经常将随机错误视为偶然。我们会在野餐时发生一些轻微的烦恼,未能发现我们经常将野餐场设置成有大量虫子的沼泽地。因为这些错误很容易纠正,所以我们几乎没有对它们多想。

保持大小错误的记录,为模式检测提供必要的数据点。你必须有日志提供点,分析时可以连接它们。可以肯定的是,有些点只是随机的,但你想要的是那些更系统的点。在很可能的情况下,这些点本质上是战术性的,但这并不意味着错误的根本来源本质上是战术性的。事实上。源可能是更具战略性的东西。例如,在文本中发布错误图片的几个零散实例可能是一系列不幸的错误,或者这种错误可能是一种涉及你的连接策略错误的指示,或许提供图像的人员或部门与社会化媒体部门没有正确连接。

第二,建立一个鹰眼雷达屏幕。如果你没有寻找错误并探索可能性,那么你将无法找到它们。这就是为什么你需要创建一个雷达屏来检测两者。你需要在平台流量和性能上保持实时性。一个好的雷达屏幕通过一系列雷达将这些数字放在你的指尖。这些内容将在本书的后面部分进行更深入的讨论。

监控你的竞争对手的发布行为和模式也很有帮助。这样做可能会帮助你发现自己的错误。修正矩阵突出了疏忽引发的错误。人们对所犯的错误比对因疏忽而引发的错误更加关注和不安。比起检测丢失的艺术品,你更有可能注意到伦勃朗特的一个大斜线。被毁坏的绘画破坏了你对艺术的审美期望，但是丢失的艺术品代表了一个你可能从未想过的遗忘机会，疏忽在短期内通常不会使人衰弱，但它们可能是长期的。一个放弃的机会可能不会破坏业务或社会化媒体计划，但是，如果忽视机会成为一种习惯，就会出现更深层次的问题。

第三，通过招募和维护友好的"间谍"网络来增强你的雷达屏幕。因为我们都有盲点，任何人都可能无意中按错了按钮，所以有一个友好的"间谍"网络监视你的帖子和你的竞争对手的帖子是有帮助的。这些友好的"间谍"的作用是迅速提醒你可能的错误机会。在一个案例中，思想领袖无意中得到了可疑的照片。这些照片对他的追随者没有吸引力。为什么会发生这种情况？可能是他刚刚学习如何使用他的新iPhone或其他人使用他的手机。这真的没关系。思想领袖完全没有意识到这个帖子，也就是错误。但他的友好的"间谍"救了他，并提醒他有问题，因为帖子会损害他的声誉。

你想招募什么样的友好"间谍"？好的"间谍"关注感官提示，对平台有深刻了解。他们必须知道你想要实现的目标。不需要特别偷偷摸摸或有任何秘密小工具，需要的只是不断监测、观察和评估帖子。

第四，建立一个实验室。博主和自封的社会化媒体专家就内容的类型和帖子的正确发布时间提供了很多建议。其中一些是有用的，大多数不是。有一个简单的原因：他们从中得出推论的数据库通常狭隘地受制于他们的个人经历或基于整个平台的全球趋势。在这两种情况下，你都不知道这些相同的趋势是否适用于你的核心受众。这是最佳实践的悖论。可以肯定的是，我们希望研究其他人的最佳实践，但我们希望确保它们适用于我们自己的情况。

另类吗？建立一个实验室，让你不断测试和改进帖子。你可以测试不同的图像、单词、号召性用语，甚至帖子的时间。测试相同帖子两次——执行所谓的A／B测试——是黄金标准。这是大多数社会化媒体策略师应该接受的最佳实践。如果你已经建立了正确的雷达屏幕，那就相对简单了（见表10.2）。

表10.2 A／B测试协议

步骤
1. 制作引人注目的信息 2. 选择两个不同的测试图像——图像A和图像B 3. 通过将步骤1的措辞和图像A相结合来创建消息A 4. 通过将步骤1的措辞和图像B相结合来创建消息B 5. 随机将你的一部分受众分配给A组，将其他部分分配给B组 6. 同时将消息A发布到A组，将消息B发布到B组 7. 在24小时内监控结果，看看哪个流量最大 8. 宣布获胜者 9. 根据需要继续改进新的措辞和图像

这正是美国前总统奥巴马决定将社会化媒体的捐款请求发布到他的总统竞选活动中的方式。[9]

第五，确定纠正措施的类型。你不希望过度反应并将所有故障视为重大战略错误，你也不想反复或淡化重大失误。持续的咳嗽可能是感冒挥之不去的影响或表明有更严重的事情。对于一个帖子的一些负面反应可能是一个小的烦恼，或表明一些重大的战略错误。如果你经常通过发布令人反感的材料来误导受众，那么你应该对你的策略进行一些反思。关键是将响应与错误类型相匹配，这就是修正矩阵特别有价值的地方。

轻微的疏忽。调整现有方法最适合这类错误。无须深入探索或创新的自我检查，只是调整并继续前进，看看是否有效。

适度的失误。在适度的失态领域进行操作时，快速解决问题是最好的选择。正确或错误的争论通常会适得其反，即使你赢得了争论，你也可以永久地重视关系。这就是为什么预测可能的错误和挑战很重要的原因。例如，如果你运营社会化媒体，你将不可避免地经常遇到一些愤怒的帖子。应该制订一个计划来分类并处理这些问题。在附录2中，瑞恩·马丁(Ryan Martin)教授确定了一些用于处理愤怒的在线帖子的方法。

错失的机会：策略要适应在错失机会中出现的最佳纠错挑战。你不要完全抛弃你的策略，而是根据新的见解或问题进行中段修正。从某种意义上说，每种策略都需要进行常规适应和调整。但是，如果你经常对你的战略做出重大调整，那么它可能会在你的战略规划过程中出现一些深层次的缺陷。

重大错误：重新思考你的整个战略可能是对重大失误的最佳回应。重要的是有些不妥之处有可能极大地影响企业的成败。因此，回到战略绘图板，找出一个特定错误的根本原因以及思考过程中的缺陷是很有意义的。问一问，"我们怎么会无视这个巨大的风险？"会为你的策略大大赋能。

底线：错误是不可避免的。当你从中提取最大价值时，失败就不那么痛苦了。如果你从每一个错误、大大小小的共享课程中学习，并定期检查这些过程是否有助于你的组织更有效地在正确的方向上前行，你因此得到的回报将会飙升。[10]

第六，建立定期评估程序。记录每日错误有助于战术，拥有强大的雷达屏幕也是如此。这两种工具都应该关注更直接和短期的情况，但是技术娴熟的战略家并不满足于日志和雷达屏幕，相反，他们在三个月或半年的基础上寻求对5C进行更全面的战略评估。这是一个非常重要的过程，我们将在本书的下一章重点介绍。

❖ 总结

有些读者可能会注意到这一章几乎是个完整的循环。也就是说，你的修正过程通常会表明需要改变你对竞争环境的评估，调整你的坐标，重新检查你的渠道选择，调整你的内容，修正你的连接策略。这些是完全合适的。为什么？持续卓越的代价是对现状不满，不过还有一个最终测试，我们将在下一章重点介绍。

关键术语

A/B测试	修正矩阵
轻微的疏忽	适度的失误
错失的机会	重大错误

深入思考

这些练习旨在增强你对本章关键思想、原则和方法的理解。

1. 重新创建图10.1，识别一个社会化媒体错误，将其归入象限，并说明理由。

2. 使用你自己的社会化媒体网络进行A／B测试。说说进行此特定测试的理由，并描述测试和结果，以及从测试中汲取的三个教训。

3. 描述世界级雷达屏幕的五个特征，说明选择这些特征的原因。

4. 描述启动和维护雷达屏幕所需的程序。如何通过公司的执行团队将你的雷达销售给他们？

注 释

1. M. Van Hecke, *Blind Spots: Why Smart People Do Dumb Things* (New York: Prometheus Books, 2007), 21.

2. "Vonn's Title Overshadowed by Gafte," *Green Bay Press-gazette*, February21,2016,8c.

3. J. Reason, *Human Error* (New York: Cambridge University Press, 1990).

4. R. Mcmillan, "Mark Zuckerberg's Twitter and Pinterest Accounts Hacked , "*The Wall Street Journal,* June 7, 2016, http://ww.wsj.com/articles/ mark-zuckerbergs-twitter-and-pinterest-accounts-hacked-1465251954.Accessed June 8, 2016.

5. S. Atchison and J. Burby, *Does it Work? 10 Principles For Delivering True Business Value in Digital Marketing* (New York: Mcgraw Hill, 2015).

6. P. Clampit, *Communicating for Managerial Effectiveness*, 6th ed.(Los Angeles: Sage Publications, 2017), chap. 8.

7. E. Mach, *Knowledge and Error: Sketches on the Psychology of Enquiry* (Dordrecht, Holland: Reidel Publishing, 1905), 84.

8. J Billington, "Adidas Advertising Campaign Mocked on Twitter for Embarrassing Colombia Spelling Mistake," *International Business Times*, June 8 , 2 0 1 6,http://www.ibtimes.co.uk/adidas-advertising-campaign-mocked-twitter-embarrassing-colombia-spelling-mistake-1564364.Accessed June 9, 2016.

9. B. Christian and T. Griffiths, *Algorithms to Live By* (New York: Henry Holt, 2016), p.125 of 949(e-book).

10. J. Birkinshaw and M. Haas, "Increase Your Return on Failure. " *Harvard Business Review* 94, no 5 (May 2016): 89-93,p.93.

11
同步策略点和制作行动计划

> "有效的策略还需要持续的管理、评估和适应,这在很大程度上是因为战争是相互作用的——敌人有投票权。"
>
> ——安德鲁·威尔逊(Andrew Wilson)

运动队可以拥有全明星球员,但如果他们不齐心协力,就不能实现自己许下的夺冠诺言。这正是洛杉矶湖人队在2003-2004赛季所经历的。

球队聚集了一群常年入选全明星的球员,包括科比·布莱恩特、沙奎尔·奥尼尔、卡尔·马龙、加里·佩顿,为争夺总冠军再次努力。但他们并没有兑现承诺,事实上,这在很大程度上要归咎于超级明星之间不断的明争暗斗。尽管球队拥有世界级教练菲尔·杰克逊,却依然失败了。[1]

同样的逻辑也适用于5C。你可以有很好的坐标,正确的渠道,"全明星"的内容,优良的连接,一个明星级的修正计划,但是你的策略仍然可能失败,除非它们彼此同步。本章讨论了三个测试,提高了社会化媒体赢得胜利的可能性。

❖ 测试1：坐标测试

在前面的章节中，我们已经建议坐标应该与其他四个C同步。这个测试，将问题转化为更加清晰的焦点(见图11.1)。就像问你的球队，我们是否致力于夺冠？冠军代表了最终的"商业"目标，并且球员代表了渠道、内容、连接和修正的一部分。

为了演示坐标测试，我们假设你的一个目标是"提高目标受众在活动中的出现率"，你需要回答以下问题：

1.所选渠道是否会提高你的目标受众在活动中的注意力？Pinterest平台将是一个糟糕的选择，因为你无法提供链接以获得更多信息或表格进行注册。Facebook或Twitter将是一个更好的选择。

2.你的内容选择是否会提高活动中目标受众的注意力？

即使你使用平台正确，但糟糕的内容选择可能会破坏你的策略。例如，过于啰嗦的消息或乏味的图像很少激发行动。另外，使用了典型说服技巧的信息增强了你激励他人参加活动的可能性。例如，强调群体意见领袖将参加活动的Facebook消息可能特别有用。

3.你的连接选择是否会推动目标受众参加活动？即使你的渠道和内容选择与目标一致，如果没有思想连接策略组件，你将无法确保成功。例如，如果指向事件注册的链接很麻烦或被破坏，那么你将破坏你已完成的其他工作。从初始警报到过程结束的简单试运行通常可以避免一些麻烦。这不仅是技术连接测试，同样，你也想了解关键部门和人员的关系。

4.你的修正计划是否会提高目标受众在活动中的注意力？这次测试指出了一系列的问题：

1)你有雷达屏幕实时监控结果吗？

2)你是否正在进行A/B测试来检查你的信息传递？

3)对于那些不可避免的小故障，你有快速修正的计划吗？

这些测试很重要，但不能保证成功。这是第二个测试的重点。

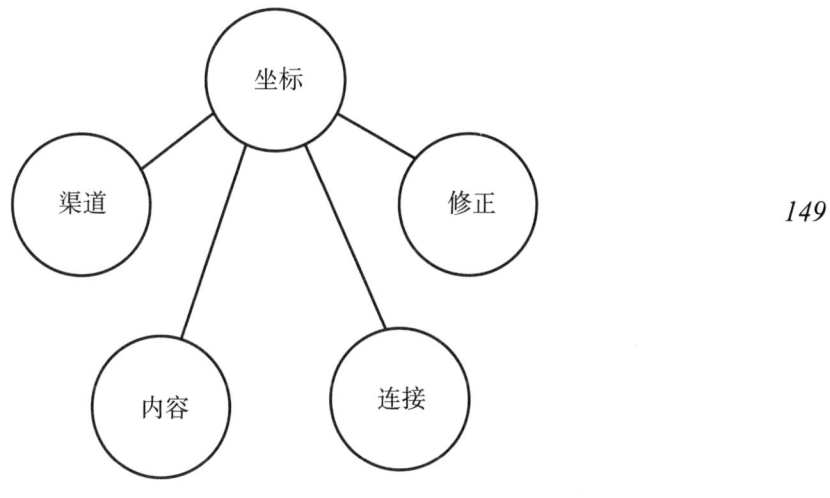

图 11.1 坐标测试

❖ 测试2：协同测试

如果说图11.1可视化了你的策略的基本测试，那图11.2则可视化了更深层的东西——协同测试。它强调了强化所有要素的必要性。

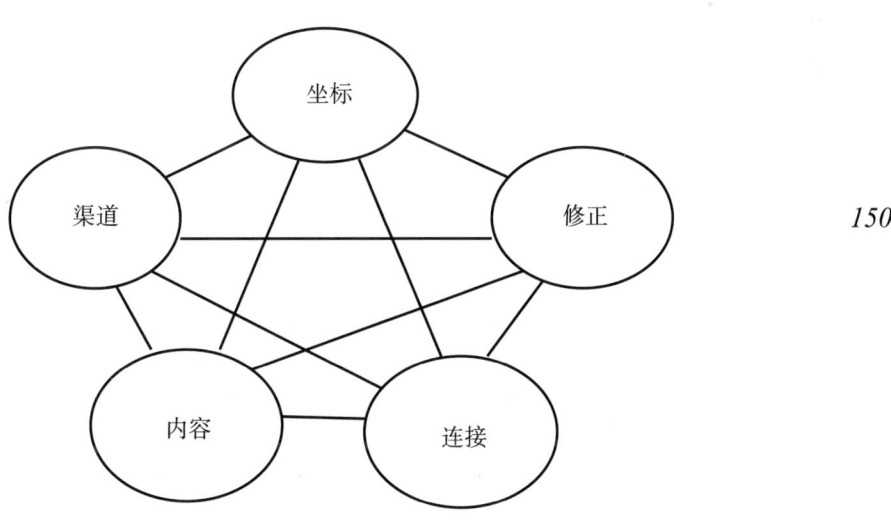

图 11.2 协同测试

当所有的线条都充满活力时,战略魔法就会出现,无论是比喻意义还是字面意义。表11.1通过测试5 C策略元素之间的兼容性来培养敏感性,绿灯表示元素之间强有力的关系。黄灯表示元素之间更加谨慎的关系,而红灯表示元素之间不一致或不存在的关系。如果你的策略通过了测试1,那么你应该能够通过表11.1中第一列的所有单元格。这意味着你的渠道选择、信息内容、连接决策和修正计划与你的坐标匹配。

等待检查的其他元素还提出了更具挑战性的问题:

渠道是否与你的信息选择一致?

2016年6月23日,美国众议院民主党人举行静坐示威,抗议他们试图推进的枪支立法缺乏进展。众议院议员保罗·瑞安(Paul Ryan)援引众议院的规定,关闭了平常使用的C-Span电视摄像机。民主党代表很快意识到,如果没有电视报道,他们的抗议活动将无法引起公众的广泛关注。他们很快切换到Facebook和Twitter上分享他们的抗议消息。

C-Span史无前例地直播了代表们在Facebook和Twitter上的动态。这一创新的必要性前提是通过了渠道内容测试,具有类似反叛的飞跃色彩。这种类似突击队的渠道选择具有粗糙的、叛逆的、随意的感觉,完全适合专业测试信息。从本质上讲,渠道选择——即使是出于必要性——加强了信息。事实上,观众数量达到了数百万,远远超过传统的C-Span频道,[2]你可能不会偶然发现信息和渠道之间的这种同步,但你可以考虑它们的同步程度。这是对渠道深刻理解特别有用的地方。例如,在分享有关专业求职信息方面,LinkedIn将是比Facebook更好的选择。

表11.1 兼容性测试(协同网格)

	坐标	渠道	内容	连接
渠道				
内容				
连接				
修正				

渠道是否与你的连接决策一致？

策略失败的常见但不明显的原因之一可以追溯到这个问题所强调的特殊失调。例如，假设有一个致力于支持青少年音乐教育的慈善组织。该组织雇用了一位年轻人。年轻人的社会化媒体消息吸引了同龄人，但是没有获得主要的(和年长的)人员对活动的关注。为什么？年长的捐赠者依赖其他网络彼此沟通，例如老式邮件和电话。换句话说，与一个组合作良好的连接方法与另一个组不兼容。

渠道是否与修正计划一致？

这似乎是一个不必要的问题。你不能快速纠正在每个媒体平台上的错误吗？社会化媒体优于传统印刷媒体之处不正包括纠正错误的速度吗？这都是真的，但这些问题只涉及修正方程的一部分。

此外，即使检测到错误，也更多地关注战术问题而不是策略问题。在你给这个测试开"绿灯"之前，请确保你能够自信地回答以下问题：你是否有一个适当的协议来确定你在使用选定的平台时是否犯了战略错误和错过了战略机会？

1. 你是否有适当的流程来快速检测战术平台的错误和机会？
2. 随着平台的发展，你是否有相应的协议来转换平台策略？

如果你能对这些问题回答"是"，那么你就准备好了。

信息选择是否齐全？

我们都有过这样的经历：有人说了一个他认为非常有趣的笑话，但没有人笑。他缺少艾米·舒默的戏剧天赋吗？还是这个笑话真的没那么好笑？很难判断。每个戏剧演员都知道，对于一个观众有效的笑话对另一个观众来说可能是失败的。同样，社会化媒体经理必须确定哪些信息和图片最适合他们特定的网络。

对于边缘的粉丝，你需要设计用于吸引其注意力和兴趣的信息。你的核心支持者不需要太多这样的信息。你可以信赖他们：他们会在那里。他们需要具有更多细节的信息，并告诉他们如何帮助推广活动。

同样，内部和外部联系应该以不同的方式进行管理。管理不善的内部组织关系破坏了无数社会化媒体计划。例如，外部营销团队需要与社会化媒体团队紧密联系，这样两个团队可以加强各种信息和活动联系。营销团队发起的直邮活动可以通过并行的社会化媒体得到加强。协调策略需要设计用于促进部门之间协作关系的信息传递，这不仅仅意味着对其他人宣传促销材料。

信息选择是否与你的修正决策一致？

每个社会化媒体经理都有发送信息错误并错过信息传递的时候。由于决策的速度，这是不可避免的。

要自信地为网格中的这个框开"绿灯"，你需要认识到你的策略是否设想了几个常见的糟糕场景。例如，你如何发现和纠正你的追随者愤怒咆哮的激增？你的策略如何检测和应对新兴的文化趋势或政治事件？

奥利奥饼干品牌在第17届"超级碗"比赛期间通过了这项测试，当时有34分钟的停电时间，比赛必须停止。

奥利奥在社会化媒体发布帖子称：你仍然可以在黑暗中完美地扣篮。这正是一种伟大的修正策略的消息响应。

连接决策是否符合你的修正计划？

在"修正"一章中，我们讨论了招募友好的间谍来帮助你侦查的好处，甚至可能发现遗漏的错误（你的竞争对手正在做而你没有做的事情）。如果你已经有了这个半秘密的网络连接，那么你就已经在通往绿灯的路上了。连接和修正策略组件的同步也激发了其他研究。例如，在你的组织中，你是否能够接触高级领导层，从而能够快速处理可能出现在报纸或者电视媒体上的报道错误？

❖ 测试3：转化测试

最后的测试，即转化测试，将注意力转移到如何将你的策略转化为行动计划和战术。

在你的策略通过测试1和2后，你就可以采取行动了。

表11.2以简化的形式说明了你需要在纸上具体说明的内容,简单地说,在第一列中,请注意策略的各种坐标,在第二列中,指出相关的渠道、内容、连接和修正策略要素。在第三列中,指定相关的战术,包括需要做什么、谁做,以及什么时候完成。

表11.2　转化测试

坐标	其他策略要素				战术
	渠道	内容	连接	修正	

❖ 关于测试的建议

关于这些测试的一些建议。首先,不要因为通过测试1就认为你能通过测试2。这些测试表明,在不同的概念之间存在一定程度的流动。例如,有些人可能会推断,如果所有策略组件与坐标一致,那么策略组件将彼此同步。也许是,也许不是。想一想:假设你和你的伴侣同意以艺术风格装饰你的新公寓。你们每个人都会来到喜欢的购物点,购买家具、艺术品。你们两个都与策略坐标或目标一致,但是不能保证所购买的物品能够在可用空间中与其他物品协调。同样,坐标测试(测试1)代表了一个重要的筛查,但它不能保证通过协同测试的社会化媒体策略的可行性。

其次,征求意见和见解。无论多么聪明,仅凭个人不大可能制定出优秀的社会化媒体策略。讨论和辩论会带来单独的社会化媒体天才所不具备的观点、挑战和问题。此外,协同网格中的绿色照明(见表11.1)始终是反向判断,这需要辩论。尽管指标可能有用,但没有一个简单的公式来计算这些协同问题的答案。答案以绿色、黄色或红色光的判断形式总结了一篇叙事文章。

最后、期待不完美。周到地完成协同网格会导致许多黄灯。一个都是绿灯的图表表示某种程度的自我欺骗。毕竟，没有人曾经在战争或和平时期制定过完美的战略。此外，进行协同测试的主要原因是识别潜在的机会和问题。黄色和红色的灯光引起人们对调整可能性的注意。

也许应该调整坐标，也许内容需要改进等，整个想法是策略组成部分相互加强和相互激励而成的。

简而言之，要将绿色、黄色和红色灯光讨论中的战术方法(见表11.2)视为需要定期更新的活文件。

❖ 总结

朱莉的咖啡馆坐落在威斯康辛州度假小镇渔溪，一个度假胜地。咖啡馆的业务目标是扩大经营，社会化媒体目标是营造友好的氛围。当你看到"以陌生人的身份进入，以朋友的身份离开"的招牌时，你可能会对咖啡馆的经营理念有所了解。

这家咖啡馆的社会化媒体策略增强了其商业策略。例如，建立和维护Facebook对咖啡馆来说是很有意义的。其社会化媒体的大部分内容突出了员工和客户。一名餐厅经理发布了一段视频，这段视频开始于顾客注意到桌子上的一个位置并认为桌子需要清洁。顾客尝试将其移除，但没成功，直到高潮时，一种不寻常的解决方案以绿色蜡笔的形式出现。

它根本不是一个污点——它是一块天然的瑕疵，可以用蜡笔涂掉。类似的视频剪辑和信息创造性地将内容策略付诸实践。

咖啡馆连接策略的另一部分是客户从未看到的——一个特殊的Facebook小组，他们回复国际工作人员在抵达美国之前的咨询。该小组的目的是让国际工作人员熟悉咖啡馆以及当地餐馆的特点。

这是关于如何通过连接、渠道和内容选择产生策略协同效果的一个很好的例子。

咖啡馆的所有者以及常客组成的"友好间谍网络"，为咖啡馆提供了一种修正机制以防止出现差错。

你的内部财务人员可能会问，这种社会化媒体策略真的会产生效果吗？这个问题难以回答。事实上,它非常重要,本书的下一部分将讨论它。就咖啡馆所有者而言,对结果感到非常满意,因为社会化媒体策略比做广告花费更少。

关键术语

坐标测试　　　　　　协同测试　　　　　　转化测试

深入思考

这些练习旨在增强你对本章主要思想、原则和方法的理解。

1. 根据难度对本章列出来的三个测试进行排序,并说出你的理由。

2. 找出三个社会化媒体决策的例子,这些决策通过了一个坐标测试,但没有通过另外的测试,给出你的理由。

3. 构建社会化媒体策略的挑战之一是区分策略和战术。创建用于区分的五个测试。这些测试可能会以句子的形式出现,比如"当……时我们制定了战术"。给出你的理由。

注　释

1. 感谢迈克尔·萨多夫(Michael Sadoff)提供本案例,可参看:R. Bucher, "An Oral History of the 2003-04 Los Angeles Lakers,the 1st Super Team," *The Bleacher Report*,May26,2015,http://m.bleacherreport.com/articles/2468658-an-oral-history-of-the-2003-2004-los-angeles-lakers-the-first-super-teams.Accessed June 22, 2016.

2. N. Andrews and K. Peterson, "C-Span Takes a Star Turn in House Democrats'Sit-in." *Wall Street Journal*, June 24, 2016, A1.

第三部分

评估结果

你如何知道你的策略和战术是否奏效？这个问题，简言之，就是"评估"。或许更重要的是，你如何说服社会化媒体的怀疑论者，让他相信你的策略会产生影响？一个好的评估计划会为你提供答案。

本部分重点介绍了一种评估方法，该方法以细致而深入的调查和有意义的测量为基础，旨在为组织领导者生成有影响力的报告。该方法分为三步，从基于关键策略和业绩表现来制定评估方案开始，到如何编写有说服力和有用的评估报告结束。接下来，让我们证明你的策略的价值吧！

评估方法：

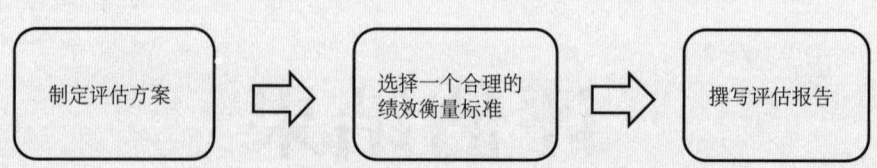

12
制定评估方案

> "追随者并不一定等同于影响力。成功不是一个体积游戏,因为朋友、粉丝和追随者不会在损益表上直接转化为收入。印象不会改变,但影响会改变。"
>
> ——艾米·乔·马丁(Amy Jo Martin)

理查德·费曼(Richard Feynman)是我最喜欢的物理学家。费曼教授是个有点滑稽的、深谋远虑的逆向投资者,他对复杂的现象有独到的观察力。他是诺贝尔奖得主。他最令人难忘的格言之一是:"首要原则是你不能欺骗自己,你是最容易被欺骗的人。"[1] 如果你正确地评估你的策略和表现,那么你就遵守了他的原则;如果没有,那么你可能是在愚弄自己。不幸的是,有很多方法可以欺骗自己和误导别人。

❖ 我们如何愚弄自己

下面介绍三种比较常见的形式。

首先,我们只关注一个或几个指标来欺骗自己。数字可以揭示重要信息,但同时也隐藏了潜在的事实。想想美国职业棒球大联盟名人堂球员雷吉·杰克逊，他打了21个赛季。棒球运动员的平均击球率是衡量球员价值的最常被引用的统计数据，雷吉一生的平均击球率只有0.262，这显然不能说明他的价值。其他的统计数据，比如重击率和跑垒率，更能说明他的运动能力。他被称为"十月先生"，因为他在季后赛中传奇的重拳出击。事实上，他帮助纽约洋基队在1977年世界大赛第六场的比赛中连续打出三支全垒打，赢得冠军。这确实是一个惊人的壮举。[2]

同样，关注者的总数甚至"喜欢"的数量都会显示重要信息，但这些总数还会隐藏其他重要指标，例如页面上的操作、帖子参与度和总页面覆盖率。[3]毕竟，众所周知，某些名人会偷偷地"购买"粉丝和"点赞"，以提升自己的被关注值。

其次，我们没有识别潜在的可采取行动去解决的问题，以至于自欺欺人。在过去的几十年里，我和我的同事在组织中进行了数百次沟通评估。我们的主要目标是测量通信系统的有效性。通过将结果与我们的数据库标准进行比较，可以很容易地评估员工的总体沟通满意度水平。但这就好比将雷吉·杰克逊的击球率与其他球员的平均击球率进行比较。它揭示了一些重要的信息，但并没有提供给高管培训师在组织中改进沟通所需要的具体和可执行的项目。因此，我们还会问一些其他更具体的问题，比如管理沟通、绩效反馈和信息流——这些都与整体沟通满意度有关。通过将一般性问题纳入其组成部分，使我们能够提出更有针对性的建议，以改进本组织的通信系统。

同样地，如果不能识别出其他相关的、潜在的和可操作的社会化媒体因素，就会陷入一场愚蠢的游戏，追逐一时的数字，而不了解你真正玩的游戏的动态。幸运的是，5C方法提供了用于识别社会化媒体经理需要掌握的特定挑战的模型。稍后会详细介绍。

最后，我们欺骗自己没有考虑到情境。毫无疑问，所有的评估都是在情境中进行的。不幸的是，评估人员经常需要被提醒这个简单的事实。以一位管理着中等规模大学三个不同部门的管理者为例，他被要求进行年度评估。通常，这是完全合理的，但他的一个部门最近失去了一半的教师，并正在修改整个课程。在这种情况下进行典型的评估是毫无意义、毫无价值的。因此，管理者使用了更多的策略性语言，指出从这一冗长乏味的工作中收集的任何信息价值有限，请求豁免一年,但这并没有得到批准。这一事件展示了一种过于典型和短视的官僚作风,即注重过程而非目的。

我们可以从这次事件中推断出关于评估的一般教训。也就是说,所有评估都是在特定的背景下产生的,在解释研究结果时需要考虑这些背景。如果不考虑掌握一个平台需要多长时间、平台负责人的变化以及平台最近的修改,社会化媒体评估可能会在不经意间落入陷阱。例如,期望一个新推出的社会化媒体策略能像多年来经过调整的策略一样发挥作用是不现实的。了解新策略或新职责的细微差别需要时间。即便如此,平台提供商所做的一些外部更改(如删除某个功能)可能会更改你的结果。例如,Facebook 在 2016 年 6 月宣布,将在用户的消息提要中对来自朋友和家人的帖子给予更高的优先级。[4] 在对社会化媒体策略和表现做出判断时,需要考虑这些问题。当然,良好的判断也意味着要区分"考虑"合理的问题和为糟糕的表现"找借口"。

良好判断的概念以这三种形式中的任意一种表现"我们欺骗自己"。不幸的是,"好的判断力"的概念类似于"常识"这句熟悉的格言;好的判断力和常识一样,并不那么普遍。明确目标是培养良好判断力的最佳方法之一。我们接下来再谈这个问题。

❖ 评估的目的

164

我们为什么需要评估?显然,评估抑制了我们欺骗自己的自然倾向。此外,评估有助于我们实现以下三个相关目标。

设定基准。国内生产总值(GDP)数字在媒体上被广泛报道,对政府官员、金融界专业人士、商界领袖、经济学家和投资者都具有高度影响力。经济学家们在第二次世界大战结束后制定了这一措施,以"向富裕国家保证,他们在马歇尔计划下提供的援助没有被滥用,而且正在促进经济增长"[5]。换句话说,它是衡量增长的基准。任何指标(包括GDP)的美妙之处在于,尽管存在缺陷,但它能衡量一些东西:"当某样东西被量化和估值,然后用明亮的霓虹灯记录下来时,它更有可能得到认可和保护。"[6]

同样的认知和保护力量也适用于社会化媒体评估数字或基准。定期评估你的社会化媒体策略和表现，可以让你衡量跨时间、跨平台取得的进步。

以管理流程为导向。衡量进展自然会演变为发现变化的问题、机会和建议。这样想：我们为什么要每年去体检？即使我们感觉很好，身体检查也是一种预防措施，旨在为潜在问题提供早期预警，以免它们变得更加难以管理。这是一个预先警告，有助于预测潜在的挑战，并防止未来出现重大健康问题。

社会化媒体评估也有类似的功能，有助于预测潜在的问题，防止未来出现重大故障。例如，如果你的社会化媒体策略缺乏足够的修正机制，那么一切似乎都很顺利，直到有人发布了一些令你的核心受众反感的内容。一个好的评估可以帮助预防这种崩溃，就像定期监测血压有助于预防心脏病发作一样。如果你意识到潜在的问题，你可以将资源用于排除潜在的危险。从本质上讲，评估具有足够的特殊性，有助于确定管理层的注意力、资源和干预措施。

创造持续改进的机会。职业运动员通常要以优异的表现通过体检，所以他们经常向医生寻求改善，以最大限度地提高他们的表现，增强他们的心理健康，优化他们的精力。换句话说，他们正在寻找能帮助他们不断改进的方法。有帮助的健康体魄或社会化媒体评估不仅能保护我们免受负面影响，还能提升我们当前的表现。为了扩展这个例子，假设你的社会化媒体策略包括修正策略，你的筛选机制可以定期识别一些潜在的不良帖子。这样就太好了，它可以保护你免受负面影响。但是谁在为你提供创新的想法，让你有可能抓住新的策略和战术机会呢？这就是持续改进的机会所在。有效的评估应确定这些选项。

❖ 开发社会化媒体评估工具

大多数社会化媒体经理每天、每周和每季度都会监控自己社会化媒体表现的统计数据。这些可能有助于设置基准，确定管理过程的方向，并确定持续改进的机会，但它们不太可能为策略评估提供必要的视角。本节讨论的评估工具集中于一些更全面的内容，而这些内容在大多数社会化媒体经理办公桌上的日常数据流中是无法捕捉到的。

此工具假定对五个策略要素及其相关绩效指标的公正判断胜过单一指标。表12.1总结了在此前提下构建的工具的主要功能。第一列确定了每个类别中的关键问题，这些问题应该指导对有效性程度的判断。请注意，所有这些问题都是可以讨论的。它们不是带有简单的"是"或"不是"答案的封闭式问题，也不是基于度量的解决方案。这是设计好的。一场好的辩论能激发人们对复杂问题做出更好的判断。然而，辩论不应该永远进行下去：它们需要被解决。这就是第二列的作用。1–10的评级迫使辩论者做出总结性判断，可以用来发现问题、设定优先级和确定机会。第三列提供评级的理由，并应总结辩论的关键要素。

表12.1 社会化媒体评估摘要

类别	等级(1-10) 1（不同意） 5（不确定） 10（同意）	理由
坐标 ・我们在社会化媒体上的努力帮助我们实现了商业目标 ・我们有适当的沟通目标来支持我们的业务目标 ・我们正在实现我们的沟通目标 ・我们有适合我们目标的措施 ・我们的目标是彼此一致的		
渠道 ・我们选择了合适的平台来实现我们的目标 ・我们已经为不同的平台明确定义了角色 ・我们的核心受众一直使用我们选择的平台 ・我们在平台上共享正确类型的内容 ・我们妥善管理平台流量		
内容 ・我们的内容能与我们的核心受众产生共鸣 ・我们有正确的混合不同类型的内容 ・我们的内容构建了一致的品牌形象 ・我们可以将内部创建、用户生成和管理的内容正确地结合起来 ・我们的内容与我们的目标同步		
连接 ・我们的社会化媒体平台在逻辑上相互关联 ・用户可以从我们的平台轻松连接到我们的目标站点（例如网站或博客） ・我们拥有正确的内部组织关系，可以正确管理我们的平台和相关内容 ・我们的社会化媒体平台与我们的其他通信工具（如传单、广告牌、信息亭）有适当的连接 ・我们与合适的社区（包括竞争对手）建立联系，以实现我们的目标		

续表

类别	等级 (1-10) 1（不同意） 5（不确定） 10（同意）	理由
修正 ・我们已经建立了机制，能够快速发现社会化媒体上的失误，并发现新的机会 ・我们避免犯同样的错误 ・我们一贯快速地纠正错误 ・我们制定了非正式协议，定期（例如每天、每周）审查绩效并检测趋势 ・我们有一个正式的流程，每季度或每半年审查一次我们的策略和业绩		

接下来，我们将详细讨论表12.1中列出的每个关键问题。注意：我们讨论的细节不是全面的，我们的目的是想通过这些细节引发对话。

坐 标

高层领导可能最关注这一类别，因为这是一个由现成的指标驱动的最明显的类别，是相当公平的评估。指标可以指导对两个问题的回答，但不能指导对其他问题的回答。以下是对每个问题的一些简短评论：

- 社会化媒体帮助我们实现商业目标。这可能是整个表中最重要的问题，因为高层领导想知道他们是否获得了适当的投资回报。通常答案难以量化，然而，一些商业目标，如"降低广告成本，同时保持销售水平"，可以很容易判断。
- 我们有适当的沟通目标来支持我们的业务目标。这个问题迫使我们将沟通目标和业务目标分开。一个主要的评估目标是回顾和调整或重新构想目标。
- 我们正在实现我们的沟通目标。在这方面，传统的社会化媒体指标（如受众规模、流量和参与度）可能非常有用。
- 我们有适合我们目标的措施。下一章将探讨你可能考虑的一些选项。

- 我们的目标是彼此一致的。这个问题解决了我们在本书中一直强调的协同问题。

渠　道

这些问题应该会为社会化媒体团队带来一些有趣的讨论：

- 我们选择了合适的平台来实现我们的目标。主要的讨论点应该包括你是否应该放弃一个平台和/或接受一个新的平台。
- 我们已经为不同的平台明确定义了角色。这个问题带来了更多挑战。每个平台都有不同的社交需求。你对这些细微差别的把握有多深，将决定你在社会化媒体上的表现是好是差。例如，你可以用Facebook进行用户扩展，使用Twitter进行实时事件报道。
- 我们的核心受众一直在使用我们选择的平台。某些指标会帮助你深入了解这个问题。
- 我们在平台上共享正确类型的内容。指标可能会有所帮助，但是同样值得考虑的是，对于那些看起来非常适合某个特定平台的一般类型的帖子，应该进行定性的判断。如果你对这个问题有很好的把握，那么你就应该能够识别出哪种材料是最好用的，同样地，也能识别出哪种材料在每个平台上都不合适。
- 我们妥善管理平台流量。这个问题的重点是你对所选平台的关注程度。例如，你是否定期发帖？你是否经常回答问题？你是否达到了你计划的发帖频率？

内　容

这类问题很可能引发最激烈的辩论，因为答案既不简单也不明显：

- 我们的内容能与我们的核心受众产生共鸣。指标可以帮助解决这个问题，但它也可以用于检查你的竞争对手正在做什么以及他们与核心受众的关系。

- 我们有正确的混合不同类型的内容。这个问题类似于主厨在制作餐厅菜单时会问的问题。很难找到一个最佳的组合，但我们知道，像"铁厨"一样的社会化媒体大师总是在尝试不同的组合。如果你甚至不能识别所提供的"内容组合"，那么这就是一个危险信号。
- 我们的内容构建了一致的品牌形象。品牌形象的一致性培养了一种认知和声誉，提高了受众的忠诚度。它开始在所有的交流中使用容易识别的图像或文字，如标志或口号。
- 我们可以将内部创建、用户生成和管理的内容正确地结合起来。简单地确定当前的组合并查看相关指标可以帮助回答这个问题。
- 我们的内容与我们的目标同步。人们倾向于假设，如果你正在实现自己的目标，那么你一直在分享正确的内容。但这就像假设因为你赢了比赛，你在比赛的各个阶段都表现出色。优秀的团队即使在获胜后也总是寻求改进。

连 接

正如我们在"连接"一章中所讨论的，一个深思熟虑的连接框架可能是社会化媒体策略中最容易被忽视和隐藏的部分。很多时候，这些决定更多地是由偶然事件而不是经过深思熟虑的计划所驱动的。下面的具体问题有助于让这个问题成为人们关注的焦点：

- 我们的社会化媒体平台在逻辑上相互关联。用单向或双向箭头映射当前关系为回答这个问题提供了起点。
- 用户可以从我们的平台轻松连接到我们的目标站点(例如网站或博客)。关注用户体验可以帮助你自信地回答这个问题。
- 我们拥有正确的内部组织关系，可以正确管理我们的平台和相关内容。使用组织结构图作为指南，开始讨论谁应该和谁不应该成为社会化媒体团队内部网络的一部分。然后，你可以衡量这些关系的强度和响应能力。
  提示：几乎每个部门都需要与你的策略建立某种联系，即使它是最小的。
- 我们的社会化媒体平台与我们的其他通信工具(如传单、广告牌、信息亭)

有适当的连接。列出其他通信工具的清单为本讨论提供了一个起点。
- 我们与合适的社区(包括竞争对手)建立联系,以实现我们的目标。这就是简单的受众分析。大多数目标意味着目标受众有不同的需求、欲望和限制,我们与这些群体有适当的联系吗?

修　正

这些问题可以保护和优化你的社会化媒体策略和表现。有些是日常生活的一部分,有些是定期安排的"保养项目"。以下是关于每个问题的一些简短评论:

- 我们已经建立了机制,能够快速发现社会化媒体上的失误,并发现新的机会。答案可能包括定期跟踪指标和/或定期利用你的信息筛选网络。
- 我们避免犯同样的错误。记录并区分所犯错误的类型可能是自信地回答这个问题的一种方法。
- 我们一贯快速地纠正错误。上面讨论的日志还可以报告所犯错误的纠正速度。
- 我们制定了非正式协议,定期(例如每天、每周)审查绩效并检测趋势。你可以通过查看每天和/或每周管理可用指标的难易程度来深入了解这个问题。
- 我们有一个正式的流程,每季度或每半年审查一次我们的策略和业绩。如果你已经仔细回答了表12.1中的所有问题,那么你在这个问题上得了满分!

❖ 那又怎么样?

本章概述的评估框架有一些重要的暗示。

第一,通过收集相关指标及多与人进行大胆的讨论来做功课。你可以在几分钟内回答框架中的所有问题,但这样做就像不看书或不上课就参加考试一样。你可能会得到一些正确的答案,但你也会错过很多。让我建议一个更好的方法:收集所有相关数据,进行正确的分析,并咨询正确的人。这样一来,这一过程就不再仅仅是跨越另一个官僚障碍,你也能为社会化媒体团队创造出一些真正有价值的东西。这个暗示是如此重要,以至于我们把下一章都用在了这个问题上。

第二,拥抱辩论。按照设计,大多数问题都很难得到清晰、简单的答案。辩论可能是有益的,因为它涉及不同的问题。因此,理性的人可能不同意表12.1第二列中分配的数字。如果在第三列中确认了这个问题,那就没有问题。

第三,承认5C之间的关系。有些人可能想要干净、清晰、不相关的评估类别,如智力和身高——你的身高与你的智力无关。[7]但社会化媒体评估更像身高和体重——它们是离散的测量,但它们是相关的。高个子的人往往比矮个子的人重。当你对5C中的一个做出判断时,这些判断往往会延伸到另一个类别的评估中。如果你意识到正在发生的事情那就没关系。例如,判断你使用特定平台的程度不可避免地与内容的讨论交织在一起。

另一个复杂的关系动态也在起作用。也就是说,包含五个类别和五个相关问题的整齐列表可能表明所有类别都同样重要。如果这样,那就错了。虽然所有类别都很重要,但有些类别对特定人群比其他类别更重要。高层领导人很可能会更加重视评估的坐标部分。这是一个不幸的现实,但精明的社会化媒体经理认识到这一点。他们也认识到,那样你几乎可以轻易地陷入失败之中。[8]这就是他们评估5C的原因:他们不想只是偶然发现成功,他们想要计划成功并维持它。通过适当的评估,你可以更深入地了解你的社会化媒体策略和战术情况。

❖ 总结

有用的评估需要良好的判断,这取决于收集、解释和报告关于5C的正确的定性和定量数据。到目前为止,我们只涉及指标的效用。在后面的章节中,我们将采取下一步行动,并完全接受它们。

── 关键术语 ──────────────

评估工具　　　　　持续改进　　　　　基准

深入思考

这些练习旨在增强你对本章主要思想、原则和方法的理解。

1. 在表12.1中，确定哪些特定项目可以用指标轻松回答，讨论指标如何帮助你回答问题。再确定三个不容易用指标来回答的具体问题，给出你的理由。

2. 描述基准测试的三个潜在问题，讨论如何将这些问题最小化。

3. 创建一个包含三列三行的图表。

   a. 在第一列中，描述一个团队可以用来进行表12.1中概述的评估的三个潜在工具(如调查、平台指标、访谈、焦点小组)。

   b. 在第二列中，描述每个选项的三个潜在好处。

   c. 在第三列中，描述与每个选项相关的三个潜在问题。

   d. 做一个总结论证，说明在大多数情况下你认为哪种选择是最好的。

注　释
---

1. 我在95%的时间里同意费曼教授的观点。然而，乐观主义形式的自欺欺人有时能激励我们克服障碍。这就解释了5%的分歧。费曼博士听了可能会笑，并很可能同意这一观察结果。

2. 感谢里克·范蒂尼(Rick Fantini)的例子。

3. 以下是关于这些指标的更多细节：a) 页面上的操作＝用户点击操作按钮的次数(例如，访问网站、获取方向、拨打电话)；b) 帖子参与度＝页面帖子上的赞数、评论数和分享数；c) 页面触及数＝当Facebook上的新闻源显示该信息时你联系到的人数。

4. D. Seetharaman, "Facebook to Give Friends' Posts More Weight," *Wall Street Journal*, June 30, 2016.

5. E. Mason, *The Great Invention: The Story of GDP and the Making (and Unmaking) of the Modern World* (New York: Pegasus Books, 2016), 251.

6. Mason, *The Great Invention*, 242.

7. 有一段时间，一些"学者"认为领导者高于追随者，更开明的研究人员揭穿了这个神话。

8. 关于这个问题的挑衅性讨论，请参见：R. Frank, *Success and Luck: Good Fortune and Meritocracy* (Princeton, NJ: Princeton University Press, 2016).

13

度量社会化媒体的效果

"如果不能正确地识别和衡量成功和改进的领域,即使是世界上最精心设计和执行的社会化媒体程序也会崩溃和毁掉。"

——奥利维尔·布兰查德(Olivier Blanchard)

尽管92%的公司表示社会化媒体对他们的业务很重要,但只有42%的公司认为他们能够准确地衡量社会化媒体的价值。[1] 本章旨在帮助你使用来自你的社会化媒体的公开可用数据,以提高对你的组织的认识,扩大你的受众基础,并帮助你实现目标。你可以使用本章中概述的四个步骤来为你对5C的评估选择正确的度量标准(见图13.1)。

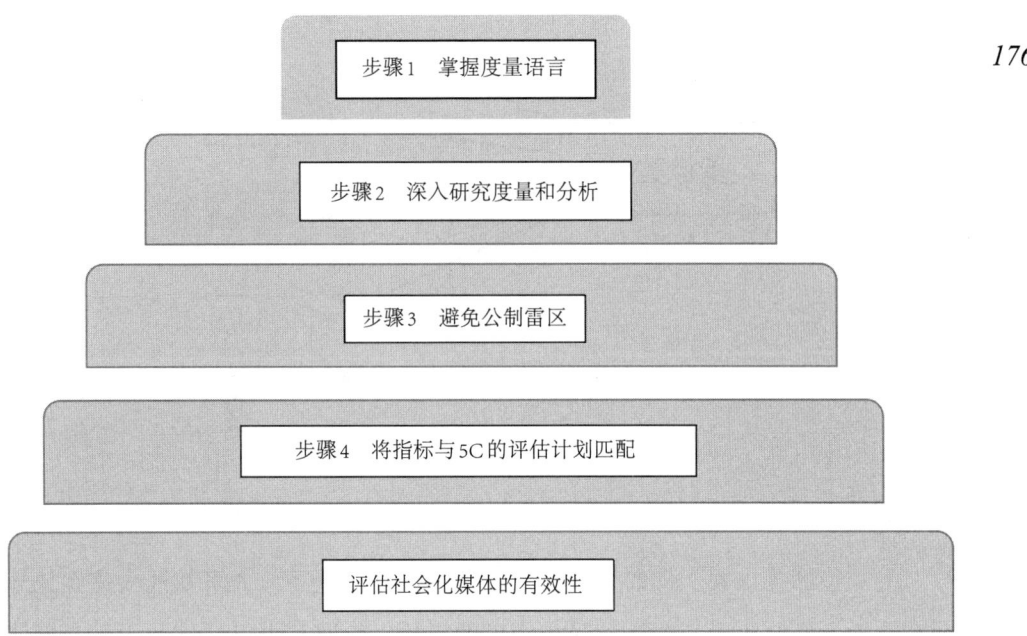

图 13.1　度量社会化媒体效果的步骤

❖ 第一步：掌握度量语言

如果你想掌握度量语言，你很快就会发现自己深陷数字、计算和通常晦涩难懂的术语的沼泽里。一个小小的视角可以将你的理解提升到更高的层次，并帮助你选择最适合你的目的的度量标准。

什么是度量？就是通过数字衡量我们认为重要的东西。社会化媒体度量工具会随着时间而变化。特性变化、选项改变，以及可访问性和成本变化。因此，重要的是要理解指标背后的概念，这样你就可以适应不可避免的变化的社会化媒体景观，而不是变得过于依赖一定的工具或指标，社会化媒体经理应该关注下面讨论的四个类别的指标（见图13.2）。

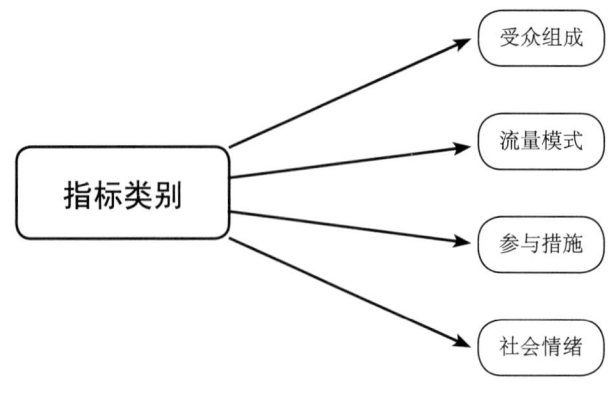

图 13.2　度量标准的主要类型

受众组成

受众指标提供关于你的受众的组成及其偏好的洞察。大多数社会化媒体平台在总体上都包含了一些衡量受众构成的指标。你通常可以找到关于受众群体的年龄、性别、身份、位置、教育程度和职业等信息。在你确定了人口统计信息之后，你可以使用这些相同的工具来确定兴趣。确定受众的兴趣比人口统计数据更重要，因为你的受众偏好应该指导你的发布方法。还有一个因素可能比受众偏好更重要。是什么？是在你的受众中有影响力的人。有影响力的人是指那些影响他人的人。通过与有影响力的人建立联系，你可以成倍地建立与受众的连接。

流量模式

让我们假设你的平台上的追随者完美地代表了你的目标受众。这是一个良好的开端，但我们不知道的是，这些人是否真的在关注你的内容，并为你的网站带来流量。这就是流量模式度量所要做的。

有三个具体的方法可以帮助你了解流量模式：印象、接触、推动者。

- 印象是对你的内容暴露程度的一种衡量。印象也可以看作观点。例如，Twitter 的总印象量指的是你的账户上的一条信息被发送到其他用户的次数（包括转发和再转发次数）。Facebook 的印象量是指你的帖子在用户转发或访问页面期间被浏览的次数。这些印象可以包括来自粉丝或非粉丝的观点，无论文章是否被点击。印象量包括了那些可能对同一篇文章有多次转发或观看的人的观点。注意：浏览量并不一定等于有那么多人看了帖子。换句话说，你可以让一个人浏览1000次某篇文章，或者你可以让1000个人浏览1次同一篇文章。这两种情况都可以用1000个印象来衡量。大多数社会化媒体经理更喜欢第二种选择！

- 接触量是独一无二的访客的数量，访客可以看到信息或者得到印象。这个数字可能小于总印象的数量，因为一个人可能多次接触你的帖子。覆盖面很重要，因为它是衡量你的内容曝光率的一个指标。它比粉丝或跟随者更准确地衡量你的读者，因为不是所有的粉丝或跟随者都会看到你的帖子。

- 推动者提供数字指示器，显示社会化媒体平台向你的网站推送了哪些流量。对于大多数组织来说，社会化媒体是其网站最大的流量推动因素，你可以在你的网站上使用度量标准来了解哪些社交资源正在发送新的访问者、返回访问者和忠实用户。[2] 网页分析软件可以用来理解推动流量的社交渠道。

参与措施

参与是指浏览者以某种有形的方式对你的页面、帖子、个人识别码等做出回应。每个平台都有一种独特的方式来衡量参与度。即使在每个平台内，也存在多种变体和级别的参与。例如，Facebook统计了点击、点赞、评论或分享(帖子)的人数。根据你的社会化媒体目标，你可能有兴趣在页面或对话框度量这一点。另外，Twitter通过统计点击、转发、回复、关注、喜欢、链接、卡片、标签、嵌入式媒体、用户名或个人资料照片的总数来衡量用户参与度。你可能决定将这种全面的参与度度量方法分解为专注于特定类型的参与度，例如在帖子级别上的赞数或转发数。成功的社会化媒体不仅寻求增加参与的数量，还寻求增加参与的强度。强度增加的三个基本层次是观察、参与、传播。例如，Twitter定义了如下强度水平：

- 观察发生在关注者在线浏览并点击帖子和链接时。
- 当关注者有所行动时,参与就发生了,比如关注你的Twitter账户、喜欢某个帖子或评论某个帖子。
- 当关注者转发、反复评论、分享文章或使用你的标签时,传播就发生了。[3] 传播是放大的一种手段。这对于扩大覆盖面很重要,因为这本质上意味着其他人正在把你的内容推入他们的网络。

衡量你的视频的参与度为传统的参与度衡量增加了更深层次的特异性。视频可能是一种特别有效的传播内容的方式,具有很强的传播力。视频帖子的有机传播范围比照片帖子大135%。[4] 视频计量学提供了一套额外的参与度量方法,如横向视图、短视图或全视图,如表13.1所示。

表13.1 视频参与度量

视频矩阵	定义
曝光时间	·访问者在站点或帖子上停留了多长时间
观看视频比例	·在平均观看时长中你的视频内容被观看的比例
总观看数	·观看视频任何部分的人数
自动观看数	·通过滚动"种子"查看部分内容的人数 注:该方法能很好地捕捉目标受众的注意力
点击播放	·摘要、视频标题或照片的质量会迫使你的目标受众停下来,点击观看视频 注意:大量播放点击量表明这些内容值得他们花时间去看
短时观看数	·观看你的视频3–30秒的人数
长时观看数	·观看视频长于30秒直到结束的人数 注意:如果短时观看的计数比长时观看的计数要大得多(并且没有技术故障让观众感到沮丧),这表明你的内容没有引起观众的共鸣。长时观看的计数超过了短时观看的计数,表明你的内容留住了大多数观看者

对大多数社会化媒体策略师来说,高参与度代表着"乐土"。参与也是社会化媒体专家最常讨论的类别,因为当前指标的真实价值仍相对具有投机性。

社会情绪

社会情绪关注的是用户对你的内容的反应。这种方法寻找基于社会对话和评论线索的态度、观点、感觉和情绪的模式。情绪分析以最简单的形式,试图确定围绕你的组织或品牌的对话是积极的、消极的还是中性的。情绪分析是一种了解受众反应的方法——不管受众对你的帖子是满意还是不满意,或者只是在社会化媒体上忽视你。[5]它是在评论、表情符号或提及中传达的一种感觉、情感、态度或意见。

情绪指标提供了与其他指标相关的语境、细微差别和解释。它们允许你衡量自己的声誉,对问题做出快速反应,防止危机蔓延。情绪指标可以帮助你理解什么不起作用,所以你可以放弃这些策略,再试一次。例如,Facebook商业频道的页面洞察功能允许你通过隐藏帖子功能查看被隐藏的内容。你可以跟踪某人何时隐藏了特定的帖子而不出现在他的消息提示中,何时有人选择隐藏与你的页面相关的所有帖子,何时将帖子作为垃圾邮件,以及何时用户选择不像Facebook页面那样显示。经过一段时间的思考,当你偏离轨道时,负面反馈的峰值会很快提醒你。通过交叉引用这些峰值和当时发布的帖子和内容的类型,你可能会确定根本原因。

❖ 第二步:深入研究度量和分析

图13.2中确定的四类度量标准为理解社会化媒体度量的可能性提供了一个良好的起点。但是我们需要更深入地研究细节来创建一个有用的度量计划。进行更深入的研究需要进一步的步骤,我们应该区分特定平台的度量和非特定平台的度量。

特定平台的度量

每个社会化媒体平台都提供免费和付费分析。在本节中,我们主要关注最大的社会化媒体平台的免费分析。表13.2根据我们的四类度量标准,按平台列出了一些特定的度量标准。表13.2中的每个测量单元标记了几个测量选项。你必须决定什么努力对你的社会化媒体是有意义的,并予以保持,这样你才能充分评估你的效率。

表13.2 特定平台度量和工具

平台和工具	受众组成	流量模式	参与措施	社会情绪
Facebook（页面级和帖子级）	位置、年龄、性别、语言（你可以看粉丝、送达的人或者参与的人的构成）	粉丝、印象、媒介接触、粉丝在线时间	点击、赞、分享、评论、页面操作	赞、不喜欢、隐藏帖子、表情符号、评论
Twitter分析	追随者的性别、收入、教育、生活方式、位置、电话	追随者、追随者增长、印象、链接	回复、转发、提到、点击、赞	收藏、评论
LinkedIn分析	资历、行业、公司规模及职能	追随者、印象	点击、互动、赞、评论、分享	赞、评论
Pinterest分析	位置、年龄、性别、地区、语言	大概印象、日浏览量、网站流量	回复、点击、印象、送达	赞、评论
Instagram分析	位置、年龄、性别	送达、印象	置顶帖子、互动	赞、评论
YouTube分析	位置、年龄、性别	浏览量、订阅用户、流量源	浏览量、观看时间、分享、受众保留	赞、不喜欢、收藏、评论

尽管一些平台目前还没有提供分析指示板,但是一些度量方法是免费可用的。例如,要想确定Google+上的受众情绪,你可以查看评论。你可以查看Tumblr上的点赞(或爱心)数量来评估受众情绪,或者查看转发次数来衡量参与度。

非特定平台的度量

很多时候,你可以通过使用非特定平台的工具,比如词云和标签,来进行有意义的比较。词云可以提供一个定性的工具来可视化地分析文本块,例如,你可以通过从专业文件页面中提取文本并将其粘贴到应用程序中来创建词云。投射在词云中单词的字号与它们的使用频率相对应,单词的字号越大,出现的频率越高。作为一名社会化媒体专家,你希望你的内容资料在不同的平台上强调相同的词语,并与你的目标和使命相匹配。通过选择文章的样本,你可以确定是否在不同的平台和时间内传递了相同的信息。

标签还可以作为平台上感兴趣的关键字度量。人们在相关关键字或短语之前使用标签符号(#)来标记与主题相关的帖子。Twitter普及了标签的使用,现在也在Facebook、Google+、Instagram和Pinterest上使用。

优化内容中的关键字和社会化媒体中的标签可以帮助你在对你的内容感兴趣的用户之间扩大覆盖面和社会共享。[6]它使人们更容易找到你的帖子并跟踪对话。这就是评估跨平台的标签使用情况特别有用的原因。我们大学的一个学生小组比较了两家相互竞争的全国性零售商的标签使用情况,他们发现这两家零售商之间存在着相当大的差异。有一家零售商在使用标签方面非常自律,经常在多个平台上使用相同的标签。该团队认为这种标签使用模式更有效,因为频繁使用相同的标签就像公司的一种品牌机制。

❖ 第三步:避免公制雷区

在创建有意义的度量计划时,最重要的步骤之一是避免无意中踩到许多由过于热心的博客作者和平台提供商埋下的度量地雷。通常令人困惑的数字、分析和报告可能会阻碍你找到有用的度量方法。具体来说,你需要注意下面三个方面。

抵制魅力指标的诱惑

名人、体育明星和高调的政治家自然会吸引大量的粉丝、点赞,受到社会化媒体的关注。这些魅力指标,比如粉丝数量,可能与我们在第9章中讨论的社会化媒体策略相关,也可能不相关,例如,如果寻找许多薄弱的连接,那么追随者的数量和观点可能是重要的。但如果你有一个深度策略(例如,寻找一些强大的连接),这些同样的数字实际上就毫无意义。相反,你应该寻找表明你正在接触正确受众的指标。

不要假设度量语言可以跨平台传输

比较不同站点的度量标准可能比较棘手。正如我们之前提到的，Facebook通过查看点击、点赞、评论或分享帖子的人数来衡量用户参与度，LinkedIn通过计算人们点击、评论或分享帖子的次数来计算互动。因此，尽管这两个平台使用不同的终端，但参与和交互度量的概念是相同的。

注意跨组织和时间的比较

适用于一个组织的度量标准不一定适用于另一个组织。有关内容的决策必须针对你的组织和目标受众进行个性化定制。因此，使用你的度量作为改进和细化的指南，而不是崇拜其他组织的度量计划。此外，由于你的受众的焦点和兴趣可能会随着时间的推移而改变，所以你的度量可能表明过去对你的组织有效的方法不再有效。如果你屡试不爽的策略有时会失败，不要感到惊讶。用户参与度的下降和用户情绪的变化往往表明，是时候推出新的内容了。

❖ 第四步：将指标与5C的评估计划相匹配

选择最佳度量是这个过程的最后一步。正如阿尔伯特·爱因斯坦所说，"不是所有有价值的东西都能被计算，也不是所有能被计算的东西都有价值。"[7] 表13.3包含了这个明智的建议。该表综合了上一章提出的关键问题和本章讨论的度量类别。回想一下，你的首要任务是对你的社会化媒体策略的有效性做出充分的信息判断。正确的度量标准可以帮助你得出合理且可支持的结论。你对第一列中列出的项目的反应应该受到你的度量标准的强烈影响。但是，这并不意味着你必须使用第二列中的所有项，或者你可以使用度量来回答所有问题。下面的讨论提供了一些关于如何使用度量标准来做出一个好的判断的见解。

协调标准

正确的度量标准可以提供对表13.3中两个具体坐标问题的洞察：

- 我们在社会化媒体上的努力帮助我们实现了商业目标。
- 我们正在实现我们的沟通目标。

例如,如果你的业务目标是增加客户获取,那么流量模式度量(如粉丝和追随者的数量和追随者增长的数量)可能会有所帮助。如果你的沟通目标之一是提高用户的忠诚度,那么情绪指标,比如点赞的数量和正面的评论,都是有益的。

信道度量

几个指标对评估表13.3中三个特定渠道的问题特别有用:

- 我们为不同的平台明确定义了角色。
- 我们的核心受众始终使用我们选择的平台。
- 我们在平台上共享正确类型的内容。

决定为每个平台使用不同的度量标准通常意味着你为不同的平台选择了不同的角色。平台提供者提供的广泛度量标准应该能够帮助你非常自信地回答另外两个问题。至少,你应该衡量每个平台的参与度。大多数平台都有一个分析功能:Pinterest有Pinterest分析,LinkedIn为页面提供LinkedIn分析套件,YouTube为你的YouTube频道提供YouTube分析。你可能想从这些内置的平台分析开始,因为它们是免费的,并且是直接由源代码提供的。

表13.3 社会化媒体评估指标选项

类别	度量类别	等级(1-10) 1(不是) 5(不确定) 10(是的)
坐标 ・我们在社会化媒体上的努力帮助我们实现了商业目标 ・我们有适当的沟通目标来支持我们的业务目标 ・我们正在实现我们的沟通目标 ・我们对我们的目标有正确的衡量标准 ・我们的目标是一致的	受众结构、流量模式、参与度	

续表

类别	度量类别	等级（1-10） 1（不是） 5（不确定） 10（是的）
渠道 ・我们选择了合适的平台来实现我们的目标 ・我们为不同的平台定义了明确的角色 ・我们的核心受众始终使用我们选择的平台 ・我们在平台上共享正确类型的内容 ・我们的平台组织管理工作做得不错	受众结构、参与度、社会情绪	
内容 ・我们的内容与我们的核心受众产生共鸣 ・我们拥有不同类型内容的正确组合 ・我们的内容创造了一个一致的品牌形象 ・我们有内部生产内容、用户生产和策划内容的正确组合 ・我们的内容与我们的目标同步	参与度、社会情绪、受众结构	
连接 ・我们的社会化媒体平台在逻辑上相互关联 ・用户可以方便地连接到我们的目标网站 ・我们拥有正确的内部组织关系来管理我们的平台和相关内容 ・我们的社会化媒体平台与我们的其他沟通工具相连接 ・我们与正确的社区（包括竞争对手）保持连接，以实现我们的目标	受众结构、社会情绪、流量模式	
修正 ・我们已经建立了机制，能够快速发现社会化媒体上的失误，并发现新的机会 ・我们避免犯同样的错误 ・我们一贯快速地纠正错误 ・我们有非正式的协议定期检查性能 ・我们有一个正式的程序，每季度或每半年检视我们的策略和表现	社会情绪、流量模式、参与度	

内容度量

你可能会发现，为渠道问题选择的一些度量标准可以帮助你评估表13.3中的特定内容问题。

- 我们的内容与我们的核心受众产生共鸣。
- 我们拥有不同类型内容的正确组合。

- 我们的内容创造了一个一致的品牌形象。

回想一下之前关于参与度的讨论。当你在确定合适的度量标准时,这种问题应该一直存在。对于第一个层次的接触,使用一个没有接触过的接触范围或印象度量仍然是重要的,因为很多人关注你的内容,但不回应它。对于第二和第三层次的参与,你将需要寻找交互或操作的度量,比如转发、分享、收藏、点赞、回复和评论的数量。

你可以通过分析单个页面级别的参与行为来加深你的理解。例如,通过使用页面检测,你可以轻松地量化喜欢、评论和分享的数量,以比较各个帖子,并确定你的Facebook页面上最引人注目的内容。页面检测为每个帖子以及整个页面生成了访问和参与度量。

连接度量

正确的度量标准可以帮助你评估表13.3中列出的几个相关问题的性能:

- 我们与正确的社区保持连接,以实现我们的目标。
- 用户可以很容易地从我们的平台连接到我们的目标网站。

对于大多数社会化媒体来说,衡量你对目标社区的影响力是相当直接的。对于Facebook页面,你可以使用页面检测查看有多少人看到了你的帖子。在Twitter上,你只需访问活动仪表板,就能查看每个信息的印象数量。在Pinterest上,滚动到"印象"和"接触"部分,受众构成指标可以帮助你确定你是否接触了目标人口和兴趣群体(比如爱狗人士)。查看人口统计信息,如位置、年龄、性别和兴趣,有助于衡量你是否达到了目标。Facebook通过将你的粉丝群与那些关注你的帖子的粉丝群进行整体比较,为人口统计学或生活方式的差异提供了额外的指标。此外,你应该考虑你是否接触了最有影响力的追随者。表13.4中一些影响力分析工具可以帮助你做出决定。

表 13.4 影响力分析工具

工具	用途	特殊功能
HowSociable	分析通过网络活动产生的品牌影响力	·在搜索框中输入你的产品或公司名称，以查看分数 ·这个分数显示了你在所有社会化媒体上传播品牌的程度，以及你对所有关注品牌的人的发言的监控程度
Klout	分析你的社会化媒体网络的规模	·会跟踪你的排名，以衡量你的影响力 ·被专门设计用于寻找基于参与度分数的有影响力的人
Talkwalker	关键词或者短语的查询	·用于搜索词语和短语，是免费的 ·付费内容提供一段时间里被提及的次数和这些提及的来源的摘要
Followerwonk	分析Twitter的影响力，所以有影响力者可以被用于有针对性的增长	·找到有针对性的Twitter个人资料，以识别有影响力的人，并帮助产生内容创意和计划内容推广

要找到有影响力的人，你有两种选择：1) 在你现有的人际网络内的人；2) 在你现有的人际网络外的人。首先抓住那些容易摘到的果实，那些与你当前的受众互动的人。这是将熟人转变为盟友的过程。寻找并与那些关注你的内容的人建立联系，特别是当他们是你的忠实粉丝时。

你有几个选择来寻找网络之外的潜在有影响力者。想要了解Twitter上潜在的有影响力者，你可以试试Followerwonk。点击"搜索"，按类别或关键字查找个人资料，以确定要跟踪的最热门人物。你可以按"社会权威"排序寻找那些具有权威的人。

至于用户连接目标站点的便捷性，可以通过使用用于度量流量模式的工具来解决。例如，Google分析是一个免费的工具，在监控流量和评估来自社交网站的人口统计信息方面特别有用。Google分析将提供一个向你的网站或博客推送访问者的整体的社会化媒体流量来源。你可以使用"转到网站"功能来查看哪些渠道正在向你推送用户。当你比较来自社会化媒体和其他渠道的流量时，很容易衡量社会化媒体对你的网站流量的影响。[8]

修正度量

正确的度量标准可以帮助你评估表13.3中列出的两个项目：

- 我们避免犯同样的错误。
- 我们一贯快速地纠正错误。

回想一下情绪分析测量和报告的语气或社交对话的结果。你可以通过观察通常情绪的变化来判断感知的变化。有几个社会化媒体管理工具特别有用：Followerwonk、Social Mention、Mention、Hootsuite 和 Sotrender。

你可以使用 Followerwonk 这样的工具来衡量你自己的社交权威。随着时间的推移，查看社会化媒体上的情绪，看看你的声誉是否发生了变化。Social Mention、Hootsuite 和 Sotrender 等工具允许你跨平台检测情绪。例如，Hootsuite 可以帮助你在 Facebook、Twitter 和 LinkedIn 等平台上实时了解聊天内容。

你可以使用情绪分析迅速应对负面帖子，或使用 Mention 工具应对被提及，你可以在未读的负面提及评论的顶部设置过滤器，如果你试图减少或防止危机，或者如果你只是想回应负面反馈，这是特别有用的。最有效的策略正是过滤你的分析，先对负面情绪做出反应。

所有这些工具都可以帮助回答以下问题：纠正错误的速度有多快，以及是否在避免相同类型的错误。

❖ 总结

度量标准可能有点复杂和令人困惑，但是正确的度量标准对于策略和战术改进是有意义的重要工具。这一章提出了四个步骤，让你从困惑走向明朗：

- 掌握度量语言
- 深入研究度量和分析
- 避免公制雷区
- 将指标与 5C 的评估计划相匹配

如果你遵循这个过程，你将能够对你的社会化媒体策略的有效性做出一个合理的评估，评估基于五个社会化媒体因素——5C。也许更重要的是，你可以自信地、权威地、有说服力地将你对社会化媒体的评估呈现给那些可能不像你一样热爱社会化媒体的人。然而,你需要一个草案来有效地分享你的发现和评估。这个重要的问题是下一章的主题。

关键术语

受众组成　推动　社会情绪　标签　特定平台的度量　影响力分析　喜欢　指标　参与　词云

深入思考

这些练习旨在增强你对本章主要思想、原则和方法的理解。

1.我们在本章中回顾了一些度量标准,你可能也熟悉其他度量标准。创建一个包含三列的表格。

　　a.在第一列中,为大多数组织确定三个最没用的度量标准。

　　b.在第二列中,为每个度量标记度量类别。

　　c.在第三列中提供你的理由。

2.研究三个为典型组织提供了最大价值的度量标准。

　　a.提供你选择每个度量标准的理由。

　　b.根据你的研究,讨论随着时间的推移,度量标准是如何调整的。

　　c.推测调整是如何影响度量的。

3.如表13.3,创建一个三列表格。

　　a.在第一列中,确定你最喜欢的三个C。

　　b.在第二列中,选择一个与你的每个喜欢项不匹配的度量。

　　c.在第三列中,提供判断每个度量不匹配的理由。

注 释

1. M. A. Stelzner, *Social Media Marketing Industry Report* (Poway, CA:Sociall Media Examiner, 2015), 7, 9,www.social media examiner.com.

2. R. Gordon and R. Hlavac, "Measuring Engagement, "Lecture 7 in the course *The Business of Social*, Northwestern University, 2016, https: //www.coursera.org/learn/business-of-social/lecture/CfMx8/measuring-engagement.

3. K. Paine, *Measuring What Matters, Online Tools For Understanding Customers,Social Media, Engagement,and Key Relationships* (New York: John Wiley & Sons, Inc., 2011).

4. P. Ross, "Native Facebook Videos Get More Reach Than Any Other Type of Post, " *Socialbakers*, Feb. 17, 2015,https: //www.socialbakers.com/blog/2367-native-facebook-videos-get-more-reach-than-any-other-type-of-post.

5. "Social Media Sentiment Analysis: The Spine of Social Media Marketing, "*Mavis Edutech*, July 14, 2016,http: //www.mavisedutech.com/blog/social-media-sentiment-analysis/.

6. J. B. Hopson, "7 Marvelous Resources for Researching Trending Twitter Topics, "*Inbound Marketing* [blog],November 4,2015,http://www.inboundmarketingagents.com/inbound-marketing-agents-blog/bid/333604/7-Marvelous-Resources-for-Researching-Trending-Twitter-Topics.

7. 这些话经常被认为是爱因斯坦说的,因为他经常重复这些话。有人说在爱因斯坦的办公室里能看到这些话,但也有许多人称,爱因斯坦是从英国医生乔治·皮克林爵士(Sir George Pickering)那里得到了这句话。第一份公开的记录似乎出现在威廉·布鲁斯·卡梅伦的《非正式社会学》(1963年)一书中。

8. K. Lee,"How to Measure Social Media Using Google Analytics Reports, "*Social Media Examiner*, April 21, 2016,http: //www.socialmediaexaminer.com/how-to-measure-social-media-using-google-analytics-reports/.

14

撰写社会化媒体评估报告

在制定策略并开始实施后,监督你的成功程度非常重要。毕竟,衡量你的效率一直是本书的指导主题。

假设你已经使用了所有正确的工具并对5C做出了最终判断,最后一步是你希望制作一个易于理解的评估报告。不管是不熟悉社会化媒体的人,还是经验丰富的专业人士,都可能会发现很难评估社会化媒体的效果并解释投资回报率(ROI)。这就是为什么制作社会化媒体评估报告需要特别小心的原因。

对于这项特殊的任务,你需要知道什么?首先,你需要掌握一些指导报告制作的关键原则。其次,你需要知道如何制作报告的关键部分。这些是我们接下来要解决的问题。

❖ 主要原则

本节重点介绍起草初始报告时需要考虑的五个原则。

第一,分析你的受众。在准备你的社会化媒体报告时,把注意力集中在谁会阅读或听取简报上。想想这些问题:他们对社会化媒体了解多少?他们对你一直在努力实现的目标了解多少？他们使用社会化媒体吗？在提供社会化媒体背景信息时，这些问题很有帮助。无论如何，请简要回顾一下你所在组织积极管理的社会化媒体平台。虽然你不需要为所有平台提供分析数据，但是深入了解你所在组织在社会化媒体上的存在非常重要。

如前一章所述，各种社会化媒体平台使用类似的术语，但通常采用完全不同的量化标准度量，例如覆盖范围。因此，在使用量化术语来解释社会化媒体内容的覆盖面或参与度时，请务必使用易于理解的语言来定义术语。例如，Facebook分析将"覆盖"定义为看到帖子的人数，包括那些在Facebook的新闻提要上看帖子的人。另外，Twitter没有针对此精确测量的指标。相反，Twitter使用的是"印象"，这是衡量用户看到内容次数的一种标准。虽然这两个术语都解释了社会化媒体内容的分布程度，但它们在如何衡量这一概念上存在差异。因此，第一步要做的是准确定义和解释所使用的社会化媒体技术术语。

第二，建立正确的比较点。即使你仔细定义社会化媒体术语，你的受众也可能难以准确理解数据的含义。这就是为什么给你分享的数字提供正确的比较点和背景的很重要的原因。构建社会化媒体数据框架最有效的方法是：a) 显示随时间的增长；b) 将你的数据与竞争对手或类似组织的数据进行比较。

显示百分比增长而不是原始数字，可以提高读者对底层平台动态的理解。例如，"追随者去年增加了17%"比"追随者去年增加了452人"更生动，更有意义。

将你的增长数据与竞争对手或类似组织的数据一起显示可能是显示结果的有效方式。但请记住，你需要：1) 选择一个规模相似的组织；2) 一个在社会化媒体上投入类似资源的组织。将你的结果与一家将两倍资源投入社会化媒体的公司的结果进行比较，可能对你没有好处，这种比较既不公平也不是特别有用。另外，将你的数据与那些投入有限资源的公司进行比较，也会给人留下错误的印象。

第三，关注投资回报率。从最广泛的意义上说，ROI是指收益与成本比。你想要一个高的投资回报率，这意味着与你获得的收益相比，你投入的很少。对别人微笑通常有很高的投资回报率，因为你只需很少的投资，就能在建立关系方面获得不错的回报。计算社会化媒体的投资回报率通常有点棘手，你基本上有两种选择。

选择一：证明对于一定数量的投资，你能够产生一定程度的销售、捐赠、投票、领先优势等。例如，假设你的目标是提高转化率，在这种情况下，你将希望报告你的帖子中有多少促成了实际的销售、捐赠或其他目标操作。但是，请注意，点击量和销售额之间可能没有直接的对应关系，因为用户可能使用其他的购买方式，从商店访问到电话。例如，一个用户可能会因为社会化媒体上的帖子而被提示购买某个产品，但他甚至没有回复实际的帖子。因此，要注意社会化媒体上的成功与整体销售增长之间的关系。

选择二：将社会化媒体投资与花费在更传统的沟通渠道上的资金或精力进行比较。与传统媒体的成本（如广告费、印刷成本、邮寄成本和播放时间）相比，社会化媒体的投资似乎很低。

底线：你报告的 ROI 取决于你所在组织、沟通效果和社会化媒体目标。这些框架构成了你所有的选择，并确定了整个报告的方向。

当你报告投资回报率时，重要的是要注意重要的警告。平台经常更改功能或分析报告样式，因此你希望报告反映这些更改。例如，在 2016 年年初，Facebook 添加了"反应"以扩展用户与内容交互的方式。在此之前，用户的参与度评分大多是正面的，因为用户只能点击内容、分享内容和"喜欢"内容。除了"赞"，Facebook 还增加了"回复"功能，比如"爱""哈哈""哇""悲伤"和"愤怒"。在此之前，"高参与度"只意味着积极的回应；今天，"高参与度"可以表示对一个帖子的各种情绪反应。

第四，突出社会化媒体平台、其他通信工具和事件之间的联系。社会化媒体不在真空中出现，也不是在你所在组织中进行其他外展活动。当你评估在社会化媒体上取得的成功时，重要的是要考虑其他渠道上发生的事情，包括你的网站、电子邮件和传统媒体。即使是国家或地方活动也会影响社会化媒体上的互动和流量。突出显示报告中的潜在相关性，因为这样做可以为将来复制成功提供机会。

与此相同，寻找各种沟通工作之间的相关性。在推送到 Facebook 页面发布印刷品后，你是否看到 Facebook 上"喜欢"的飙升？在你的 Twitter 账户上发布你的 Instagram 账户的链接后，你是否看到 Instagram 粉丝的飙升？在社会化媒体报告中概述广告系列标签的成功也很有帮助。监控并记录所代表品牌的主题标签使用模式,你的报告中关于品牌标签的成功故事展示了社会化媒体的成就以及你的品牌影响力。

第五,注重持续改进。社会化媒体评估报告也应该调整和变化,以保持灵活性,最终满足组织的报告需求。随着受众需求的变化或社会化媒体策略目标的变化,你将需要调整你的报告。如果一个组织发现它的受众对之前没有出现在报告中的社会化媒体频道做出了积极的反应,那么未来的评估应该反映出这种变化。例如,假设一家公司开始更多地依赖Instagram,在其网站上添加额外的账户和Instagram流媒体,该报告需要向读者反映这些方面的改进。

❖ 评估报告的主要部分

在你起草报告的主要部分时,这些原则将给予你指导。

介绍

在本节中,为读者即将审查的评估做好准备。让读者知道何时收集数据,报告涵盖的时间跨度,如何收集数据,以及如何制定5C的汇总评级。还要注意哪些平台被审查以及为什么其他平台没有。如果你所在组织的社会化媒体与我所管理的类似,那么你可能在许多平台上都是出于被动目的——换句话说,这些平台并不是你主动推送内容的平台。我的做法是只保留了不同的用户名来保存一个品牌。简而言之,你无须在评估中分析每个社会化媒体的存在。

限制

在这部分,承认你不知道的。这是一个重要的部分,因为它能帮助读者更好地理解分析工作的约束。有三个领域值得特别提及。

首先,有些数据可能无法通过平台提供的分析收集到。例如,目前Snapchat平台只提供每篇"故事"的浏览量。这意味着无法知道有多少用户添加了你为好友(本质上是"关注者")。其他时候,你可能需要平台分析中没有报告的特定数据,这时可以使用你所知道的事实计算这些数据。例如,Facebook提供历史覆盖范围,但仅限白天。因此,如果你想要汇总整月的覆盖率,则必须自行计算。

其次，平台继续发展，可能导致逐年比较出现差错。算法更改会改变向用户传递内容的方式。因此，你可能不再拥有曾经报告过的项目的数据。例如，在2015年，Instagram引入了算法，这些算法可以"生成一个订单，以显示我们认为你最关心的时刻"。之前，帖子按时间顺序排列。

最后，你对竞争对手的社会化媒体分析的视角是有限的。尽管你看到了诸如他们的关注者数量或喜好之类的数据，但是你缺少了诸如参与度水平的定量数据、他们的关注者的基础人口统计数据或他们在追随者基础之外的影响力等信息。要了解竞争对手的这类信息，你只能使用你的观察力或付费给第三方提供商。你可以观察内容竞争对手的传播情况，并观察用户响应的内容类型、他们如何响应以及他们如何参与到内容中。这些数字并不准确，但它们提供了关于你的竞争对手在社会化媒体上成功的一小部分信息。通过研究这一成功，你可能会更了解自己的策略。

❖ 比较框架

比较框架涵盖了报告中的所有其他内容，并在很大程度上帮助读者理解数据。首先要注意在任务、结构、预算和受众方面的相似性。在我的评估报告中，我分享了关于类似组织的数据。尽管其他组织的数据通常局限于普通用户作为局外人所能观察到的社会化媒体存在（自上次报告以来的关注者数量和追随者数量增长），但这些统计数据仍然非常有用。它们表明了你的组织的社会化媒体关注量是如何"累积"起来的。

这部分可以包含社会化媒体特定数字之外的数据。提供有关可比组织的背景资料也很有用，包括组织成立时间、账户存在时间、跟随者数量和增长率等信息。

❖ 数据和分析

社会化媒体评估报告的主要数据部分会因组织而异，但它通常会显示自上次报告以来发生的变化。它侧重于组织正在使用的主要平台。这意味着显示诸如关注人数增长（或流失）、覆盖范围和不同类型的参与度等因素。为了更好地量化增长，你可以从最近的报告中提取过去的数据。或者，在某些情况下，参考上一年的同一时间段是有意义的。

在审查平台的每个数据集后，解释影响数字的潜在因素。平台有变化吗？组织目标是否发生了变化？是否发生了可能影响数字的事件？假设你正在报告某个月的数据很突出，因为这个月的数据明显高于前一个月或未来几个月的数据。在做研究时，你可能会发现，在一个特定的月份中，有几个事件为你的组织带来了很多关注。在报告中介绍这些背景信息将有助于展示有效的社会化媒体策略的协同性。

❖ 成功的案例

社会化媒体评估报告的主要目标之一是突出什么是有效的。这让你可以复制你成功的策略继续前进。当你强调成功的故事时，你可以证明你的策略是正确的。

在我编写的每一份报告中，我首先确定了我将用来确定一篇成功文章的标准。使用这些标准，我突出显示了报告中提到的每个平台上每个月最成功的帖子。然后，我确定关于主题、帖子类型、主题标签使用情况、受众类型的趋势和经验教训。这种方法有助于理解什么内容最适合实现目标。如果你的标准包括了点击率最高的帖子，那么最成功的帖子将会显示什么样的帖子最能引起轰动，并可能引起大多数用户的共鸣。

❖ 建议

良好的社会化媒体评估报告的结论应突出报告中的主要内容。这是你总结和解释你对5C评级的地方。如果有的话，你应该编写有关主要得失的数据分析和讨论。请记住：这些是对你的社会化媒体效果的判断。最后，你应该注意如何复制你的成功，改进策略并纠正战术错误。这种方法不仅体现了持续改进的思维方式，还提升了你的信誉，并为你的组织领导者灌输了信心。

❖ 附录

附录提供了许多读者渴望的细节。它们为报告中的主要调查结果提供了支持材料。例如，你可以提供有关分析的详细信息，来自关注者的原始评论以及其他补充材料。

❖ 总结

你生成的评估报告可能与你实施的策略一样重要。评估策略的有效性可以完成反馈循环。它告诉你的领导者哪些有效，哪些无效。它通过帮助你紧跟潮流并对变化做出快速反应来推动你的决策过程。它证明了社会化媒体在组织中的益处，同时允许你冒险，尝试新想法，让人对你的策略和战术专业知识充满信心。这是相当不错的投资回报！

关键术语

评估报告　ROI　比较点　成功的案例

深入思考

这些练习旨在增强你对本章关键思想、原则和方法的理解。

1.找出三个不恰当的社会化媒体比较的例子，解释你的理由。(记住，不恰当的比较就像把苹果和桔子相比，而不是把苹果和苹果相比。)

2.查找来自组织的社会化媒体评估报告。

　　a.确定和讨论报告的三个适当特点。

　　b.提出并讨论改进报告的三种方法。

　　c.根据本章的讨论，给出你的理由。

3.提出三个令人信服的理由来说明组织成立的原因。即使在每日或每周的分析报告上做得很好，仍然应该撰写一个像本章描述那样的社会化媒体评估报告，并提供具体的例子和理由。

第四部分

结　论

15

策略家的心态、专业的感知能力以及热情

❖ ❖ ❖

当你听到"社会化"这个词时,你很难将它与"策略"这个词相关联。毕竟,"社会化"意味着一种顺其自然的状态。"策略"这个词听起来既难又抽象,具有很大挑战性。这就像试图将卡戴珊视为国际象棋大师一样丝毫行不通。但优秀的社会化媒体管理者能找到方法使得"社会化"与"策略"融合。事实上,在整本书中,我们已经暗示了策略家的心态、专业的感知能力和热情所拥有的潜在力量。本章将这些问题移至中心舞台,重点关注社会化媒体志向三角(见图15.1)。

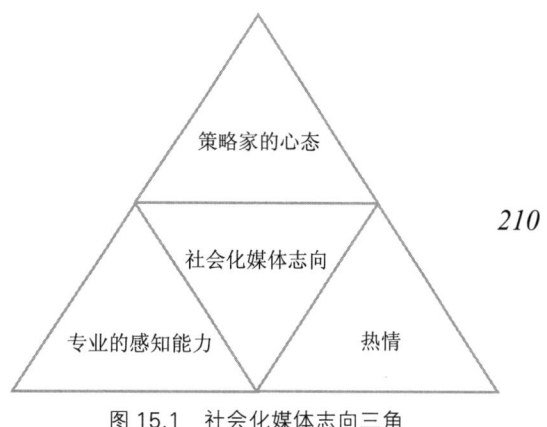

图 15.1 社会化媒体志向三角

❖ 策略家的心态

策略家如何思考？是什么使得他们和战术家有所区别？接下来，我们将重点介绍与之相关联的三个重要的观点，它们具有大量学术和实践工作基础。

首先，策略家总是以当前的现实为基础，即使他们设想了下一步的进展。很多人认为国际象棋大师是策略大师。他们在仔细思考当前的一系列状况的时候，也在计划他们的下一步动作，而我们对此一无所知。这暗示着他们正在寻找潜在的模式，考虑各种选择的结果，并权衡他们应该投入决策的时间。他们能够这样做，因为他们研究了数千种不同的场景和游戏。

这些技能是社会化媒体大师所必需的。社会化媒体策略家需要在社会化媒体宇宙中彻底了解他们当前的位置，以及他们的竞争对手的位置。他们还需要设想各种渠道和内容选项，以便向前推进并考虑其他人可能做出何种反应。

正如象棋大师一般，社会化媒体的策略家需要做出预判，来赢得社会化媒体的游戏，即便不需要提前思考十步的策略，两三步的预判也是必须的。举例来说，一个思想领袖一般会避免对某个政客表示赞同，因为这可能会引起持有不同政见的谈话对象的愤怒。因此就会一开始进行预判，避免这样的行为，即使该政客有着很深刻的政治见解。

这种观念培养出一种原始且有机的学习成长方式，一种鼓励我们通过经验和实践进行学习的方式，这对于那些想要有效设计社会化媒体策略的人来说十分必要。专业人士可以通过调整应对策略、培养人群、持续投入精力，来进行深思熟虑的实践，用以培养这种有机的成长模式。但这并不意味着现在就要改变一切。相反，这意味着，由于社会化媒体的变化比其他专业领域都要快速，因此没有能力和灵活性去适应、改变、成长的人将被落在后面。

其次，策略家关注的是如何做出正确的取舍。大师们能够知道什么时候该牺牲掉无用的棋子，这种取舍是他们为了赢得比赛而做出的。好的临床医生也常做出类似的思考和决定，他们的运作模式遵循一个简单的基本原则：在社会化媒体的世界中，我们几乎可以做任何事情，但是我们没有办法做完所有的事情。

下面的对话常常隐藏着一种犹豫情绪或无能感，无法在关键时候做出取舍：

- "我们应该出现在所有的社会化媒体上。"策略家的反驳:"这种说法是在假设所有的社会化媒体对我们的组织都有相类似的价值。我们应该选择最具有潜力的那一个。"
- "我们在发布东西前应该得到所有人的支持。"策略家的反驳:"当我们让所有人都签名支持的时候,我们已经失去了最好的时机,在社会化媒体的世界中,速度通常比质量更重要。"
- "我们应该把资源平均分给所有内容。"策略家的反驳:"并不是所有的内容有着同等的价值,某些类型的内容明显比其他内容对用户的价值更高。"

有能力的策略家会意识到这些问题,并且知道如何有效地应对,一位策略家这样说:不佳的策略之所以兴盛,是因为它凌驾于分析、逻辑和选择之上,它实际上是刻意避开了优秀的策略使用,选择逃避的一个常见的原因是选择的痛苦或者说困难。[1] 简而言之,策略家对他们选择不去做的事情和他们选择去做的事情同样感到自信和骄傲,这虽然是痛苦的,但也是值得的。

最后,策略家要培养熟练的协作能力。有经验的外科医生难道在哪个医院做手术都可以有好的结果吗?答案是否定的,当外科医生在不熟悉的地方做手术的时候,经验带来的好处实际上就消失了,[2] 因为外科医生的技能指数和整个团队的经验是息息相关的。[3] 同样地,有能力的社会化媒体策略家需要所有的社会化媒体相关元素(如5C)和个人协同工作,这不仅仅是在同一页面上工作,更重要的是如何在策略上相互加强和充实,实现协同工作。策略家们为了效率可以忍受任务列表,但是对他们存在的价值持有怀疑态度,并致力于否定他们对稳定、效率和权力追求的幻想。

具体而言,策略家可能会让一个人负责维护多个平台,另一个人则负责管理网站本身,但这位策略家会确保网站和平台之间的关系是经过精心的协调和设计的,这样才能丰富所有的组成部分,确保被指派负责的各部分团队可以相互协调合作。这不仅仅意味着面对面的合作,还意味着协调行动、树立目标和制定策略,实现团队中任何个人无法实现的目标。正如我最喜欢的策略理论家所说的:"好的策略不仅仅是你想做什么,也关乎为什么和如何完成它。"[4] 事实上,这种定位构成了这本书的整个大前提。

❖ 专业的感知能力

培养专业的感知能力可以保护你和你的公司免受过度反应的影响，同时提高你自己和公司的效率。有三个问题值得特别提及。

第一，专业人士致力于设定一套核心价值观和相关的道德标准。大多数专业人士，如工程师、会计师和军官，都坚持一种专业行为准则，这种准则来自在该领域的经验。教育机构经常或明或暗地指导新专业人员编写代码。这种代码技能可以培养牢固的纽带，又能产生必要的约束。

不幸的是，这样丰富的传统在社会化媒体领域并不存在。相反，社会化媒体经理的任务通常是创建代码并向其他人传授相关知识。有想法的专业人士热切地接受这项任务，因为它为他们提供了一个机会，以维护他们组织的价值观的方式塑造社会化媒体空间。具体来说，它们解决了哪些信息应该在社会化媒体上共享，哪些信息不应该在社会化媒体上共享的问题。这种行为准则为他们不同的受众——高级领导、员工和用户——提供可接受的实践指导。例如，组织领导者应该理性地期望员工代表组织的价值观，而不是泄露机密信息。让每个员工在发表文章之前都思考：是真的吗？它有帮助吗？它鼓舞人心吗？有必要吗？它是善意的吗？多问一问总是值得的。例如，一些养老院与使用Facebook发布患有痴呆症和其他疾病的病人的侮辱性照片的护理员进行了斗争。[5]发布的图片很可能符合"真实"测试，其他方面则不然，他们认为这些信息可能不适用于所有平台用户。

也就是说，用户很可能会发布令人反感的内容。是否应该从平台上删除某些内容，由社会化媒体经理来决定。因此，许多平台管理员发布了删除垃圾邮件、威胁、色情图片和侮辱性语言等不良内容的指南。

第二，专业人士培养与组织内其他人的合作、尊重关系。社会化媒体专业人士不像典型的国际象棋特级大师，不能孤立地工作。他们不仅要依靠别人，而且必须建立相互尊重的关系，以推进组织的业务目标。这样做需要大量的带有尊重的倾听，因为他们需要了解组织各个领域的价值、关注点和目标，然后他们可以与他人合作，利用社会化媒体推动他们的组织向前发展。

好处：建立这类关系可以让社会化媒体经理帮助他人，教会他们有关社会化媒体的使用方法、限制和利用机会。例如，假设有一个经理，他对社会化媒体的传播速度有一些模糊的了解，但没有意识到这种速度也有利于快速纠正错误信息。当客户发布经理认为无礼的内容时，这种模糊的理解就会烟消云散。一篇文章很可能会引发一场激烈的内部电子邮件交流，甚至有人呼吁关闭一个普通的平台。建立在相互理解基础上的相互尊重的、专业的关系，往往可以避免不必要的过度反应。遗憾的是，专业人士通常会因为解决了问题而获得比预防问题更多的荣誉。不过，令人高兴的是，从长远来看，预防能力会成为人们尊重的社会化媒体经理的能力。

第三，专业人士有很好的判断力。我们都知道有些人的判断力很差。我们经常会问自己："他们在想什么？"他们似乎总是做出错误决定。相反，我们所认识的具有良好判断力的人，总是在合理的时间框架内，根据当时的可用信息做出可能的最佳决策。

不妨这样想：我们对优秀的体育裁判有何期待？我们希望他们在正确的时间做出正确的决定。如果做出正确的决定花费的时间太长，就会耽误比赛的进程。另外，如果裁判迅速错误地抛出许多旗子，可能会破坏比赛的公正性。裁判不可能每一次判罚都极为准确，但我们希望他们尊重比赛的完整性，并让它继续进行。

有良好判断力的人不会对情况反应过度或不足，因为他们能够正确权衡短期和长期目标。举个例子，社会化媒体经理的一名员工发布了一些让一群人觉得冒犯的内容，该员工应该被解雇、斥责、警告还是提醒？做出决定需要基于员工的工作记录，员工从错误中学习的意愿，以及对组织的潜在危害。短期而简单的反应是当场解雇这个人，但这会让人不寒而栗，影响整个组织。其他员工可能只是"玩安全游戏"，避免在未来发布任何具有挑衅性但有可能传播开来的内容。另外，如果攻击是惊人的，不采取行动可能意味着组织的无能和胆怯。在这种情况下没有最佳选择；相反，需要权衡各种选择，并冷静地决定在这种情况下可能采取的最佳行动方案。

同样，假设你的任务是调查员工对社会化媒体的满意度。尽管量化数据很容易被收集和计算，但单凭数字很难说明全部问题。专业人士还会通过一些面试和焦点小组，更深入地了解员工的见解。在这种情况下，做出正确的判断意味着要意识到并非所有事情都可以轻易量化。但是，良好的判断力可以被培养，这也是我们在行动原则中加入"锻炼"一词的原因之一。每天锻炼可以保障你的长期健康。同样，每天从不同角度审视情况，推测可能的结果，并做出选择，这将保护你的社会化媒体计划的长期利益。专业人士的冷静和不偏不倚来自他们在日常生活中做出具有挑战性的及时决策方法的锻炼，从而培养起自信心。我想起了一个职业四分卫是怎样在比赛将要结束的时候，在300磅重的对手的猛烈进攻下，冷静地将一个制胜关键球投入篮筐的。这就是专业人士的反映和表现，当竞争对手和喷子攻击"单枪匹马"的社会化媒体经理时，我们应该对他们抱有同样的期望。

当然，所有这些选择都需要一定程度的热情，这是社会化媒体渴望的三角关系的最后一块基石。

❖ 热情

当你听到"发烧友"这个词时，你可能会想到"好啊，好啊"，很好，但真正的发烧友并不需要华丽的辞藻来让其他人知道他们的兴奋。还有其他方式，更符合社会化媒体志向三角的前两个维度。

考虑下面的想法：

首先，发烧友们在一定范围内乐在其中。社会化媒体应该是有趣的，让我们笑，使我们感到轻松。发烧友使用有趣的文字，他们偶尔也会取笑他们的组织机构，或许还有他们的竞争对手。

不过也有限制。职业期望设定了你需要考虑的模糊界限。我用"模糊"这个词是因为它取决于你在所在行业的专业程度。例如，模特艾米丽·拉塔科夫斯基(Emily Ratajkowski)发帖说，能完成某杂志的拍摄让她兴奋不已。脱口秀主持人皮尔斯·摩根(Piers Morgan)在同一平台上晒出了这张照片，并说："你想让我给你买几件衣服吗？你看起来冻僵了。"拉塔科夫斯基聪明地反驳道："@piersmorgan，谢谢你，但我不像你那么需要衣服。"[6]可以说是妙语连珠，该平台的信息流正是从那里发展而来的。也许这种交流对于娱乐行业的人来说是可以的，但对其他行业的人就不一定了。

其次，发烧友们对他们所在领域的最新消息和趋势趋之若鹜。这可能是你的热情程度的最重要指标。对前沿信息的追求可以帮助你改进当前的方法，并丰富你对该领域的理解。它的核心反映了对接受任何知识领域的不确定性的深切承诺。罗伯特·格鲁丁（Robert Grudin）或许最好地阐明了这一承诺，他说："……唯一被禁止的就是站着不动，"然后说，"就是它了。"[7]

最后，爱好者的实践。仅仅阅读别人对社会化媒体趋势的看法是不够的。爱好者更进一步，尝试通过实践来贡献一些新的东西。例如，社会化媒体公司正在尝试各种各样的信息策略来对抗恐怖分子的言论。[8]对于具有实验性思维的社会化媒体管理者来说，这可能是对现有协议的修修补补，也可能是对新兴协议的欣然接受。不管结果是积极的还是消极的，都能给热情的人带来激情，让他们有新的见解。

❖ 总结

拥抱社会化媒体秩序的三角关系也许不能保证你立刻在社会化媒体上获得成功，但它可以让你保持卓越。要实现你的潜力，需要将社会化媒体的5C整合成一个由组织领导者支持的连贯策略，并以深思熟虑、彻底和热切的态度加以实施。如果你能做到这一点，那么你很可能就是卡戴珊式的特级大师形象的化身。尽管你可能会觉得这一形象令人不安或滑稽，但它确实暗示了一条通往成功的道路。

关键术语

有机增长　协同效应　社会化媒体志向三角

深入思考

这些练习旨在增强你对本章主要思想、原则和方法的理解。

1.按照实现和维护的难易程度，将社会化媒体志向三角的三个要素进行排序，并说出你的理由。

2.使用你自己的社会化媒体网络，找出三个似乎不能很好地平衡社会化媒体志向三角的人或组织，并给出你的证据。

3.列出十个日常或每周的习惯，社会化媒体管理者可以利用这些习惯在社会化媒体志向三角关系的所有三个要素之间建立一个健康的平衡。

注 释

1. R. Rumelt, *Good Strategy, Bad Strategy: The Difference and Why It Matters* (New York: Crown Business, 2011), 58.

2. D. Dranove and S. Marciano, *Kellogg on Strategy: Concepts, Tools, and Frameworks for Practitioners* (Hoboken, NJ: John Wiley and Sons, 2005)189.

3. Dranove and Marciano, *Kellogg on Strategy*, 189.

4. Rumelt, *Good Strategy, Bad Strategy: The Diference and Why It Matters*, 85.

5. C. Ornstein and J Huseman, "Social Media Abuse of Nursing Home Residents often Goes Unchecked, "*Shots: Health News from NPR*, July 14, 2016 , http: //www.npr.org/sections/health-shots/2016/07/14/4852930797/social-media-abuse-of-nursing-home-residents-often-goes-unchecked.Accessed July 15, 2016.

6. O. Blair, "Emily Ratajkowski Responds to Piers Morgans Quip over Nude Picture," *Independent* ,July 8,2016,http://www.independent co.uk/news/people/emily-ratajkowski-nude-photos-piers-morgan-response-twitter-magazine-shoot-a7127111.html. Accessed July 9, 2016.

7. R. Grudin, *Time and the Art of Living*(New York: Houghton Miftin, 1982), 2.

8. S Schechner, "Social-media Firms Target Terrorism," *Wall Street Journal*, August 1, 2016, A6.

附录 1

社会化媒体平台概况介绍

伊丽莎白·辛兹（Elizabeth Hintz）

FACEBOOK

价值主张：你认识的每个人都在使用它。

创始人和创立时间：马克·扎克伯格（Mark Zuckerberg），2004年。

历史里程碑：

- 2004年2月，Facebook网站由马克·扎克伯格创办；
- 2005年9月，高中生们开始使用Facebook；
- 2006年9月，Facebook对所有人开放；
- 2010年4月，Facebook首次推出"喜欢"按钮；
- 2012年10月，Facebook拥有超过10亿活跃用户；
- 2016年2月，Facebook以各种反应方式取代"喜欢"。

收入来源：Facebook通过各种广告方式从每个用户赚取约15美元。购买用于应用程序和游戏的Facebook积分也为公司带来了收入。

用户生成内容：用户可以发布各种内容，包括状态更新、照片和视频，以及生活事件。

为用户带来的好处：Facebook拥有超过15.5亿用户，是现存最大的社交网络。在某种程度上，Facebook为用户搜索认识的人充当了"Google"搜索的角色，成为互联网结构中不可或缺的一部分。

最大的用户群体：45–54岁，退休人员，女性。

分析功能：Facebook提供了全方位的"洞察"功能，涵盖广告和促销、页面点赞、访问范围、页面浏览量、页面上的操作、帖子、事件、视频、人物和消息。一旦选择了这些类别，还提供进一步精炼和过滤所提供信息的选项。

延伸阅读：

Carlson, N. "At Last: The Full Story Of How Facebook Was Founded." *Business Insider*, March 5,2010.http://www.businessinsider.com/how-facebook-was-founded-2010-3/we-can-talk-about-that-after-i-get-all-the-basic-functionality-up-tomorrow-night-1.

Bloomberg News."Inside Facebook's Plan to Boost Ad Revenue by Turning Users Into Buyers." *Advertising Age,* July 13,2016.http://adage.com/article/digital/facebook-turn-users-into buyers/304474/.

Zephoria. "The Top 20 Valuable Facebook."*Zephoria Digital Marketing*, updated monthly. https://zephoria.com/top-15-valuable-facebook-statistics/.

Stinson,L. "Facebook Reactions, the Totally Redesigned Like Button, Is Here." *Wired*, February 24,2016.https://www.wired.com/2016/02/facebook-reactions-totally-redesigned-like-button/.

Kirkpatrick,D. *The Facebook Effect: The Inside Story of the Company that Is Connecting the World*. New York, NY:Simon & Schuster,2012.

TWITTER

价值主张：实时参与全球对话。

创始人和创立时间：杰克·多西(Jack Dorsey)、埃文·威廉姆斯(Evan Williams)、比兹·斯通(Biz Stone)和诺瓦·葛莱斯(Noah Glass), 2006年。

历史里程碑：

- 2006年3月, Twitter的第一版完成；

- 2006年3月21日，第一条帖子发布；
- 2007年8月，首次出现标签(Hashtag)；
- 2010年，推出推文、趋势推广、账号推广；
- 2013年1月，Twitter推出短视频品牌Vine；
- 2013年9月，Twitter宣布了首次公开募股申请。

收入来源：网站上的广告占Twitter收入的85%。广告以三种方式提供：推广推文、推广趋势或推广账号。

数据许可是Twitter的第二大收入来源。Twitter将其公共数据称为"消防软管"，每天销售约5亿条推文。

用户生成内容：用户可以发布文本、照片、视频和直播流。

为用户带来的好处：超过3.16亿人能够实时与全球的朋友、家人、名人、政客和同龄人进行互动。通过各种全球热门话题，引发对话、懒人行动主义(即通过互联网进行的不需要多少时间即可参与行动，以支持某些事业)，以及个人、团体和组织之间的愤怒。

最大的用户群体：50岁以下，大学学历，非白人。

分析功能：Twitter有一个任何用户或组织都可以访问的分析网站。Twitter的成功是通过印象来衡量的，或者说通过你的Twitter获得的独立浏览者的数量。管理、链接点击、转发、喜欢和回复都可以被详细测算。

延伸阅读：

Monica, P.R. "Twitter May Be the next MySpace." *CNN Money*, March 27, 2014. http://buzz.money.cnn.com/2014/03/27/twitter-stock-down/.

Duggan, M., and A. Smith. *Social Media Update 2013*. Washington, DC: Pew Research Center, January 2014. http://pewinternet.org/Reports/2013/Social-Media-Update.aspx.

Gadkari, P. "How Does Twitter Make Money?" *BBC News*, November 7, 2013. http://www.bbc.com/news/business-24397472.

INSTAGRAM

价值主张：通过照片关注朋友的生活。

创始人和创立时间：凯文·斯特罗姆(Kevin Systrom)和迈克·克里格(Mike Krieger)，2010年。

历史里程碑：

- 2010年10月，最初专为iPhone开发的Instagram，由凯文·斯特罗姆和迈克·克里格发布；
- 2012年4月，Facebook收购了Instagram；
- 2013年6月，Instagram增加了视频功能。

收入来源：目前Instagram没能盈利，是由Facebook的收入支持的。2014年4月，扎克伯格表示，"盈利不是我们近期的首要任务。"[1]

用户生成内容：用户可以用各种滤镜和编辑选项上传照片和视频。

为用户带来的好处：3亿人能够直观地关注他们的朋友、家人和名人的生活。

最大的用户群体：18–29岁，女性，少数族裔。

分析功能：无平台提供支持。

延伸阅读：

Luckerson, V. "A Year Later, Instagram Hasn't Made a Dime. Was it Worth $1 Billion?" *Time*, April 9, 2013. http://business.time.com/2013/04/09/a-year-later-instagram-hasnt-made-a-dime-was-it-worth-1-billion/.

Rusli, E.M. "Instagram Pictures Itself Making Money." *The Wall Street Journal*, September 8, 2013. https://www.wsj.com/news/articles/SB10001424127887324577304579059230069305894.

Borow, J. "How Facebook Is Already Profiting From Instagram." *Advertising Age*, August 8, 2013. http://adage.com/article/digitalnext/facebook-profiting-instagram/243515/.

Griswold, A. "Here's the Problem With That $35 Billion Instagram Valuation." *Slate*, December 19, 2014. http://www.slate.com/blogs/moneybox/2014/12/19/instagram_valuation_citigroup_says_facebook_s_photo_app_is_worth_35_billion.

html.

Harbour,S. *Instagram: How a Photo-Sharing App Achieved a $1 Billion Facebook Buyout in 18 Months*. N.p.: Hyperink Inc.,2012.

Wong,J.I. "Instagram Likes and Comments are Plummeting." *Quartz*, June 15,2016.https://qz.com/707819/instagram-likes-and-comments-are-plummeting/.

PINTEREST

价值主张：通过收集想法来帮助用户进行规划。

创始人和创立时间：本·希伯曼(Ben Silbermann)、埃文·夏普(Evan Sharp)和保罗·塞拉(Paul Sciarra)，2009年。

历史里程碑：

- 2010年3月，本·希伯曼、埃文·夏普和保罗·塞拉创办了Pinterest；
- 2013年1月，Pinterest收购了菜谱聚合网站Punchfork；
- 2016年6月，Pinterest收购了定制键盘公司Flesky。

收入来源：Pinterest目前提供推广身份识别码业务，允许企业支付费用让某些身份识别码出现在潜在买家的主页上。该公司正在研究其他功能，让企业可以分析谁看到了他们的身份识别码，谁又会回应他们的身份识别码。

用户生成内容：虽然用户可以上传自己的内容，但是用户创建的大部分内容都是公告板。公告板由其他用户发布的身份识别码聚合而成，通常围绕着一个中心主题组织，例如：婚礼创意、家居装修和夏季服装。

为用户带来的好处：超过1亿人，其中大多数是女性，可以将互联网上的想法带到一个完全可定制的地方。这些想法可以帮助其他人利用小空间计划一个准妈妈派对，或创造最好的手工装饰。通常，在哪里购买项目所需产品的信息链接到每个身份识别码上，不费吹灰之力就能进行购物。

最大的用户群体：50岁以下的女性。

分析功能：只需在Pinterest主页上点击一下，就可以进入分析页面analytics.pinterest.com。在Pinterest网站上，你可以看到一系列分析数据，包括你的

Pinterest个人资料以及你的个人身份识别码所覆盖的受众。

延伸阅读：

DeAmicis,C. "Why Pinterest Makes No Money but Is Now Worth $3.8 Billion."*Pando*, October 23, 2013 https://pando.com/2013/10/23/why-pinterest-makes-no-money-but-its-now-worth-3-8-billion/.

Goodwin,D. "You Now Have 3 New Ways to Target Pinterest Users." *SEJ: Search Engine Journal*, June 16,2016.https://www.searchenginejournal.com/pinterest-ad-targeting-options/166167/.

Cooper,K. *How to Build a Huge Following on Pinterest*. N.p.:Hyperink Inc.,2016.

LINKEDIN

价值主张： 维护专业的品牌和网络。

创始人和创立时间： 里德·霍夫曼(Reid Hoffman)、艾伦·布卢(Allen Blue)、康斯坦丁·格里克(Konstantin Guericke)、埃里克·利(Eric Ly)、让–卢克·瓦扬(Jean-Luc Vaillant)，2002年。

历史里程碑：

- 2002年，里德·霍夫曼、艾伦·布卢、康斯坦丁·格里克、埃里克·利和让–卢克·瓦扬在霍夫曼的客厅里创建了LinkedIn；
- 2003年5月5日，正式上线；
- 2008年，LinkedIn在海外开设了第一家办事处，使公司走向全球；
- 2011年，LinkedIn上市，并于2012年收购了SlideShare；
- 2014年4月，LinkedIn拥有3亿用户；
- 2016年，微软以260亿美元收购了LinkedIn。

收入来源： 2014年，LinkedIn的营收为5.68亿美元，其中61%来自人力资源解决方案(3.45亿美元)，20%来自付费订阅(1.14亿美元)，19%来自营销活动(1.09亿美元)。

用户生成内容：该网站的用户创建一份个人资料，作为一份数字简历。项目、奖项、证书、出版物、技能和代言都可以在这份简历中发布。

为用户带来的好处：LinkedIn是世界上最大的专业社交网络，超过3亿的用户可以与他们所在行业的领导者联系，获得推荐和认可，或被主要机构搜索，以及查找和申请工作。

最大的用户群体：大学毕业生，高收入家庭。

分析功能：每个LinkedIn商业页面都有一个分析部分，其中详细介绍了该页面的发布范围和参与度。除了关于竞争对手的信息外，还可以获得追随者的人口统计数据和趋势。

延伸阅读：

Pepitone,J. "LinkedIn Stock More Than Doubles in IPO." *CNN Money*, May 19,2011.http://money.cnn.com/2011/05/19/technology/linkedin_IPO/.

"Perkins v.LinkedIn."Gilardi & Co.website©2017.Available from Gilardi & Co., P.O. Box 808012,Petaluma,CA.http://www.addconnectionssettlement.com/.

GOOGLE PLUS

价值主张：提高你的搜索引擎排名。

创始人和创立时间：Google公司尤其是高管维克·冈多特拉(Vic Gundotra)，2011年。

历史里程碑：
- 2011年6月成立；
- 2011年11月，Google+ pages为组织提供了加入Google+的服务；
- 2013年5月，推出Google+ Photos和环聊(Hangouts)。

收入来源：谷歌已在Google+投资超过5亿美元。

用户生成内容：Google+允许用户创建个人资料，添加信息、照片、视频以及发布链接和更新。社交圈(Circles)允许用户向群组添加好友，允许即时消息、视频会议以及文件和照片的共享。大部分Google+用户群由YouTube的YouTube

用户组成，因为YouTube让他们创建一个Google+账户来登录YouTube。这个网络对非营利组织也很有用，因为它提供了一种廉价的方式来完成成员和客户关系管理的一些任务。

为用户带来的好处：对于企业所有者来说，使用Google+可以提高搜索引擎的排名。由于Goolge是使用最广泛的搜索引擎，所以将内容创建并发布到Goolge+是有意义的。该网站拥有9000多万用户，且大多是年轻人和IT工程师。

最大的用户群体：25-34岁的年轻人。

分析功能：Google一直拥有分析功能，Google Analytics提供了多年的网站管理员服务。Google+拥有此软件的简化版本，可为普通用户生成易于理解的结果。诸如"total+ls""like""share""comments"和"engagement"等指标都可以从这个界面中获得。

延伸阅读：

Bullas,J."22 Social Media Facts and Statistics You Should Know in 2014."Blog from jeffbullas.com, April 10, 2015. Retrieved February 27,2017, from http://www.jeffbullas.com/2014/01/17/20-social-media-facts-and-statistics-you-should-know-in-2014/.

Sauer, J. "Google Plus Analytics: Measuring Activity within Google Plus." *Jeffalytics*, n.d. Retrieved February 27,2017,from https://www.jeffalytics.com/google-plus-analytics/measuring-activity-within-google-plus/.

Jostes, L. "How to Discover Analytics with the Google Dashboard. "*Social Media Examiner*, March 11,2015.http://www.socialmediaexaminer.com/analytics-with-google-dashboard/.

SNAPCHAT

价值主张：以最小的花费分享记忆。

创始人和创立时间：伊万·斯皮格(Evan Spiegel)、博比·墨菲(Bobby Murphy)和雷吉·布朗(Reggie Brown)，2011年。

历史里程碑：

- 2011年7月推出（原名Picaboo），2011年秋季更名为Snapchat；
- 2012年4月，用户总数达到10万；
- 2012年，在Android平台发布了视频聊天功能；
- 2013年10月，推出了故事发布功能；
- 2013年12月，添加了时间戳、滤镜、温度和速度叠加以及回放照片功能；
- 2014年，增加了文本对话和视频等。

收入来源： Snapchat目前未盈利，依靠外部投资者的资金生存。

用户生成内容： Snapchat允许用户拍摄照片和视频，添加滤镜（包括特定位置的滤镜）、效果（比如换脸），写信息，添加贴纸，并在这些照片和视频上画画。然后用户可以将照片或视频发送给他们选择的朋友，或者他们可以创建一个故事（所有的朋友都可以在24小时内看到这个故事）。用户还可以选择创建照片或视频，然后将其发送到"公共故事"，在那儿的任何人都可以看到。

为用户带来的好处： 超过1.5亿人使用Snapchat与朋友和家人联系，发送新颖奇特的照片，记录假期、派对、音乐会和其他活动。这款应用的价值突出，原因如下：1）照片和视频不需要下载或保存就可以发送给家人和朋友，这节省了移动设备的空间；2）照片和视频在观看后10秒内就会消失。

最大的用户群体： 24岁以下年轻的男性和女性。

分析功能： 平台不提供正式的分析功能，但是，用户可以查看一个故事被浏览了多少次、谁浏览了你的故事、这个故事是否被重播，以及是否有截屏。

延伸阅读：

Crook, J., and A. Escher. "A Brief History of Snapchat." *Tech Crunch*, October 15,2015.https://techcrunch.com/gallery/a-brief-history-of-snapchat/.

Ballve, M. "Snapchat's Explosive Growth among Teens and Millennials Means It's Emerging as a Powerful Brand Platform." *Business Insider*, August 15,2014. http://www.businessinsider.com/a-primer-on-snapchat-and-its-demographics-2014-7.

Delaney, J. "How Does Snapchat Make Money?" *Money Morning*, January 19,2017.https://moneymorning.com/2017/01/19/how-does-snapchat-make-money-3/.

MacMillan, D., and E.M. Rusli. "Snapchat Fetches $10 Billion Valuation." *The*

Wall Street Journal, August 26,2014.https://www.wsj.com/articles/snapchat-fetches-10-billion-valuation-1409088794.

注释：

1. V. Goel, "Facebook Profit Tripled in First Qrarter," *New York Times*, April 23, 2014, https://www.nytimes.com/2014/04/24/technology/facebookprofit-tripled-in-first-quarter.html.

附录 2

处理网络愤怒：针对社会化媒体礼仪的策略

瑞恩·马丁

愤怒是网络上最常见的情绪表达，[1]社会化媒体经理们经常发现自己要面对来自愤怒客户的各种形式的网络敌意。在本文中，我将讨论关于网络愤怒起源的一些相关研究，以及社会化媒体管理者如何处理针对他们或他们所在组织的网络愤怒，介绍其中所使用的一般性策略。

何为网络愤怒？

愤怒是一种情绪状态，与被侮辱、目标受阻或被激怒有关。[2]它不同于意图伤害某人或某事的行为。[3]这是一个重要的区别，因为攻击性往往被误解为是愤怒的外在有害表达，而事实上有很多方式可以表达愤怒（例如，哭泣、礼貌地表明自己）。然而，这一区别在网络环境中有点令人困惑，我们只处理外在行为。换句话说，愤怒（情绪）很可能隐藏在Twitter或Facebook上有敌意的帖子（行为）之后，但愤怒也可能隐藏在Twitter或Facebook上礼貌自信的帖子之后。如果我们从更广泛的角度来看待网络上的愤怒，而不仅仅看与之相关的攻击性或残忍行为，我们就会意识到，在社交网络上，愤怒有多种表达方式。

关于网络愤怒的重要研究

关于网络愤怒有四个主要发现。第一，这很常见。最近的数据显示，近一半的Twitter用户表示，他们"经常"发帖来发泄愤怒。[4]第二，愤怒在网上比其他情绪传播得更快。范（Fan）和同事们在微博上对数百万条帖子进行了分类，发现关系密切的人们之间会分享快乐的帖子,而关系亲密的人和关系疏远的人都会分享愤怒的帖子。研究人员将愤怒描述为最"病毒式"的网络情绪。[5]第三,网上的愤怒有一些相当严重的后果。在最近的一项研究中,那些在网上发泄愤怒的人比一般人更容易以令人不适的方式表达愤怒,并且经常经历他们的愤怒带来的负面后果。[6]第四,同一项研究也揭示了为什么人们如此喜欢在网上发泄。参与研究的人报告说,当他们通过网络咆哮表达了愤怒之后,他们感到平静、舒缓和放松。因此,尽管网络愤怒会带来长期的负面后果,但由于这种行为让他们的愤怒在短期内消散,他们还是选择了这种短暂快感。

人们为何会愤怒?

要真正理解人们为何会在网上发泄愤怒,需要明白人们为什么会生气,无论是在网上还是在线下。人们最容易生气的情况是由杰里·德芬巴赫博士(Dr. Jerry Deffenbacher)在1996年发表的一篇关于愤怒的文章中列出的。在书中,他描述了导致愤怒的三个相互重叠的因素:刺激、人们对刺激的评价、人们愤怒前的心理生物学状态。刺激因素通常是人们看作原因的事件(例如,服务提供者、政治家或其他公众人物所做的决定)。然而,这些刺激不会直接导致愤怒。和刺激本身一样重要的是人们如何评价或解释刺激。想象一下,例如,你最喜欢的球队决定提高票价,这个事件本身就是刺激,并不会直接引起愤怒。首先,你需要评估这个事件是消极的,不公平的,不可接受的,或者是你很难处理的事情。如果你对涨价的解释是:"我希望比赛的票价更便宜,但我理解他们为什么要涨价。"你将会表现出完全不同的情绪反应(例如失望),而不是:"这完全不公平,很长时间以来我都是忠实的顾客。他们不能这样对我。"

在所有类型的情况中,最有可能导致人们感到愤怒的就是第二点:人们对刺激的评价,尤其是被糟糕地区别对待(例如,不受重视的客户服务),或是他们的目标被阻止了(例如,他们无法获得他们想要的产品或参加一个他们想参加的事件)。此外,当人们遇到了过于负面的刺激而无法应对时,往往会感到愤怒。例如,航班被取消可能总是令人沮丧,但如果旅行者解释成将错过旅行的一个重要部分,"一切都毁了",那么他们可能会变得更加愤怒。

德芬巴赫博士提出的第三个因素是愤怒前的心理生物学状态,指的是我们在受到刺激之前的心理状态。如果人们在被激怒时已经感到疲劳、紧张、困倦、饥饿或处于其他消极状态，会更有可能变得愤怒。例如，与其他没有疲劳感的顾客相比，那些彻夜等待产品并因此非常疲惫的顾客在未能获得产品时更容易生气。

给社会化媒体管理者处理网络愤怒的建议

这里有一些实用的建议，供那些在社会化媒体面对愤怒客户的社会化媒体管理者采用。

1.理解是什么在驱动愤怒。当面对客户的愤怒时，社会化媒体管理者需要考虑愤怒来自哪里。使用上面描述的模型，问问客户的感受和想法。他们生气是因为他们的目标被阻止了吗？如果是这样，也许你可以帮助他们实现他们的目标。他们生气是因为他们觉得受到了不公平的对待吗？在这种情况下，或许你可以通过更好地解释一项原本让他们心烦意乱的政策，让他们对自己的互动感觉更好。或者，如果他们在互动中真的被冤枉了，你可以采取措施纠正错误。

2.同时了解你的目标。很大程度上，社会化媒体管理人员应该做什么取决于自己的目标。例如，如果目标是尽量减少当众大吵大闹的客户的出现，你可能需要试着让愤怒的客户进入私人对话。然而，如果你的目标是向他人展示你有多么愿意倾听和回应客户，你就得更倾向于保持在线对话，让其他人可以见证它。

3.在互动中散发善意。社会化媒体管理者能做的最好的事情之一就是在与客户的互动中表达善意。即使顾客很粗鲁，通过礼貌、友好和谦恭的态度，你也向所有跟随你的人展示了他们可以和你一起拥有什么样的服务体验。此外，通过采取积极的态度，你传达了一个关于如何在网上表现的重要信息。

4.不要奖励无礼行为。正如范和他的同事们在研究中所指出的那样，网上的愤怒会得到转发、点赞、分享和回复等诸如此类的奖励。这些反应对网络愤怒的作恶者起到了积极的强化作用，所以我们能做的一件重要的事情就是避免自己对这种不文明的行为进行奖励。

5.从正面推动。面对积极的帖子，我们可以通过转发、分享、点赞和回复强化。显然，只有当你通过社会化媒体推广的产品与你的组织形象相一致时，你才会这样做，但通过推广正面的产品，你就向你的客户和其他人传递了你希望人们如何进行网络沟通的重要信息。

注释：

1. R. Fan, J. Zhao, Y. Chen, and K. Xu, "Anger Is More Influential Than Joy: Sentiment Correlation in Weibo," *PLoS One* 9, no. 10, 2014. Reprint submitted to Elsevier, September 10, 2013, http://arxiv.org/abs/1309.2402.

2. C. D. Spielberger, *State-Trait Anger Expression Inventory-Revised* (Odessa, FL: Psychological Assessment Resources, Inc., 1999).

3. J. L. Deffenbacher, "Cognitive-Behavioral Approaches to Anger Reduction," in *Advances in Cognitive-Behavioral Therapy*, 31-62 (Thousand Oaks, CA: Sage, 1996).

4. 马丁《在线愤怒的后果》，未发表的草稿，2016年。

5. R. Fanetal.,"Anger Is More Influential."

6. R. C. Martin, K. Coyier, L. M. Van Sistine, and K. L. Schroeder, "Anger on the Internet: The Perceived Value of Rant-Sites," *Cyberpsychology, Behavior, and Social Networking* 16 (2013): 119-122.

附录 3

案例研究

利用社会化媒体招聘新员工

艾米·马丁(Amy Martin)

> "没有人早上醒来后会说,我想为一家包装公司工作!"
>
> ——里克·范蒂尼(Rick Fantini)

1849年,在威斯康辛州默纳沙成立的默纳沙公司(Menasha Corporation)是美国历史最悠久的家族企业之一,长期以来一直是包装行业的市场领导者,它还以行业创新、社会责任和以人为本的企业文化而闻名。敬业的领导团队营造了一种氛围,在这种氛围中,每个员工都可以发挥影响,为这家中型公司的成功做出贡献。员工们有机会在这个不断发展的组织中成长、提升,并扮演越来越重要的角色。这一长串的积极特征听起来像是招聘经理的梦想,对吧?

然而,作为默纳沙的高级人力资源代表,我可以告诉你一个不同的故事。现实情况是,尽管存在这些令人信服的因素,但我们业务的核心——包装制造、运输材料和店内产品展示——对我们的人员招聘提出了挑战。正如我们领导团队的一名成员经常抱怨的那样,"没有人早上醒来后会说,'我想为一家包装公司工作!'"事实上,在充满高科技的世界里,包装业并不是一个对人才有吸引力的行业,而且默纳沙公司还是一个在行业内知名度很低的B2B(企业对企业)公司。

尽管我们提供的材料和服务对保护、运输和推广一些全球最大公司生产的产品至关重要，但很少有人知道我们是谁或我们在做什么。2013年，在与几家关键客户签订重要合同后，公司规模突然经历了前所未有的增长，因此，通过在短时间内寻找、筛选和聘用许多有才华的员工来克服招聘挑战变得至关重要。在对我们的招聘实践进行全面审查后，默纳沙人才招聘团队启动了一个六步骤的综合招聘流程(见图A3.1)，这使我们能够不断改进方法将我们的空缺职位推向市场，更快更有效地应对技术变革，并最终提高我们在市场中的知名度。社会化媒体在六个步骤中都发挥了重要作用。在接下来的案例研究中，我将讨论我们的社会化媒体策略是如何成功地融入流程的每一步，并最终提高又好又快地引入顶尖人才的能力。

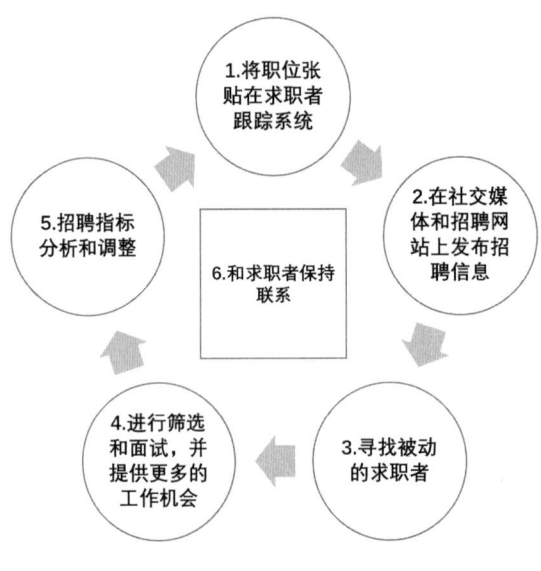

图 A3.1　默纳沙公司的招聘流程

来源：Copyright © CanStock Photo/mybaitshop

第一步：在默纳沙公司招聘系统中发布招聘信息

我们的人力资源团队在2013年解决的第一个问题是评估我们用来发布空缺职位的系统。调查结果告诉我们，年龄在18岁至29岁之间的求职者中，有34%在使用智能手机申请工作，[1]而他们正是我们需要吸引的关键人群。经过深入的分析，团队认为我们现有的招聘系统没有为在线求职者提供一种良好的用户体验，尤其是在移动设备上。他们需要填写的申请表格冗长，文本框又很小，最重要的是，系统根本没有针对移动设备进行优化。这些分析结果使我们终止了与当时系统供应商的协议，开始与一家拥有一个申请人跟踪系统(ATS)的年轻公司合作，该公司可以更好地满足这些需求。经过一个短暂的实施周期，我们发现我们的系统允许候选人在移动设备上查看和完成应用程序，甚至可以通过LinkedIn登录其他社交网络并导入他们的个人资料，以方便访问。我们还花时间增加了我们对搜索引擎优化(SEO)关键字的认识，学习如何改进我们的招聘启事，使它们更容易阅读，更有效地吸引求职者的注意力。在新系统中，我们可以定制招聘启事的外观和风格，这反而增加了我们的候选人资源。

第二步：在社会化媒体和招聘网站上发布招聘信息

在我们完成新的申请人跟踪系统的过程中，人力资源团队也开始更多地了解社会化媒体世界。"关注每天每个候选人会在哪里"——这是我们收到的建议，它成了我们的新系统的重要组成部分。我们的团队意识到我们错过了一些宣传我们空缺职位的重要机会，而这些资源都是免费的，以前，空缺职位只在Monster和CareerBuilder上发布。这些网站被认为是可用的关键职位发布栏，但每次发布都必须手动输入，而且每个职位的发布都需要支付高昂的费用。随着ATS的使用，我们开始探索其他可以发布职位信息的渠道。在探索中我们发现一些关键问题。如果人们都活跃在Facebook上，那为什么不在Facebook上招聘呢？Twitter不也是可以的吗？还有哪些网站是我们没有考虑到的？我们是单纯地发布招聘信息，还是用我们的内容吸引应聘者？Facebook上的那些标签如何应用，它们能为我们做什么？

通过在各种社会化媒体渠道上发布我们的空缺职位，我们开始进行试验。直到今天，我们仍在尝试通过新网站和平台来接触我们的应聘者。在Facebook、Twitter和Google Plus上创建了职业页面，我们新系统的功能使我们的工作可以自动地向这些免费的社会化媒体资源提供信息。我们努力在这些页面上增加关注者，鼓励我们自己的员工在这些页面上与我们联系。我们还实现了"职业警报"功能，这使我们能够按员工职能和岗位划分求职者名单，在系统中发布新工作时，向任何潜在求职者发送电子邮件或短信提醒。招聘团队还对我们的关键渠道之一Twitter进行了一些试验。通过将话题标签整合到我们在Twitter上的帖子中(例如:#加入默纳沙、#招聘),并投入少量资金进一步瞄准我们的活动目标,我们发现显著提高了候选人的影响力。

最后,我们分析了发布过招聘信息的网站。我们发现,CareerBuilder和Monster这两家招聘界曾经的巨头,对我们来说却不太适用,我们在LinkedIn等招聘聚合网站上获得了更好的回报。实际上,在LinkedIn上可以更好地规划设计,去添加或删除、突出关键职位,并使用按点击付费的模式。这些变化不但增加了我们的曝光度,而且帮助我们更有效地管理了投入。

我们的招聘团队还与营销和沟通职能部门紧密合作,以确保我们在招聘广告和社交页面上描绘的品牌形象与公司的企业形象一致。这些强有力的伙伴关系是我们成功的关键,并且使我们能够充分利用组织中其他人的知识和专长。

第三步: 寻找被动的求职者

寻找被动求职者也是我们招聘策略的一个关键方面。在任何给定的时间,只有大约10%的潜在求职者在积极地寻找工作,15%的人是"踮起脚尖走路的人"(他们在寻找潜在的工作选择,但没有积极地寻找),75%的人是被动求职者。[2]从技术上讲,被动求职者指的是目前在职,但愿意寻求新的职业机会的人。为了扩大我们的招聘工作,除了通过张贴招聘信息来吸引我们职位的候选人之外,招聘团队开始利用社会化媒体工具来寻找被动的候选人。因为很多专业人士在LinkedIn上公布了他们的工作信息、教育背景和技能,使用这个工具寻找求职者已经成为我们招聘策略的另一个关键方面。借助LinkedIn的功能,我们的团队可以直接向那些目前可能还没有在寻找新职位的合格候选人发送信息,并鼓励他们申请我们的空缺职位。这一策略对我们的团队来说非常成功,我们最近招聘的员工中,很大一部分来自我们招聘团队进行的被动求职者搜索。我们还可以收集以前申请过我们公司职位的候选人的信息,其中有一些非常优秀却最终没有得到申请职位的求职者,对于我们来说其实特别有价值。利用系统中的这些信息,当有另一个与他们的资历相匹配的职位空缺时,我们可以在以后的某个时间重新联系这些求职者,目前我们正在努力提高我们在系统中进一步挖掘这些数据的能力,因为这些人是我们的后备人才扩充的关键来源。

第四步:进行筛选和面试,并提供更多的工作机会

随着经济持续增长,失业率下降,争夺顶尖人才的竞争变得更加激烈。梅纳沙招聘团队为加快筛选、选择和提供工作机会付出了大量努力,包括简化面试流程,鼓励招聘经理迅速做出决定,并提供具有市场竞争力的工作机会。通过开发一个视频面试工具,再加上一些其他的小改变,提高了我们的速度和工作能力,以便于我们找到合适人选时变得迅速和灵活。同时,我们也在继续探索其他方法来加强我们的工作流程,以及培训我们的招聘经理。

第五步:分析和调整招聘指标

在新申请人跟踪系统的实施过程中,我们发现自己拥有了一套强大的指标,这让我们能够追踪点击量、浏览量和某一职位的申请者。通过加深我们对如何以及在哪里接触候选人的了解,我们了解到将广告资金花在何处会更加有效并加以改进。例如,当我们在加拿大多伦多地区招聘一位运营总监时,可以确定的是,我们的三个最大的求职者来源是LinkedIn、直接浏览我们的职业网站以及我们在Indeed上发布的帖子。

这些数据为我们提供了信息,让我们做出明智的选择,比如在哪里发布我们的职位,以及如何最小化每次的招聘成本。我们还能够实时查看每个工作职位,哪个的申请人数较低,哪些额外的职位会受关注,并做出决定。

我们从系统中获得的度量标准还为我们提供了一些其他关键信息。根据2014年的一项人才招聘调查,60%的求职者认为填写工作申请很有挑战性,认为写申请过程比填写抵押贷款申请、大学入学申请和贷款申请更难。[3] 从这些指标中我们可以看到,虽然有大量的申请人发现了我们的招聘信息(例如,73%的人通过LinkedIn找到我们,67%的人通过Jobillico找到我们),但在这个过程中,我们也失去了大量的申请者。这种认识也促使我们继续改进我们的应用程序流程,以提高其易用性,最大限度降低流失率。

第六步：和求职者保持联系

对我们招聘部门的成功至关重要的一点是，确保所有申请空缺职位的人都能获得良好的求职体验。33%的求职者在申请职位时有过负面经历，他们会和朋友分享自己的经历；12%的求职者会在社会化媒体上分享这些信息。[4]我们的团队把确保提供最好的求职体验作为首要任务。通过ATS中的功能，我们可以在应聘人第一次申请时、在整个申请过程中，以及在他们最终申请到职位时，能够轻松地向他们发送消息，这样保持密切联系已成为我们招聘策略的一个重要组成部分。在招聘页面里，我们也提供了一个简单的渠道让求职者提交需求，工作人员会尽快回答求职者的问题，提供帮助。就像购物者在亚马逊上评论产品一样，求职者也会在Glassdoor、Indeed和LinkedIn等网站上分享他们的求职经历。我们招聘团队的成员会复查这些页面，致力于纠正那些经常发生的问题，并制定了应对不利评论的方案。我们的招聘流程在过去几年中不断变化和发展，因为我们学到了更多知识，采用了新的工具和技术，并努力保持领先于不断变化的社会化媒体和候选人偏好的世界。我们的平均补缺天数目前在54天左右，低于行业平均水平，约3400美元的平均招聘成本也低于以往任何时候。

尽管我们继续尝试用不同的信息和形式来对外传达我们的品牌，但我们发现采取"文化导向"的方式是关键。我们致力于确保我们所有的外部招聘信息、网站和社会化媒体帖子都围绕着我们的企业文化和用工氛围呈现，尽量减少长篇文字叙述，在网站和社交网页上尽量留出空白，以呈现一个干净、现代的形象。我们还发现，将文字和图片集中在展示我们的员工如何改变环境、社区和工作场所的项目上，对受众产生了最大的影响，因为它触及了公司文化和价值观的核心。

面向中小型企业的社会化媒体营销

朱莉·萨多夫（Julie Sadoff）

- "我需要一个网站，但我必须一直更新吗？"
- 我的Facebook页面上没有足够的点击量——我该怎么办？"
- 你觉得我需要一个Twitter账号吗？需要Snapchat吗？"

作为一名营销和传播顾问，这些都是我从中小型企业得到的最常见的问题。20年前，客户们想要有各种效果的精美PowerPoint演示文稿，以及能在人群中脱颖而出的酷酷的小册子。如今，他们对社会化媒体也抱有同样的期望。

我经常向我的客户解释，社会化媒体在营销组合中占有一席之地，但不能依赖它来做所有事情。我还强调了社会化媒体营销策略以及在企业上线之前制订计划的必要性。此外，随着技术迭代，企业不能依赖于酷炫的技术趋势，而是要回归基本的营销和沟通原则，以便有效地接触受众。

营销组合

社会化媒体营销，就像所有的营销一样，目的是说服你的目标受众采取行动。例如，购买你的产品，使用你的服务，或者支持你的事业。它是你营销组合中的工具之一，必须支持你的业务目标。换句话说，市场营销不应该被现有的技术工具所驱动，而应该被你希望你的企业实现的目标所驱动。

在将社会化媒体营销整合到你的组合之前，你需要确定你的目标是什么，以及社会化媒体如何帮助你实现这些目标。共同的目标包括：

- 增加销售或市场份额

- 打造品牌知名度
- 在市场上重新定义或定位你的公司或产品
- 推出新产品或服务

一旦你的企业确定了目标,并在所有的关键影响者那里得到认可,正确的营销工具就可以被选入战略计划。

社会化媒体VS传统营销工具

社会化媒体不同于传统的营销工具,如印刷和广播工具,因为它能够与你的受众建立双向关系。就像在电话或面对面的会议中那样,公司可以在线实时地与客户和其他目标受众进行联系。通过这种方式,企业和它的客户都可以帮助构建公司的信息,人们可以感觉到他们与企业有利害关系。

Drummond St. Strategy公司的负责人兼所有者詹姆斯·朗克尔(James Runkle)表示:"重要的是要明白,营销人员不再是唯一的信息控制角色。对某些人来说,放弃控制并不容易,但社会化媒体营销人员必须快速适应,并且能够根据谈话内容每天甚至每小时改变事情。"[5]

公司也可以了解为什么它们的忠实客户喜欢它们,使用它们的产品或服务,人们不喜欢它们的什么。例如,因为生产在线汽车的企业在推出产品之前,需要有一个或几个人专门致力于在线汽车,因此,选择正确的专业人士来运营你的社会化媒体是至关重要的。

以捷蓝航空为例:这家公司之所以与其他航空公司不同,是因为它的员工优先考虑客户的体验,并及时、耐心地处理任何在线评论或投诉。有一次,捷蓝航空的一位客户在Twitter上说,这是他在34,000英尺高空发的第一条短信,一位员工只过了6分钟就回复了这条短信,并祝他旅途愉快。捷蓝航空还拥有三个独立的客户服务部门,包括营销团队、沟通团队和客户承诺团队,随着这三个部门联合起来为客户服务,捷蓝航空打破了客户服务的固有模式,并为航空公司赢得了超过200万的忠实在线追随者。[6]

另外,美国航空公司还没有完全弄清楚如何在网上回应顾客。有一次,一位顾客在Twitter上说美国航空公司是世界上最大、最差的航空公司,该公司自动回复道:"谢谢你的支持!作为'新美国人',我们期待着美好的未来。"虽然每个人都想看到积极向上的信息,但当它与正在回应的评论或抱怨无关时,这个信息就没有多大意义了。[7]

当市场营销人员制定他们的计划时,他们需要考虑以下7件事:

- 什么社会化媒体工具对公司(渠道)有意义?
- 业务将发布什么信息(内容)?
- 公司多久会在社会化媒体上发布一次(内容)?
- 不同的发布渠道如何协同工作(连接)?
- 需要建立什么样的内部结构来满足公司的在线需求(连接)?
- 公司需要多长时间回复客户的意见和问题(修正)?
- 公司将如何回应帖子或处理负面宣传(修正)?

最近,威斯康辛州密尔沃基市的一位餐馆老板在Yelp上(yelp.com是一个消费者用来查找本地商铺和生活指南的线上应用程序)回应了对他餐馆的负面评论。这位评论者说,他去过这家餐厅几次,发现那里的饮料定价过高,服务质量不佳,菜单也很简单。这位老板没有对这一评论置之不理,而是在yelp.com和Facebook上发表了一篇1300字的反驳文章,描述了他的公司。他还要求顾客直接与员工交谈,而不是上网投诉。之后,这家餐厅的老板由于他的反应得到了全国媒体的报道,并迅速传播开来,实际上还帮助他的生意在世界上出了名。

虽然这种直接且带有一定对抗性的方式可能不是处理所有问题的最佳方式,但它确实凸显了一家公司的社会化媒体经理需要了解与该公司相关的所有在线言论和行为。由于消费者在网上拥有更大的力量,企业也必须足够精明才能在网上管理自己的品牌。

有效的社会化媒体营销

社会化媒体营销和传统营销的基本原理异曲同工——了解受众,传递引人注目的信息,确保行动,凝聚忠实的受众,并利用这些受众积极地影响其他人,直至将他们也发展成为终身客户。社会化媒体往往更有能力做到这一点,因为:

- 面向全球受众
- 社交属性
- 把目标受众和志趣相投的人联系起来
- 跟踪和分析受众的兴趣和行动

全球化收益

以前，公司从来没有能够以如此低的成本接触像现在这样多的人。社会化媒体的机制几乎拥有无限可能性，因此没有什么边界是不能跨越的。以前，市场营销人员关心的是通过几个渠道购买媒体服务，或者向数百万客户发送邮件以达至大量受众，而现在，社会化媒体允许公司及其客户一次与所有人分享宣传信息。

然而，有一个问题是控制消息以及如何在所有技术之间进行通信。正如我们许多人所见，控制人们对公司的看法并不总是那么容易。许多公司采取守势，因为他们的信息被误解或断章取义。避免这个问题的一个关键方法是了解你的目标受众，始终忠于你的品牌。你还必须检查你的营销内容，以确保它向世界各地的所有受众传达你想要的，尽可能让信息超越物理边界，让翻译差异降到最小。

社会化媒体活动出错的一个很好的例子就是星巴克的"种族团结"促销活动。2015年3月，在几名黑人男子被白人警察杀害后，星巴克希望加入种族关系的讨论。星巴克总裁霍华德·舒尔茨认为，员工和顾客可以解决他们在星巴克的分歧，并在这个问题上取得进展。不幸的是，整个初衷良好的计划适得其反。在48小时内，该公司收到了25亿条推文，大多数都是负面的。例如，顾客想知道咖啡师是不是处理种族关系复杂性的最佳人选，以及公司如何培训员工解决围绕这个分裂话题的所有问题。星巴克最终取消了这项活动，但舒尔茨仍然坚持他参加全国种族论坛的决定，并承认尽管这项活动没有按照公司的方式进行，但这个问题确实引发了全国性的讨论。[8]

用户生成内容

市场营销不再仅仅基于公司对自己、产品或服务的描述。现在，人们只需点击一个按钮就可以研究产品和服务,相互比较公司,查看大多数行业中无尽的竞争对手。那么,公司如何在这种气候下定义自己呢?答案是:"在客户的帮助下。"他们能给出反馈,喜欢或不喜欢某件事,或许最重要的是,他们能找到志同道合的人。公司可以通过发起宣传活动,促进人们与自己品牌的互动,来强化这一有机过程。例如,成立于2005年的希腊酸奶公司乔巴尼(Chobani)就决定利用其客户群来改善自己的形象,促进销售。该公司要求顾客提交赞扬其酸奶的视频和图片,然后在公司网站、广告牌和其他社会化媒体上分享内容。随后,这些视频被分享给用户,在活动进行期间,该公司的收入增长了225%,大部分成功归功于促销活动。[9]

另一个品牌是运动服装零售商露露柠檬(Lululemon),它发起了一项在线生活方式活动,吸引顾客参与,名为"生活时尚"(#thesweatlife)。该公司利用Twitter和其他社会化媒体平台,要求客户上传自己锻炼或做一些积极活动的照片,并附上标签#thesweatlife。然后,他们把这些照片放到自己的网站上,让潜在客户查看照片,并决定是否愿意在网上购买公司产品。公司通过在网站上展示现有客户并奖励他们,同时通过向新客户提供更多信息来奖励他们做出购买决定。

建立连接

过去,人们通过俱乐部或一些组织结识其他志同道合的人。现在,他们所需要做的就是上网寻找其他像他们一样的人来分享他们的故事、观点、兴趣和建议。

公司可以利用这种社会化媒体点对点网络,因为人们更有可能倾听和信任与自己相似的人,而不是信任一家自我推销的公司。只要看看像Trip Advisor这样的网站就知道了。Trip Advisor是一个搜索引擎,可以从互联网上找到所有的旅游信息,并将其整合在一起,这样就可以从一个网站上访问这些信息。用户可以对酒店、短途旅行和目的地进行评分,并与访问该网站的每个人共享这些信息,甚至更多。消费者掌握着控制权,而不是公司,客户依赖于在线社区中的其他人来帮助他们做出决策。

人们与公司建立联系的另一种方式是通过公司在社会化媒体上创建的增值

服务。这些服务可以是信息资源，不断地向目标受众提供新的解决方案、产品和更新，以保持公司的相关性和客户首选。例如，从2015年开始，达美乐披萨(Domino's Pizza)允许顾客通过在Twitter账户上发一个披萨表情符号@Dominos，或者使用#EasyOrder标签，发送他们最喜欢的披萨。这种接触客户的新方式为公司赢得了全国媒体的报道，并增加了市场份额。达美乐估计，目前其半数订单来自数字媒体，该公司正在不断适应新的经营方式，以在竞争激烈的快餐市场保持领先地位。[10]

分析和跟踪

在所有可用的营销工具中，社会化媒体为我们提供了最好的跟踪和分析工具。即使是最基本的网站，也能提供关于谁访问、访问的确切时间、查看和搜索了什么的信息。利用这些有价值的信息，可以帮助你确定一周或一个月中的哪一天、哪个时间能最有效地接触你的受众。

这些统计数据很好，但更重要的是了解社会化媒体营销如何转化为行动。正如社会化媒体策略师玛尼·劳勒(Marnie Lawler)所解释的那样："对我来说，如果一个品牌的对话和互动没有意义，那么它获得多少'赞'并不重要。我只关注发生交互的质量——谁在说什么、标记什么、提到产品、发布图片等，以衡量品牌的整体印象。"[11]

普华永道会计师事务所(PwC)的"投票箱之旅"就是一个很好的例子来说明一个品牌要脱离传统的方式来获得更高的品牌认识度。该公司管理奥斯卡奖的投票已经有八十多年的历史，它希望突出这一角色，提高公众的认可度。因此，在2016年的奥斯卡颁奖典礼上，该公司决定利用Snapchat、Twitter和Instagram等社会化媒体应用程序，在千禧一代中发起一场营销活动。在该活动的头两周，普华永道在Snapchat上获得了逾700次点击，在三周内，该活动在Twitter上收到了1062条相关帖子，在Instagram上被提及406次。从这些数据中，该公司知道自己已经打破了混乱的局面，在奥斯卡上占据了一席之地，并获得了一个重要消费者群体的认可。[12]

作为你的战略营销计划的一部分，列出衡量社会化媒体活动或工具有效性的指导方针是很重要的。例如，我的一个客户公司有一个活跃的在线博客，其中包含一些关于他们在提供治疗建议和指导时所面临的不同问题的文章。在每个条目的末尾是撰写文章的治疗师的联系信息和诊所提供的服务菜单。该公司还可以跟踪每篇文章的观点,看看哪篇文章最受欢迎,并从读者那里获得反馈,这样治疗师和员工就可以开始对话。因为这些文章是如此具体,所以自由物理疗法可以发现病人在寻找什么,并努力满足这些需求。该公司还使用Instagram上的广告,当一个人在搜索一个与物理治疗有关的话题时,这些广告就会出现在他的屏幕上。

营销的未来

市场营销永远不会消失,但新技术、文化趋势和消费者品味会随着时间而改变。营销人员需要记住的是,他们必须依靠品牌的本质——一个组织代表什么,以及它与客户的关系。企业总是需要适应新的经营方式,但如果它们与目标受众有着牢固的关系,并拥有坚实的品牌基础,就能更好地应对未来。

无论什么技术趋势进入市场,人性都是不变的。正如詹姆斯·朗克尔所说,"营销人员可以指望的一件事——无论是好是坏——是人们总是想要感觉与一个品牌有联系,总是想要感觉他们拥有一个品牌的独家信息,总是想要一个品牌让他们感觉特别。"[13]

在社会化媒体时代,灵活性和适应性应该是公司的口号,但这并不意味着要赶时髦。然而,它的真正含义是,社会化媒体经理应该知道市场上有什么可用的东西,并利用对他们的公司和客户有效的东西。

打造品牌知名度

凯特琳·斯塔本(Katelyn Staaben)

介绍

今天,公共关系的专业人士有一系列选择来传播他们的信息。社会化媒体已经成为人们获取新闻的主要方式之一，它是任何传播策略的重要组成部分。不过，社会化媒体往往被作为补充考虑。它被视为一种手段，而不是更大的战略的一部分。如果在这个过程中更早地融入社会化媒体，组织就可以通过互动和个性化的方式接触大量的受众，从而受益。

作为一家广告公司的社会化媒体专家，我的工作涉及撰写市场营销或公关方面的内容，以便我们的受众能够认同这些信息。为了创造吸引人的广告，你需要找到更多的个人交流方式。网络受众越来越不信任企业广告，因此，使用其他方法，比如个人推荐和品牌推广，可以非常有效地传达你的信息。

形势

我们有个客户，一个家庭园艺产品的生产商，有几个目标：扩大其产品在整个行业的知名度；提高其网站的流量，以便用户可以了解更多的产品；增加销售。

该公司是社会化媒体的新手，希望提高整个社会化媒体空间对其产品的认知度。我们想把产品送到尽可能多的园丁手中。

这个市场已经充满了竞争。园丁们不想冒险使用可能伤害他们植物的产品，所以他们经常坚持使用他们知道有效的产品。我们需要向受众提供案例，通过他们信任的人鼓励他们在他们的植物上尝试用新事物。

所以我们和一个博客网络建立了关系。我们向一些博主提供了这个产品，请他们写几篇文章。我们为一些博主的工作支付报酬，并为他们提供产品。一些人同意制作视频或在Facebook上直播该产品，我们也和一位博主在Twitter上聊天。每个关系都不同，但结果是，我们提供了许多机会来展示产品给不同的受众。

除了与博客建立关系，我们还与目标市场的社区花园建立了联系。我们与当地五金店合作，向社区园丁免费提供该产品的包装袋，并鼓励他们在社交平台上分享使用该产品的结果。我们在客户的Facebook页面上发布了社区花园与客户产品的照片。

我们的方法

每位博主都使用不同的方法来分享有关客户品牌和产品的信息。以下简要介绍如何在各种社会化媒体中分享内容。

1. FACEBOOK

我们在该品牌的Facebook页面上分享了博客文章,让博主们的网站浏览量大增,也让更多的人看到了我们想让广大读者看到的内容。我们还发布了社区花园活动的照片,我们的客户给这些活动捐赠了产品,并分享了这些花园发展的最新情况。一位博主还利用Facebook的实时流媒体功能,展示了她在她的容器花园是如何使用该产品的。在视频中,她在容器中种植了几种草药和蔬菜,并讲述了该产品在这一过程中的作用。

2. TWITTER

我们和一个博主在Twitter上聊天。该品牌没有Twitter账户,所以我们只能让博主在和她的读者聊天时代表我们。我们起草了10个问题,在一个小时的时间里,博主向她的读者提出了这些问题。园丁们用建议、有用的提示和他们自己的问题来回应我们的问题。博主管理了这次对话,并添加了我们客户的产品可以做些什么来帮助解决这些常见问题的评论。在聊天结束时,我们赠送了两袋产品给几位参与者,并鼓励聊天的人访问客户的网站。大约35名用户参与了聊天,11人通过聊天提供的链接访问了网站。

3. YOUTUBE

一位博主创建了几个简短的操作视频,展示了我们客户的产品。视频并没有直接关注产品,而是解决了园丁经常遇到的问题或向他们展示如何以新的或有趣的方式种植作物。在这些视频中,博主简要说明了她喜欢使用该产品的原因。她还将视频上传到她的其他社交平台账号,并在她的博客文章中使用它们。

4. INSTAGRAM

一些附属的社区花园使用Instagram分享他们作物生长的快照。他们还在Instagram上分享了我们的客户送给他们的礼物的照片。此外,我们的一些博主还使用Instagram来帮助推广他们的新博文。

该活动的关键是将品牌与业内博主及其受众联系起来。很多关于我们客户品牌的对话和信息并没有发布在客户自己的社会化媒体渠道上。连接这些渠道和声音的是客户的网站。每一篇博客文章都会把读者送回客户的网站上让他们获取更多信息。这些帖子通常包含指向粉丝的链接。我们的目标之一是增加网站流量，所以我们想提供大量的机会来实现这一点。

这种方法帮助我们增加了关于在线产品的对话，在公司的Facebook页面上有了更多的参与，并在社交平台上推广了附属博主的工作。

挑战

如果你的项目涉及很多不同的人，兴趣也各不相同，那么你总要做出一些调整。有个博主在一篇帖子里把我们公司的名字拼错了；一位博主写了我们客户的产品，后来在博客中也推广了竞争对手的产品。像这样的情况是预料之中的，有时需要与博主进行对话，以让其了解我们的期望是什么。

我们还必须找到新的方法让我们的粉丝对这些帖子感兴趣。通常，更多的"企业"或"营销"风格的帖子在社会化媒体上的表现不如更多的对话或基于提示的内容。我们的粉丝要从关注这个页面中获益，不是因为只知道公司在做什么，而是因为他们收到了有用的信息。有很多时候，我们在可以分享那些社区花园收到的支票和免费产品的照片之前，这些帖子就会令人厌倦和无效。为了解决这个问题，我们以不同的方式共享内容。有时，我们直接从社区花园分享帖子，并添加一行文字。此外，我们也制作短片、幻灯片或相册。通过以不同的方式、不同的渠道发布信息，我们接触了不同的受众，并让粉丝们对类似的帖子保持兴趣。

分析每一篇文章发布后的成功，我们可以看到哪些博客给了我们最好的投资回报，哪些内容有助于我们实现目标。这个程序是不断变化的，我们既可以添加新的博主，也可以改变我们或博主发布的内容类型。

成功与教训

每个博主在他们的网站上发布一次内容之后，我们分析了该活动最初阶段的成功之处。我们的主要目标之一是将博客的读者指引到客户公司的网站，以了解更多信息，并知道他们可以在附近哪里购买产品。六篇博客文章吸引了182名访问者，其中133名是首次访问。访问者在网站上停留的平均时间为2分29秒，比一般访问者多1分56秒。来自博客的访问者在网站上浏览的页面也比一般访问者多。

这种关系对双方来说仍然是双赢的。它实现了我们客户的目标，接触了更多的社会受众，而不是仅通过使用我们自己或客户的渠道。作为回报，博主们可以在他们的花园中免费使用产品，顺便还推广了他们自己的网站。

这个客户是我所在这家广告公司的主要客户之一。我是第一位在客户的Facebook页面上发帖的社会化媒体专家，我参与了社会化媒体策略和社会表达的创建。在该过程和社区花园活动中，我发现了三条对新策略家的启示：

1.社会化媒体应该完全融入你的公共关系策略。

通常，创建公共关系策略和添加社会化媒体计划是后来才想到的。社会化媒体有无限可能，所以在过程的末尾加入社会化媒体并不能让你充分利用你所能实现的一切。

2.不要害怕尝试一些不同的或新的东西。

社会化媒体世界在不断变化。不要等着看其他人如何使用新技术，相反，要走在最前面，让别人向你学习！当一个新的社会化媒体工具出现时，不要害怕尝试它。社交算法通常支持这些新版本，并将你的内容展示给更广泛的受众。用户可能已经习惯了查看文本帖子或照片，但当实时视频等新功能出现在他们的时间轴上时，就会吸引他们的注意力。Facebook Live发布后不久，我们告诉了一位博主，她决定用我们客户的一款产品来尝试一下。在她种植几个新的容器花园的时候，她做了一个直播，并把客户的产品对着镜头，谈她为什么喜欢在她的植物上使用这个产品。这段视频有近200人观看，制作过程非常简单。

3.愿意放弃控制权。

社会化媒体就是创造一种对话，有时这种对话可能会变糟。当我们和博主打交道时,我们不知道他们会怎么说这个产品。我们可以告诉他们产品的所有好处,但我们无法控制他们对产品的看法。这些博主拥有非常多的、信任他们的读者,对产品的负面印象可以很快与一大批潜在消费者分享。当第三方为你的产品创建内容时,你应该接受这样一个事实:你无法控制正在发布的内容——并且你应该有一个适当的计划来处理出现的批评。

我是一个新的社会化媒体策略家,这次活动让我看到了协调公共关系和社会化媒体策略时所能产生的机会。与其仅仅在Twitter上发布最新新闻稿的链接,还不如在这个过程中更早地使用社会化媒体。你能做到创建一个社会图表,以视觉的方式告诉受众你的新闻吗?你能使用社会化媒体与记者或博主联系,分享关于你的组织的新闻吗?可能性是无穷无尽的,你需要做的只是寻找它们。

建立一个学生组织

卡利·皮特森(Karli J. Peterson)　　泰勒(汤姆森)·施罗德[Taylor(Thomson) Schroeder]

2014年1月,威斯康辛大学绿湾分校正式成立美国公共关系学生协会(PRSSA)分会。这个组织是专门为那些想从事公共关系和传播事业的学生设立的。它的目标是加强学生的教育水平,扩大他们的人际网络,帮助他们开始职业生涯。

我们成立这个分会的时候有六个创始成员。我们知道,由于主修公共关系的学生人数众多,分会有迅速扩大的潜力。我们成立了一个执行委员会,在每一门沟通课程中都宣传了这一点,并尽我们所能传播关于PRSSA的信息。我们不仅想要得到绿湾分校的关注,也在寻求全国性的关注。我们很快就确定,社会化媒体将成为我们扩大会员数量和建立全国性声誉的一个关键因素。

我们使用了社会化媒体5C,这些都是我们在"社会化媒体策略"课上学到的,用来制定PRSSA的社会化媒体策略。

坐标：我们的目标

我们首先确定了PRSSA学生部分的目标，并用这些目标来制定我们的传播目标：

组织目标	传播目标
发展会员	·向学生强调成为PRSSA会员的好处 ·鼓励学生参与活动 ·主要面向学习传播、市场营销和一般商业的学生
获得全国性关注	·派本分会的代表参加全国性的活动 ·参与和倡导全国公关活动 ·宣传我们分会参与社区的奉献精神
为我们的会员建立一个专业的人际网络	·联系当地的公关专家，告诉他们有关分会的信息 ·培养和维护公共关系

渠道：我们的社会化媒体平台

第一步是创建一个社会化媒体委员会，负责管理和维护我们的社会化媒体。基于研究，我们选择了Facebook、Twitter、Instagram和WordPress博客作为最适合实现我们目标的平台，因为这些平台最有可能被我们的目标受众访问。在选择了平台之后，我们定下了为每个特定的平台投入的时间。我们将注意力集中在Twitter(60%)和Instagram(20%)上，因为这两个平台鼓励与PRSSA成员进行互动，并允许我们分享成员的"成功故事"。

选择了平台，我们就回到了我们的目标，并精心设计了更多有关平台的目标，如下所示：

传播目标	有关社会化媒体平台的目标
·强调成为PRSSA成员的好处 ·专注于让学习沟通、市场营销和一般商业的学生获得会员资格 ·参与并倡导国家公关活动	·创建一个Twitter活动，每周发布五次成为会员的好处 ·在学期的头两周邀请至少二十名来自特定专业的学生表达对组织的Facebook页面的喜欢 ·邀请五名成员参与每月一次的全国Twitter讨论

我们转向Hootsuite来管理和更新不同的平台。但我们很快发现，你不能只设置一次，然后让它运行。必须有人在自动发布之前负责调整内容，一个好的社

会化媒体策略需要定期监控、评估和微调，因为随着世界形势的不断变化，社会化媒体领域也在迅速变化。

内容：我们分享的

我们的社会化媒体团队专注于创造和管理给我们带来"最大实惠"（biggest bang for the buck，BBFB）的内容。我们借助常见的新闻问题（谁、什么、何时、何地、为什么以及如何做）来思考"BBFB"问题。这些问题迫使我们以受众为中心，从几个不同的角度来审视我们的内容。

我们的结论是，"为什么"和"如何做"的问题需要首先解决，所以我们集中回答这些问题："为什么我应该加入？"（例如，这对我有什么好处？加入PRSSA对我个人和专业上有什么好处？），以及"我如何成为一名成员？"因为我们的分会有年费，所以对我们来说，特别重要的是要证明会员的投资会有回报，而且有充分的理由参与其中。后一个问题的答案对我们现有的成员很重要，尤其是对那些即将毕业的人来说："我如何把它应用到我的生活和大学生涯中？"当我们讨论"如何做"这个问题时，讨论实习、人际关系和简历等问题成为我们传递信息的焦点。

在回答了"性价比最高"的问题之后，我们转向了哪个平台最适合不同类型的内容。我们提出了以下建议：

Facebook	Twitter	Instagram
・在大多数帖子里附上照片 ・标注成员的成功	・分享会议时间和地点的更新 ・突出显示会议信息 ・提供事件更新 ・参加全国性的聊天和会议 ・链接到其他PRSSA分会 ・分享专业的关于成功秘诀的文章	・提供学生报告、工作小组、会议和活动的照片 ・发布带有创造性标签#的图片，以鼓励会员参与

连接：我们如何连接我们的网络

我们在课程中接受了策略性思维的训练，这意味着我们需要尽可能多地

思考我们选择不发布的内容和选择发布的内容。于是,这一方法又提出了各种问题:

- 我们的PRSSA分会应该出现在"所有"社会化媒体上吗?
- 我们的PRSSA分会应该只出现在与竞争对手相同的平台上吗?
- 我们的PRSSA分会应该有传统的纸质通讯吗?
- 我们的PRSSA分会的网站如何与全国PRSSA的网站和社会化媒体联系起来?
- 我们应该联系教授,让他们宣传活动吗?
- 我们应该在教室的白板上写关于PRSSA活动的通知吗?

如前所述,我们使用了有限数量的社会化媒体沟通平台(如Twitter、Facebook和Instagram),但我们总是链接回一些更传统的沟通渠道。例如,我们在教室的白板上写公告,同时突出显示我们的社会化媒体网站。然后,我们要求教授在开始上课时引导学生注意白板。

修正:我们学到了什么?

我们的主要问题是缺乏一致性,这是由于学生干部的更替和学业间断。更具体地说,我们发现,在干部交接和学期间歇期间,这些事情是困难的:

- 寻找一种一致的方式来传输登录和密码信息,特别是在没有培训或时间重叠的情况下。
- 与发帖频率保持一致。
- 具有一致的信息风格和组织(例如,一些学生使用"我"作为代词,而其他人使用"我们")。

这些日常的挑战,加上我们帖子的反馈,帮助我们列出了一系列"经验教训",并将其传递给新的社会化媒体管理者:

- 学生组织简介不是你的个人简介。组织在社会化媒体上的表现可能反映出你的声音或写作风格，但不是你自己的内容。
- 一致性是至关重要的：
  - 在每个平台上使用相似的话语，不管谁在制作帖子；
  - 在所有帖子中保持一致的主题；
  - 在发布或活动中避免中断；
  - 不要忽视你的关键平台，坚持你制订的在不同平台上花费时间百分比的战略计划；
  - 不要让学年的间歇影响你发帖子的频率。
- 突出成员，并鼓励他们与他们的非PRSSA的朋友分享PRSSA的帖子。
- 校对社会化媒体帖子，确保信息可靠，语法正确。
- 发帖时要注意当地、所属地区和全球的环境，以免冒犯他人，断章取义，或意外地给人留下不了解其他事件的印象。

我们的年度计划取得了部分成功。困扰我们制订的最佳计划的小故障是学期间歇、不断变化的时间表，以及想要参与其中的新成员。所以我们转向了从学期到学期的社会化媒体计划。这一决定促生了更好的帖子、更强的人员稳定性和更多的成员参与。在实际层面上，它有助于传递密码，并分享在关键过渡时期学到的经验教训。我们依靠谷歌驱动器和一个通用的Gmail账户来直接在成员之间传递信息。这样就把我们分会的资料保存在了一个地方，即使是在人员流动期间。

结果

我们的策略奏效了吗？是的！绿湾分校PRSSA分会从2014年最初的6个成员增加到2015年的14个，2016年增加到近30个。在2015-2016学年，我们分会申请在华盛顿大学绿湾分校举办地区PRSSA会议。我们与许多其他地区的学校竞争，申请举办这次会议。我们赢得了这次机会，并于2016年4月举行了会议。此次活动有超过70名与会者、支持的教师和当地演讲者，演讲的主题是"实践：公共关系的社区方法"。我们使用Twitter同步直播，并为无法参加会议的会员在网站和Facebook页面上发布照片。其中一个亮点是绿湾包装公司公共事务总监亚伦·波普基(Aaron Popkey)的主题演讲。

绿湾分校PRSSA分会也获得了2014–2015学年的"明星分会"奖。该奖项基于诸如道德规范、会员扩展等标准。此外，分会亦获得本校颁发的"2015–2016学年最佳学生组织奖"。简而言之，我们为策略取得的成果感到兴奋。我们不仅达到了最初的目标，而且超出了目标。我们的成功很大程度上要归功于我们的社会化媒体策略，该策略得益于我们的课堂实践和导师丹妮尔·比娜(Danielle Bina)的指导。

管理由算法引发的社会化媒体危机

伊丽莎白·辛兹

介绍

社会化媒体营销是企业的支柱，从价值数十亿美元的塔吉特(Target)和沃尔玛(Walmart)等企业，到小镇上的家庭式商店。一个网站应该是严整有序的，社会化媒体却可以赋予一个组织个性，可以与客户进行实时对话。

我在威斯康辛州为之工作的劳拉·米切尔咨询公司为许多组织提供营销服务。这些公司使用我们的社会化媒体营销服务的主要目的是增加销售和利润，提供优质的客户服务，并打造顶级意识——在消费者心中树立品牌。

背景

企业参与到社会化媒体当中，是为了在有关它们的在线对话中发出自己的声音。许多商界领袖认为，社会化媒体营销简单而廉价。这是一种误解。数字广告是有成本的，而且许多平台不允许将未付费的帖子分发给大量受众。公司花费数百万美元聘请社会化媒体经理，制定营销策略，并雇用客服处理在线反馈。但当营销部门听到可怕的词"算法改变"时，他们努力创造的一切都可能土崩瓦解。

那么,什么是算法呢?从技术上讲,它是一个数学公式或一组规则,用于计算一些有价值的东西。在社会化媒体世界中,算法是对内容进行分配排序的数学过程,通常通过预测内容与特定用户的相关性来实现。Facebook的算法非常复杂,正如有位博主所解释的:"当为每个登录Facebook的人分发帖子时,News Feed算法要通过考虑上百个变量来预测用户是否会喜欢、点击、评论、分享、隐藏,甚至将一篇文章标记为垃圾邮件……这种预测被量化为一个单独的数字,称为'相关度评分',这对你和那篇文章都是特定的。一旦每一篇可能出现在你的信息流中的帖子都被分配了一个相关度评分,Facebook的排序算法就会对它们进行排序,并按照它们最终出现在你的信息流中的顺序排列。"[14]

对社会化媒体营销人员来说,算法的改变就像经济衰退一样。一个简单的改变可能意味着多年的营销策略和内容创造都将付之东流。

例如,查理·欣茨(Charlie Hintz)——Facebook页面和Cult of Weird网站的创始人——的一个页面曾经拥有超过13.6万个"点赞"(无偿)。在2014年Facebook进行了算法更改后,他发现这个数字在一天之内急剧下降。怎么会这样呢?Facebook上的某个算法真的能大幅减少看到他的内容的用户数量吗?那为什么要改变算法呢?据劳拉·米切尔咨询公司的网络开发者和数字策略师尼克·米切尔(Nick Mitchell)说,Facebook时常调整算法,要么取消系统中的哪个规则,要么推广一项新功能。例如,当Facebook推出并开始大力推广原创视频时,他们调整了算法,优先推荐这些视频,而不是YouTube等外部网站的链接。营销人员注意到他们的视频帖子比其他帖子吸引了更多的用户,于是他们通过推广大量视频内容来提高品牌知名度。[15]

Facebook会不会开始青睐付费和自我服务的内容,而不是草根、本土的内容?简而言之,答案是肯定的。营销人员不再制定规则,我们使用的平台确实如此。许多大公司都是基于Facebook生成的分析数据做出重大决策的。正确地理解算法的内部工作原理可以改进决策过程。并非所有的帖子都是一样的,所以理解"赞"指标背后的算法将增加你的信息到达目标市场的可能性。

我们的挑战：我们如何管理算法的变化？

我和我的团队曾经遇到这样的挑战：我们公司的一个客户，一家为老年人提供医疗保健技术产品（比如助听器和家庭监控系统）的公司。在一次客户活动中，我们注意到我们的有机接触范围和参与度急剧下降。起初，我们责怪我们的创作内容。也许我们发布的内容不够多，或者我们没有在每天合适的时间发布内容；也许我们的文章标题不够好，或者我们的博客不够令人兴奋。我们从未见过这个客户的帖子参与度如此之低，所以我们做了一些调查。果不其然，Facebook刚刚发布了另一项有利于付费内容的算法调整。

我们的许多客户没有在付费数字广告和推广内容上投入大量预算，这使得他们难以触及目标受众。不幸的是，付费的社会化媒体广告通常是获得粉丝的唯一途径。我们需要创建一种策略来生产高质量的内容，完全抵抗算法变化的潮起潮落，同时仍然能够到达我们的目标市场。

我们的反应

我们需要重新考虑客户的社会化媒体策略，重新定位客户的坐标（目标）、渠道、连接、内容和修正策略。

所面临的挑战

我们的挑战是创造高质量的内容：

- 受到Facebook的青睐
- 有机地接触我们的目标市场
- 抵抗算法变动

坐标

由于我们的客户是一家高级医疗保健技术提供商，我们确定了目标市场为老年人以及他们的中年子女——他们通常是父母的决策者。因此，我们的目标是35岁及以上的人群。为了更好地为客户服务，我们决定将努力集中于以下组织目标和沟通目标上。

组织目标	沟通目标
・增加销售额，销售产品 ・增加贸易展览的参与展位	・打造产品的知名度 ・树立行业龙头的品牌

渠道

我们选择Facebook作为主要的社会化媒体营销渠道，因为老年人是该网站增长最快的人群之一。我们的客户还使用Instagram、Twitter和LinkedIn，我们用它们发布来自WordPress网站上的博客。

连接

我们探索将WordPress、Instagram和Twitter等第三方账户与Facebook连接起来，看看我们的有机互动是否比那些自动发布的帖子有所改善。然而它没有。此外，像Hootsuite这样的第三方日程安排平台，当与Facebook连接时，其自然发布范围非常小。为了验证这个假设，我们发布了两次相同的内容，一次来自Hootsuite，另一次来自本地。原创帖子直接发布到Facebook上，而不是通过Hootsuite之类的日程安排平台间接发布到Facebook上，后者会间接地把内容上传到Facebook。Hootsuite的帖子有6人参与，原创帖子有56人参与。在那之后不久，我们就停止使用Hootsuite来发布帖子。

我们的社会化媒体工作集中在我们的博客上，这是一个基于Wordpress的网站。我们每周都会发布一篇博文，然后推送到我们客户的所有社会化媒体上。这意味着提高帖子的最大曝光度，同时让用户访问该组织的网站。

内容

4/1/1规则为我们提供了一个很好的基准。这条规则是说，Facebook页面每发布六篇帖子，其中四篇应该是教育性的、轻松愉快的、有趣的或有人情味的故事，一篇应该是软宣传，一篇应该是硬宣传。四篇每周一次的"有趣"帖子最先吸引了人们来到我们的页面，并让他们保持着活跃度。如果你的页面仅仅由广告组成，没有人会喜欢和关注你的页面。4/1/1规则提供了一个良好的娱乐内容的混合搭配，同时仍然允许推广产品和服务。

4/1/1规则

- 每周发布四篇教育/娱乐类的帖子
- 一篇推广（如事件/活动促销）
- 一篇硬推广（如观看视频，阅读我们的新闻稿）

受众不会参与僵化、机械和过度宣传的社会化媒体内容。例如，我们不害怕分享一张仓鼠穿毛衣的照片。[16]我们还为自己在管理内容方面的灵活性感到自豪，知道如何正确地阅读分析帮助我们确定内容是否有效。如果发现一些发布的内容做得不好，我们就会转向其他内容。

随着每一代人变得越来越多样化，依赖于人口统计数据的传统营销策略变得越来越没用。我们学会了市场营销从人口统计学到价值观的转变。具体来说，我们的内容是针对目标受众的兴趣、态度、价值观和生活方式而设计的。通过定位受众的价值观，以一种让人感觉熟悉而不是陌生的方式接近他们。价值观超越了年龄，性别和社会、经济地位。

修正

正如米切尔所说，"不断改进和完善你的社会化媒体策略是通往成功的必由之路，它会让你免受未来Facebook算法变化的影响。"[17]每周在Facebook上对检测功能进行17次回顾，帮助我们更好地了解什么吸引了用户，什么没有吸引用户。然后，根据我们的发现，我们调整了策略。Facebook还为我们提供了大量的提示、内容丰富的文章和循序渐进的教程，使我们能够与该网站合作，创造出有效、吸引人的内容。Facebook实际上是在告诉我们做错了什么，而我们要做的就是听和读。

我们意识到，过于频繁地发布内容会导致接触率和用户黏度大幅下降。如果我们发现某些类型的帖子比一般的帖子表现得更差，我们就会更仔细地观察，然后转向不同的方向。

结果

我们开始减少发帖的频率,并看到我们的自然覆盖范围因此得到了显著提高。我们的页面不再因为每天发布一到两次以上内容而被算法惩罚,这意味着更多的眼睛和更多的潜在客户将再次看到我们的内容。

我们在Facebook上阅读了许多关于算法变化的博客、新闻稿和文章。很快就发现了它们将如何影响我们的页面,以及我们如何将影响降到最低。例如,我们决定现做自己的高质量视频。我们的检测页面告诉我们,视频比任何其他类型的内容都能吸引更多的用户,所以为我们的客户花时间专注于清晰、干净、高质量的视频是有意义的。此外,我们知道Facebook正在推出一项新的视频功能。所有迹象都表明,Facebook大力支持视频内容。

我们开始整理与客户所在行业相关的图片,使用古怪的标签推送给35岁以上的目标市场。下面这张图片推送给了857个人,有89条回复、评论和分享。热词的用户数量是平均水平的8倍,点赞、评论和分享的用户数量是平均水平的4倍。

来源:Copyright © CanStock Photo/mybaitshop

当我们的受众再次关注时,我们创建了一个博客和帖子的网络,关注我们客户的活动和其即将参加的工业贸易展。我们通过在社会化媒体上推广赠品等活动,提高了展位的曝光率,并最终提高了销售额。展会的成功带来了额外的关注,以及通过社会化媒体推广的网络活动与其他业内人士的合作,奠定了我们客户作为行业龙头的地位。

经验教训

以下是我们总结的经验教训,对其他社会化媒体专家可能有所帮助:

1.关注你的帖子的质量,而不是数量、时间或具体措辞。创造有价值的原创内容,而不是为了点击量,你将培养一批忠实的受众。

2.在Facebook上监控你的观点页面,删除不那么吸引人的内容。为什么要继续一个行不通的营销策略或内容风格呢?几十年前,营销人员依靠调查来确定营销活动的有效性,如今,这些分析只需鼠标点击一下。

3.创建与目标市场产生共鸣的内容,即使该内容不侧重于促销。人情味的故事和看似无关紧要的内容可以为你的公司在社会化媒体上的形象大大加分。如果你的公司整天发的内容是"购买!购买!购买!",你可能看不到令人满意的结果。

4.遵循4/1/1规则,不要过度发帖。我们每周发布四个有趣且轻松的故事,一个软推广和一个硬推广。这样,我们就不会让关注者信息过载,也不会被排序算法标记为垃圾邮件。

给我的咨询公司带来挑战的排序算法并没有消失。即使我们克服了这个障碍,算法也会再次改变。事实上,Facebook几乎每天都在调整算法。因此,关注页面上发生的事情并保持敏感是非常重要的。学会与Facebook这样的平台合作,去创造出受众和Facebook都喜欢的内容。

注释:

1.事实上,早在2014年,就有报告说53%的18—29岁的人曾以某种方式使用智能手机作为求职的一部分。参见:A. Smith and D. Page, *Searching for Work in the Digital Era* (Washington, DC: Pew Research Center, November 2015), 3.

2. L. Adler, *Performance-Based Hiring* (Irvine, CA: The Adler Group, 2016).

3. Jibe, *2014 Talent Acquisition Survey*, September 2014, http://www.jibe.com/wp-content/uploads/2014/09/2014-Talent-Acquisition-Survey.pdf.

4. CEB, *Q4 2011 Global Labor Market Survey* (Arlington, VA: CEB, 2012); L. Stevens, "Improve the Candidate Experience," *ERE*, July 15, 2008, http://www.ere.net/200B/07/15/3322/.

5. 与詹姆斯·朗克尔的个人通信，2016年7月12日。

6. B. Kepes, "JetBlue and the Power of Some Simple Social Engagement," *Forbes*, May 1, 2015, http://www.forbes.com/sites/benkepes/2015/05/01/jetblue-and-the-power-of-some-simple-social-engagement/#303062057a 87. Accessed February 8, 2017.

7. H. Abramyk, "Online Reputation Management Fails," *Vendasta* [blog], August 2, 2016, https://www.vendasta.com/blog/online-reputation-man agement-fails. Accessed February 12, 2017.

8. A. Carr, "The Inside Story of Starbucks's Race Together Campaign, No Foam," *Fast Company*, June 15, 2015, https://www.fastcompany.com/3046890/the-inside-story-of-starbuckss-race-together-campaign- no-foam. Accessed February 5, 2017.

9. S. Balderson, "4 Startups' Social Media Marketing Campaigns That Big Businesses Can Learn From," *Company Formations 24.7* [blog], July 22, 2016, https://www.companyformations247.co.uk/blog/4-start-social-me dia-marketing-campaigns-big-business-can-learn/. Accessed February 2, 2017.

10. E. Schuman, "Domino's Tweet-to-Eat Campaign Is Sneaky Social Media at Its Best," *ComputerWorld*, May 21, 2015, http://www.com puterworld.com/article/2925500/retail-it/dominos-tweet-to-eat-cam paign-is-sneaky-social-media-at-its-best.html; B. Snyder, "Domino's Growth Driven by Digital Orders," *Fortune*, July 16, 2015, http://fortune.com/2015/07/16/dominos-digital-orders/. Accessed February 1, 2017.

11. 与玛尼·劳勒的个人通信，2016年7月13日。

12. J. A. Gallegos, "The Best Social Media Marketing Campaigns of 2016," *Tint*, December 31, 2016, https://www.tintup.com/blog/the-best-social- media-campaigns-of-2016-so-far/. Accessed January 29, 2017.

13. 与詹姆斯·朗克尔的个人通信，2016年7月12日。

14. L. Kolowich, "How the News Feed Algorithms Work on Facebook, Twitter & Instagram," *HubSpot* [blog], April 14, 2016, https://blog.hubspot.com/marketing/how-algorithm-works-facebook-twitter-insta gram#sm.0001qpr0ca74bdzxrd11w0gc5ivpj.

15. N. Mitchell, "Quality Content Is King in Latest Facebook Algorithm Change," *LMC:*

Laura Mitchell Consulting [blog], May 4, 2016, http:// lmcllc.us/2016/05/04/quality-content-facebook-algorithm-change/. Accessed February 12, 2017; M. Blank,"News Feed FYI: More Articles You Want to Spend Time Viewing,"*Facebook Newsroom*, April 21, 2016, http://newsroom.fb.com/news/2016/04/news-feed-fyi-more- articles-you-want-to-spend-time-viewing/. Accessed February 12, 2017.

16. 参见2014年4月21日的Facebook帖子(2016年8月31日重新发布), https://www.facebook.com/LauraMitchellConsulting/posts/1197009647008017.2017年2月12日访问。

17. N. Mitchell,"Quality Content Is King."

术语表

5C：社会化媒体策略的五个组成部分：坐标、渠道、内容、连接和修正。

A/B test A/B测试：对于同一个帖子采取两个版本的监测过程——例如使用不同的图片、文字、号召的行动，甚至发帖时间——来确定哪个版本获得的流量最大。

Abundance strategy 丰富的策略：这种策略代表了"多而富则更多"的方法；有许多用户关系要维护，而且这些关系本质上是强有力的。

Actively managed platforms 积极管理的平台：某个你投入大量时间和精力的平台，例如你积极发布内容的那个平台。

Analytical anchors 分析锚：对于竞争性环境中重要模式的客观描述。这些描述是社会化媒体策略专家从组织机构、竞争对手、社会化媒体环境中收集到事实，并从中提取出的关键性见解。

Assess and respond strategy 评估和回应策略：一种评估帖子并以适当的方式进行回应的方法。对于帖子可以直截了当回复，也可以置之不理。

Assessment report 评估报告：对于一个组织的社会化媒体策略的有效性进行深入分析的文件。一份社会化媒体评估报告常常会揭示组织自上一份报告以来发生的变化，尤其是该组织正在使用的主要平台。报告会提到一些数据，如关注者数量的增长(或减少)、覆盖范围、参与的不同类型，并解释影响这些数据的潜在因素。

Assessment tool 评估工具：监测每日、每周或每季度表现数据的工具。此工具会帮助设定基准、指导管理流程，并抓住持续性进步的机会。

Audience composition: 受众构成：一个帮助你了解受众组成和受众偏好的指标。

Benchmarks 基准：衡量表现能力的指标。

Bull's-eye node 靶心节点：为平台设定的目标节点。例如，它可以是你网站上的"购买"按钮或"应用"按钮，也可以是社会化媒体平台上的"点击查看产品"或"立即购买"按钮。

Centralized network 集中式网络：一个集合了最小的集线器、节点和短路径连接的网络，能最大化集中"命令和控制"的方向。

Channels 渠道：传递信息的媒介，包括Facebook、Twitter和Pinterest等，也包括网页、电子邮件和电话。

Cocreated content 共同创建内容：由你的关注者和用户一起创建的内容。

Community sentiment 社群情绪：对于你发布的内容的反应模式，例如基于对话交流和评论产生的态度、观点、感受和情绪。

Comparison points 比较点：用以衡量某物的标准。

Confirmation bias 证实偏见：倾向于寻找、支持和记住能够证实已有信念的信息，并根据这些信念来解释我们发现的一切事物，而很少考虑其他的可能性。

Connections 连接：各种社会化媒体平台、网站、非数字化渠道、人员和部门之间的联系。比如，某个提示了公司的Twitter账户的平面广告会被视作连接。

Connections matrix 连接矩阵：一种策略性思考工具，强调社会化媒体策略专家的决策要点。横轴测量出网络中原始链接的数量，从少到多；纵轴测量出由这些链接产生的连接强度，从弱到强。

Content 内容：发布在社会化媒体网站或者平台上的材料。

Continuous improvement 持续改进：为改进流程、表现和服务不断努力。

Coordinates test 坐标测试：确定你的策略目标和你的渠道选择、内容选择、连接选择和修正计划是否一致。

Coordinates 坐标：大目标之间的连接点(例如组织目标和沟通目标之间的连接点)。换言之，坐标是你的策略目标及它们之间的关系。在社会化媒体上，它们意味着紧密联系、相辅相成的目标。它们回答着这样的问题："我必须做些什么才能达到我想要的效果？"

Corrections 修正：对公司的社会化媒体策略和战术进行调整和改变。

Corrections matrix 修正矩阵：一种帮助社会化媒体管理者对流程进行修正的工具。它可以识别错误的严重程度——不管是策略的还是战术的，以及错误的类型——不管是轻微的疏忽还是重大失误。

Curated content 策划内容：从其他来源获得的内容，能被社会化媒体策略家重新利用。

Decentralized network 去中心化网络：由许多集线器和节点组成的连接网络，存在大量潜在的路径连接。

Depth strategy 深度策略：这一策略代表着"质量高于数量"的方法；需要维护数量少但本质上强有力的用户关系。

Distributed network 分布式网络：由许多或所有节点相互连接的网络。

Drivers 驱动：社会化媒体平台将流量推送到你的网站或目标节点。

Dynamics perspective 动态视角：通过观察用户如何使用平台，而非通过观察平台的固有特征来了解社会化媒体。如时间敏感性(发帖的时间选择有多重要)，词汇选择(发帖的词汇选择有多重要)和图片选择(帖子中的图片选择有多重要)等因素潜藏着一个平台的底层使用模式。

Engagement 参与度：衡量受众参与社会化媒体的程度。

Experiential perspective 经验视角：通过批判性地审视你自己的社会化媒体实践来了解社会化媒体。

FAJV：首字母缩略词，代表使用基于事实的方法来评估社会化媒体的竞争环境。该方法包括以下四个阶段：

1. 事实——收集相关事实；
2. 锚——分离出事实所隐含的基础分析锚；
3. 判断——基于分析锚做出判断；
4. 验证——验证你的判断。

Form (category of content) 形式(内容类别)：在社会化媒体网站上对传播内容的选择。包括图片、文本、音视频剪辑和图像。

Friendly spy network 友好间谍网络：非正式群体中的人，他们监测你和你的竞争对手发布的帖子，作用在于迅速提醒你可能产生的失误和错过的机会。

Functional perspective 功能角度：根据社会化媒体拥有的独特功能来使用它们，考虑到你使用工具的目的和它们实际的使用效果。

Goldilocks zone 刚刚好区域：将信息定位在正确的细节或抽象程度等级上——不太多

也不太少。这个区域是指导但不指示行动的"甜蜜区"。

Hashtags 标签：用符号#标记的相关关键词和短语。话题标签将帖子标记为与主题相关的内容，也可以作为跨平台兴趣的关键字衡量标准。

Hinges 铰链：用来连接或分隔网络的节点。是网络中的关键部分，如果铰链损坏，网络将无法连接。

Hub 集线器：在一个以上的网络中发挥作用的节点。

Impressions 印象：对内容曝光度的衡量或对帖子的看法。

Influence analysis 影响力分析：在网站内或网站外找到那些很可能影响你的目标受众的人，目标是与那些有影响力的人物或组织建立联系。

Insight pods 见解荚：从竞争分析中收集到相关见解。

Likes 喜欢：一种衡量积极参与度的方法。"喜欢"功能通常使社会化媒体用户不需要书写评价就可以分享他们对于内容的欣赏。

Links 链接：是两个节点间的路径。链接越多，路径长度和变化的可能性就越大。

Major blunder 重大错误：策略性的错误。这种类型的错误很严重，有可能损害公司的形象或长期的生存能力。

Metric 度量：衡量我们认为重要之物的系统或数字，例如，对于职位的敬业表现程度。

Minor oversight 轻微的疏忽：战术上的疏忽。这种类型的错误能被迅速纠正。

Missed opportunity 错失的机会：策略性失误。本身没有发生错误，但由于没有做一些事情，组织可能会错失一些创新的想法。

ML+-thinking ML+-思维："ML+-"是理解社会化媒体平台的一种方法，其需要策略家回答如下问题：社会化媒体最像你熟悉的什么工具或活动？对于社会化媒体，这些熟悉的工具或活动多了什么特性？对于社会化媒体，这些熟悉的工具或活动少了什么特性？

Modest gaffe 适度的失误：战术上的错误。做错的事情可能会让用户有点生气，但这种错误可以很容易被纠正。

Niche platforms 小众平台：不太出名的社会化媒体渠道，但可能具有创新性和前沿吸引力。

Nodes 节点：网络中的参考点。社会化媒体中最明显的节点包括社会化媒体网页、网站和电子邮件系统。一些不太明显的节点包括传统媒体（如宣传册、报刊亭、菜单和广告）和合作广告。

Observation 浏览：在线查看社会化媒体上的内容，点击帖子和链接。

Organic growth 自然增长：利用内部资源自然地提升社会化媒体表现力，比如联系已有的好友。

Participation 参与：行动起来。在社会化媒体上，参与可能包括关注一个推特账号或喜欢、分享或评论一个帖子。

Passively managed platforms 被动管理平台：对某一渠道投入很少的时间和精力。管理这些平台，至少需要维护受众可能会访问和偶然发现的平台名字，并定期进行监控。

Path length 路径长度：系统中任意两个节点之间的链接数量。链接越多，路径长度和变化的可能性就越大。

Platform job description 平台工作描述：特定的社会化媒体渠道在组织中扮演的角色，换句话说，就是该渠道在特定环境中能够实现的需求。

Platform-specific measures 特定平台的度量：在各种社会化媒体平台上提供的分析

工具，如Facebook分析、Twitter分析、LinkedIn分析、Pinterest分析、Instagram分析和YouTube分析。

Propagation 传播：当关注者转发、回复评论、分享或使用你的标签时，对内容起到放大的作用。

Reach 接触，到达，送达：接触某一信息的访问者的数量。

Reach strategy 到达策略，接触策略：这个策略代表了"数量大于质量"的方法；联系许多用户，但这些关系在本质上是弱的。

ROI：投资回报率。在社会化媒体领域中，这种经济上的衡量方法能衡量出遵循社会化媒体策略和战术所获得的收益和成本。

Shares 分享：是一种衡量用户参与度的方法，表明社会化媒体用户分享你内容的次数。"分享"的数量能用来确定哪些内容与用户的关联程度最高。

Simplicity strategy 简单策略：这种策略代表了"少而精就是多"的方法；需要维护较少的用户关系，并且这些关系在本质上是弱链接。

Social Media Aspirational Triangle 社会化媒体志向三角：突出三个特征——策略性思维、职业敏感性和热情。这些特征让一个社会化媒体策略家获得成功和持续的进步。

Social media 社会化媒体：一种用户在选定的社区内分享图片和文本的电子交流形式，这种交流在平台提供者制定的规则下进行。

Social media strategy 社会化媒体策略：进行协调大局的选择，形成连续性进步的方向，产出一套精心制定的战术。

Social media tactics 社会化媒体战术：执行策略的具体行动。

Success stories 成功故事：产生预期效果的内容和实现你的社会化媒体目标的例子。

SWOT：首字母缩略语，一种战略规划的方法，包括确定一个公司的优势、劣势、机会和潜在威胁。

Synergies 协调，协同：描述了策略要素是如何互相加强和丰富彼此的。

Synergy test 协同测试：一种确定你的渠道选择、内容选择、连接决策和修正计划是否彼此一致的检查。

Tease and seize strategy 逗弄和抓住策略：一种方法，用几种不同类型的帖子吸引不同的受众，监测结果，然后抓住反馈带来的机会。

Test-post content strategy 测试帖子内容策略：一种有助于规划发布帖子的内容和时间的方法。例如，一个人可能会在发布之前问这些问题："有必要发布吗？""有必要我来发布吗？""有必要现在发布吗？"

Thinking biases 思维偏差：偏离理性判断的系统思维模式。

Thinking routines 思维过程：通过问题、挑战或情境来进行推断的常规方法。

Total views 总浏览数：对内容曝光度的衡量。是内容被浏览的总次数，如果你的内容只有两个浏览者，一个看了17次，一个看了2次，那总浏览数就是19。

Traffic patterns 流量模式：帮助确定人们是否关注你的内容，以及内容是否将流量带给了你的目标节点或网站的指标。

Translation test 转化测试，翻译测试：确定你的策略是否有效地转化为行动计划和战术的一种检查。

Type(category of content) 类型(内容类别)：关于发布在社会化媒体上的内容类型的选择。包括新闻和信息、事件、行动和鼓舞人心的内容。

Unequal dialogue 不平等对话：这个术语是指组织管理者和社会化媒体管理者之间对话的基调，前者比后者具有更大的话语权。社会化媒体管理者应该积极为他们的观点辩护，但归根结底，组织的目标总是超越社会化媒体的目标。

User-generated content 用户生产的内容：粉丝制作的内容。这些内容可能包括对产品巧妙或有趣的使用，吸引了社会化媒体管理者。

索 引

（索引页码为原著页码，即本书边码。table 指表格，figure 指图。）

A

A/B test A/B 测试, 141–142, 141(table)
Abstraction 抽象, 21–22, 31
Abundance strategy 丰富策略, 118(figure), 120–121, 121–122(figures), 126, 127(figure)
Action plan/strategy syncing 行动计划/策略同步, 147
    channels/message choices, alignment of 渠道/信息选择，协调, 150–151
    connection decisions/channels 连接决策/渠道, 151–152
    connection decisions/correction plans 连接决策/修正计划, 153–154
    coordinates test 坐标测试, 148–149, 149(figure)
    correction plans/channels 修正计划/渠道, 152
    green/yellow/red lights compatibility tests 绿/黄/红灯兼容性测试, 150–154, 151(table)
    message choices/connection decisions, alignment of 信息选择/连接决策，信息的一致性, 152–153
    message choices/correction decisions 信息选择/修正决策, 153
    synergy test 协同测试, 149–154, 150(figure), 151(table)
    test-taking advice 应试建议, 154–155
    translation test 转化测试，翻译测试, 154, 154(table)
    See also Social media strategy 另请参见社会化媒体策略
Actively managed platforms 积极管理的平台, 81, 82, 84, 85
Algorithm-induced social media crisis management case study 基于算法的社会化媒体危机管理案例研究, 266
algorithm change management challenges 算法更改管理挑战, 268
algorithm changes, crisis of 算法的改变，技术的危机, 267
algorithm, definition/function 算法、定义/功能, 266–268
    background information for 背景资料, 266–268
    channels 渠道, 269
    Connections 连接, 269–270
    content 内容, 270–271
    coordinates/goals 坐标/目标, 269
    corrections 修正, 271

4/1/1 rule 4/1/1规则, 270
　　lessons learned 得到的教训, 273
　　marketing to values 价值观营销, 270–271
　　response strategy for 应对策略, 268–271
　　results 后果, 271–272
　　See also Case studies 另见案例研究
American Airlines case 美国航空公司案, 247
Analytical anchors 分析锚, 53–56
　　See also Competitive environments 另见竞争环境
Anchoring bias 锚定偏见, 134(table)
Art platforms 艺术平台, 80(table)
Aspirational Triangle 志向三角
　　See Social Media Aspirational Triangle 参见社会化媒体志向三角
Assess/respond strategy 评估/响应策略, 29–30
Assessment plan 评估计划, 159
　　See also Assessment protocol;Assessment report;Performance measures assessment protocol 另请参见评估协议；评估报告；绩效衡量评估协议, 29, 159, 161
　　benchmarks, establishment of 基准, 建立, 164
　　channels 渠道, 166(table), 169
　　connections 连接, 167, 170–171
　　content 内容, 166, 169–170
　　continuous improvement opportunities 持续改进机会, 165
　　coordinates 坐标, 166(table), 168
　　corrections 修正, 167(table), 171–172
　　data/metrics, thorough collection of 数据/指标, 全面收集, 172
　　discussion/debate, importance of 讨论/辩论, 重要性, 165, 172
　　relationships among good judgment, exercise of metrics 良好的判断力, 衡量标准的运用, 163
　　potential inadequacy of 潜在的能力不足, 162
　　misleading assessments 误导性评估, 161–163
　　progress evaluation, corrective mechanisms 进度评估, 纠正机制, 164–165
　　purpose of assessments 评估目的, 164–165
　　situational context 情境背景, 163
　　Consideration of social media assessment tool 社会化媒体评估工具的考虑, 165–173
　　development of underlying actionable issues, identification of 潜在可操作问题的开发识别, 166–167(table), 162
　　See also Assessment report; Performance measures Assessment report 另请参见评估报告；绩效衡量评估报告, 159, 197
　　administrative improvements 行政改进, 200–201
　　appendices 附录, 204
audience for, analysis of caveats, investment efficacy 受众, 注意事项分析, 投资效率, 198, 200
　　communication efforts 沟通努力, 200

Correlations among comparative framework section and comparison points 比较框架部分和比较点之间的相关性, 202–203, 198–199
　establishment of competitor social media analytics 竞争对手社会化媒体分析的建立, 202
　access to conclusions/ recommendations section 查阅结论/建议部分, 204
　continuous improvement 持续改进, 200–201
　focus on data/data analysis section 关注数据/数据分析部分, 203
　dollar investment 美元投资, 199
　outcomes of hashtag usage patterns 标签使用模式的结果, 200
　historical platform data 历史平台数据, 201–202
　introduction section 导言部分, 201
　key principles of limitations section 限制的关键原则部分, 198–202
　platform algorithms 平台算法, 202
　changes in platform features 平台功能的变化, 200
　changes in return on investment 投资回报率的变化, 197, 199–200
　focus on social media platforms/external factors or events 关注社会化媒体平台/外部因素或事件, 200
　Interaction among social media vs Traditional communication channels 社会化媒体与传统沟通渠道之间的互动, 199–200
　success stories section 成功故事组, 203–204
　See also Assessment protocol; Performance measures Assessment tool 另见评估协议；绩效评估工具, 165, 168
Attention errors 注意错误, 131–132
Audience composition metric 受众构成指标, 176–177(figure), 182–183(table), 187–188(table)
Audience size 受众规模, 40, 41(table)
Availability bias 可用性偏差, 133, 135(table)

B

Bebo 贝博, 80
Benchmarks 基准, 164
Beneficial social media strategy 有益的社会化媒体策略
　See Social media strategy benefits 参见社会化媒体策略利益
Biases 偏见
　See Thinking biases 参见思维偏见
Big-picture choices 对大局的选择
　See Social media strategy 参见社会化媒体策略
Blanchard, O. 布兰查德, 175
Blatt, A. 布拉特, 9
Brand awareness development case study 品牌意识发展案例研究, 253
　blogger networks 博客网络, 254–255, 256–257
　　challenges in content variety 内容多样性的挑战, 256
　　control, relinquishment of Facebook blog posts and home gardening product company 控制、放弃

Facebook 博客帖子和家庭园艺产品公司, 258, 253–254
background of Instagram garden photos and links Instagram 花园照片和链接的背景, 253–255, 257
novel approaches 新颖的方法, 257–258
social media 社会化媒体, 257, 258
successes/lessons learned 成功/经验教训, 256–258
Twitter chats Twitter 聊天, 255
YouTube product videos YouTube 产品视频, 255
See also Case studies 另见案例研究
Social media marketing case study 社会化媒体营销案例研究
Branding process 品牌化过程, 184
Bull's-eye node 靶心节点, 109, 110(figure), 126–127

C

CareerBuilder 招聘网站名, 240
See Algorithm-induced social media crisis management case study 参见算法引发的社会化媒体危机管理案例研究 Brand awareness development case study 品牌意识发展案例研究 Menasha Corporation employee recruitment case study 默纳沙公司员工招聘案例研究 Social media marketing case study 社会化媒体营销案例研究 Student organization development case study 学生组织发展案例研究
Category selection 类别选择, 40, 41(table)
Celebrities 名人, 7, 9
Centralized networks 集中式网络, 113, 114(figure), 117(table)
Channels 渠道, 19, 20, 21, 73
actively/passively managed platforms 主动/被动管理平台, 81, 82, 84, 85–86
assessment protocol and 评估方案, 166(table), 169
audience/stakeholder groups 受众/利益相关者群体, 74
channel evaluation grid 渠道评估网格, 81–82, 83(table)
creation of channel selection 创建渠道选择, 75–77
principles for channel status 渠道地位原则, 101–102
evaluation of content compatibility 内容兼容性评估, 82, 84, 100–102
conventions/customs/norms of coordinates/ target audience preferences, sync with costs/ benefits 约定/习俗/坐标规范/目标受众表演,与成本/收益同步, 75–76
evaluation of depth/breadth of search 评估搜索的深度/广度, 74, 79, 81
determination of dynamics of emojis and emotions/tone 确定表情和情绪/语气的动态, 73–75
misunderstanding of evaluative criteria 对评价标准的误解, 81
establishment of judging channels, evaluative criteria 建立评判渠道、评价标准, 82
message transmission, unique channel capacity and messages 信息传输,独特的渠道容量和信息, 73–75
shaping of metrics for niche platforms and objectionable content 为利基平台和不良内容制定指标, 76–77, 79, 187(table), 189, 213
removal of optimal-stopping problem and personnel assignment 最优停车问题的消除与人员分配,

79, 81
    criteria for platform interrogation 平台审查标准, 78, 79, 79(table)
    investigative agenda for platform job description 平台工作描述的调查议程, 84–85
    platform job duties 平台工作职责, 85–86
    bundling of platform selection, wide search and platforms 平台选择的构建, 广泛搜索和平台, 78–79, 80(table)
    primary functions of sender–receiver connections 发送方—接收方连接的主要功能, 74, 75
    situational dynamics 情境动力学, 74
    stakeholder impressions, channel selection 利益相关者印象, 渠道选择, 73
    strategic channel selection 策略渠道选择, 78–86, 101–102
    systematic study of platforms 平台的系统研究, 78–81, 79–80(tables)
    tactical skills, mastery of 战术技能, 精通, 77
    See also Social media strategy development 另请参见社会化媒体策略发展

Chief digital information officers(CDIOs) 首席数字信息官, 66

Chief digital officers (CDOs),Choices 首席数字官, 选择, 66
    See Social media strategy 参见社会化媒体策略

Christensen, C. 克里斯滕森, 84

Cocreated content 共同创造的内容, 97

Cohen, E 科恩, 66

Community–based traffic/ navigation apps 基于社区的交通/导航应用, 77

Community sentiment metric 社区情绪衡量, 177(figure), 179–181, 182–183(table), 187–188(table), 193

Comparison points 比较点, 198–199

Competitive environments 比较环境, 49
    analytical anchors, isolation/description of competitor facts 分析锚定, 竞争对手事实的隔离/描述, 51(table), 53–55, 56

confirmation bias 确认偏差, 50, 58

credible/useful facts 可信/有用的事实, 52, 53(table)
    effective assessment of evaluative critiques 对评价性评论的有效评估, 49–50, 54–55, 57
    avoidance of FAJV assessment process 避免FAJV评估过程, 50
    informal validation testing 信息验证测试, 58–59
    insight 洞察力, 55
    implications of judgments, analytical anchors 判断的含义, 分析锚定, 55–57, 57(table)
    Moore's Law 摩尔定律, 55
    organization facts 组织事实, 51(table)
    paradox of choice 选择悖论, 55–56
    relevant facts 相关事实, 50–53
    collecting of social media cosmos facts 收集社会化媒体的宇宙事实, 56, 51(table)
    stackholder facts 利益相关者事实, 52(table)
    SWOT analysis SWOT分析, 56–57, 57(table)
    types of facts 事实类型, 50, 51–52(table)
    validation tests 验证测试, 58–60, 59(figure)

See also Social media strategy development 另请参见社会化媒体策略发展
Confirmation bias 确认偏差, 50, 58, 134(table)
Connections 连接, 19, 20, 21, 107–108
 abundance strategy 丰富策略, 118(figure), 120–121, 121–122(figures), 126, 127(figure)
 assessment protocol 评估方案, 167(table), 170–171
 audience attention 受众注意, 125–126
 bull's-eye node 靶心节点, 109, 110(figure), 126–127
 centralized networks 集中式网络, 113, 114(figure), 117(table)
 conduit capacity 导管容量, 111
 connections matrix 连接矩阵, 118–122, 118(figure), 121–122(figures), 127(figure)
 decentralized networks 分散式网络, 113, 115(figure), 117(table)
 depth strategy 深度策略, 118(figure), 120, 121–122(figures), 126, 127(figure)
 direction of flow 流向, 110–111
 distributed networks 分布式网络, 113, 115(figure), 117(table)
 emergent properties of networks 网络的涌现性, 118
 hinges 铰链, 112
 hubs 枢纽, 111–112
 links 链接, 109–111, 123
 metrics for network strategy 网络策略指标, 188(table), 190–192
 development of networks 网络的发展, 122–127
 macro-level connectivity 宏观层面的连通性, 111–118
 nodes 节点, 108–109, 110(figure), 123
 pattern of connections 连接方式, 112–115
 functional significance of properties 属性的功能意义, 112–118
 principles of reach strategy 到达策略原则, 120, 121, 121–122(figures), 125–126, 127(figure)
 simplicity strategy 简单策略, 118(figure), 120, 121, 121–122(figures), 127(figure)
 strategies, matching skills/commitments 策略, 匹配技能/承诺, 125–126, 127(figure)
 strategy benefits/costs 战略效益/成本, 120–122, 121–122(figures)
 strong/weak connections, tendencies of 强/弱连接, 倾向, 118(figure), 119–120, 119(table), 121–122(figures)
 structural properties of networks 网络的结构性质, 117–118
 triggers for attention 引起注意的诱因, 125–126
 volume of traffic 交通量, 111
 See also Social media strategy development 另请参见社会化媒体策略发展
Connections matrix 连接矩阵, 118–119, 118(figure)
 abundance strategy 丰富策略, 118(figure), 120–121, 121–122(figures), 126, 127(figure)
 benefits/costs 效益/成本, 120–122, 121–122(figures)
 connection strategy, matching skills/commitment 连接策略, 匹配技能/承诺, 125–126, 127(figure)
 depth strategy 深度策略, 118(figure)
 links 链接, 118–119, 118(figure)
 number of network choices 网络选择的数量, 120–121

underlying strategy of reach strategy 到达策略的基本战略, 118(figure), 120, 121, 121–122(figure), 125–126, 127(figure)

skills/commitment requirement 技能/承诺要求, 125–126, 127(figure)

strong/weak connections,tendencies of 强/弱连接, 趋势, 118(figure),119–120,119(table)

See also Connections 另请参见连接

Content 内容,19,20,21,89

    amusement content 娱乐活动,93(table)

    assessment protocol 评估协议,169–170

    audience input 受众输入,97

    audience sensitive content 受众敏感内容,99–100

    calls-to-action conte 呼吁采取行动内容,93(table)

    category apportioned content 类别分配内容,102–103

    channel compatible content 渠道兼容内容,100–102

    co-created content 共同创建内容,97

    commentary/opinion content 评论/意见内容,94(table)

    content decisions,guidelines for 内容决策,指南,89

    content options,exploration of 内容选择,探索,90–95

    content selection principles 内容选择原则,98–104,99(figure)

    content strategies,optimization of 内容策略,优化,94–95

    coordinate aligned content 协调同步内容,98–99,99(figure)

    cross-platform resonance 跨平台共振,101

    curated content 策划内容,95–97,96(table)

    event information 事件信息,92(table)

    feedback driven content 反馈驱动内容,104

    form of 形式,90,91 (table),102

    Generation approaches 生成方法,96(table)

    benefits/drawba-cks of 优点/缺点,96(table)

    generation of 生成,95–98,9(figure,table)

    how-to content 指南内容,93–94(table)

    indices content 指数内容,94(table)

    inspiration content 灵感内容,94(table),103

    internally produced content 内部生成的内容,95,96(table)

    jab/jab/jab/right hook strategy 客户/客户/客户/销售策略,103

    metrics for 评估,187–188(table),189–190

    news/information content 新闻/信息内容,92(table)

    objectionable content,removal of 不良内容,删除,213

    people-based content 基于人的内容,92(table)

    predictable prototype postings 可预测原型的信息,103

    reactions to posts,analysis of 对帖子的反应,分析,94

    strategic thinking about 战略思考,103

    types of 类型,90–91,91–94(tables),102

user-generated content 用户生成内容,97–98
　　See also Social media strategy development 另见社会化媒体策略发展
Continuous improvement 持续改进,165,200–201
Control bias 控制偏见,135(table)
Coordinates 坐标,19,20,21,63–64
　　assessment protocol 评估方案,166(table),168
　　brain-prodding chart,construction of 大脑刺激图表,结构,69,70(table)
　　competitive analysis,strategic advantage 竞争分析,战略优势,69
　　discussion protocol,coordinate development 讨论协议,协调发展,68–71,70 (table)
　　formulation of,principles 制定,原则,66–68
　　goals,linkages among 目标,联系,68,71
　　insight pods,labeling/evaluation 见解荚,标签/评估,71
　　"last war" mindset "最后一场战争"心态,67
　　macro-level goals,synchronization with 宏观层面的目标,同步,68,71
　　metrics for 度量,186,187(table),189
　　offensive/defensive campaigns 进攻性/防守性战役,67–68
　　special teams,use of 特殊的队伍,使用,68
　　superior coordinates,characteristics of 优秀坐标,特征,64–65
　　tactics vs strategies 战术和战略,63
　　unequal dialogue,respect for 不平等对话,尊重,66–67
　　See also Social media strategy development 另请参见社会化媒体策略发展
Coordinates test 坐标测试,148–149,149(figure)
Corrections,修正,20,21,131
　　assessment process,5Cs review 评估过程,5C审查,143
　　assessment protocol 评估方案,167(table),171–172
　　attention errors 注意错误,131–132
　　Competitor posting behaviors/patterns,monitoring of 竞争对手发布行为/模式,监控,140
　　corrections matrix 修正矩阵,131,137–139,137(figure)
　　corrective action,selection of 纠正措施,选择,142–143
　　error search/detection 错误搜索/检测,139
　　errors of commission 犯错,140
　　errors of omission,discovery of 遗漏错误,发现,140
　　errors,sources of 错误,来源,131–136,134 135(table)
　　experimental lab,testing/improving posts 实验室,测试/改进岗位,141–142,141(table)
　　failure/mistakes,opportunities of 失败/错误,机会,143
　　friendly spy network,recruiting maintaining of 友好的间谍网络,招募/维护,140–141
　　interdepartmental communication problems 部门间沟通问题,136
　　major blunders 重大失误,137(figure),138–139,143
　　minor oversights 轻微疏忽,137(figure),138,142
　　missed opportunities 错失的机会,137(figure),138,140,142–143
　　modest gaffes 适度的错误,137(figure),138,142

Organizational structures/procedures/protocols 组织结构/程序/协议,136-137
patterns of errors,detection of 错误模式,检测,139-140
speed errors 速度错误,132
thinking biases 思考偏差,133-136,134-135(table)
scope of errors 错误范围,137-138,137(figure)
types of errors 错误类型,137-139
See also Corrections 另见修正

Crisis.See Algorithm-induced socialmedia crisis management casestudy,Social media strategy benefits 危机,参见算法引发的社会化媒体危机管理案例研究,社会化媒体策略的好处

Curated content 展出内容,95-97,96(table)

Curiosity 好奇心,43,44(figure)

D

Debate/discussion 辩论/讨论,30,66,82,155165,172

Decentralized networks 分散式网络,113-115(figure),117(table)

Deffenbacher,J. 杰里·德芬巴赫,232,233

Depth strategy 深度策略,118(figure),120,121-122(figure),124,126,127(figure)

DeviantArt 平台名,80

Digg 平台名,80

Distributed networks 分布式网络,113,115(figure),117(table)

Drivers measures 驱动措施,178

Dynamics perspective 动态视角,39-42,41(table)

E

Emojis 表情符号,73,251

Emotional impressions 情感印象,40,41(table)

Employee recruitment 员工招聘

See Menasha Corporation employee recruitment case study 见默纳沙企业员工招聘案例研究

Engagement metric 参与度量,177(figure),178-179,182-183(table),187-188(table)

Enthusiasts'zeal 爱好者的热情,210(figure),215-217

Errors 错误,131

attention errors 注意力错误,131-132

thinking routines 思维常规,133

See a/so;Corrections matrix 参见修正矩阵

Ethical issues 道德问题,10-11

Experiential perspective 经验视角,42-45,44(figure)

Experimental attitude 实验态度,43-44,44(figure)

F

Facebook 平台名,4,80
    career pages on 职业页面,240
    chatter monitoring 聊天监控,192
    engagement metrics 参与度指标,178-179,190
    fact sheet on 概况介绍,219-220
    ML+-thinking ML+-思维法,37,38(table),39
    one-on-one/two-way communication 一对一/双向交流,122
    platform dynamics of 平台动态,40,41(table)
    senior leadership use of 高层领导使用,5-6
    transparency of 透明度,75
Facebook Business Facebook 商业,181
Facebook Live 视频直播产品,257-258
Facebook Page Insights Facebook 页面洞察,182(table)
FAJV(facts/anchors/judgments/validation)assess-ment process FAJV(事实/锚定/判断/验证)评估过程,50
    analytical anchors,isolation/description of 分析锚定,隔离/描述,53-55
    facts,collection of 事实,收集,50-52,51-53(tables)
    judgments,anchor-based SWOT 判断,基于锚的SWOT分析 55-57,57(table)
    validation tests 验证和试验,58-60,59(figure)
    See also Competitive environments 另请参见竞争环境
Fantini,R. 里克·芬尼,237
Feedback 反馈,104
Feynman,R. 理查德·费曼,161
5Cs of effective strategy 有效的5C策略,19-20,21,143,147
    See also Action plan/strategy syncing 另见行动计划/战略同步
    Assessment protocol 评估方案
    Assessment report;Channels 评估报告;渠道
    Connections;Content 连接;内容
    Coordinates;Corrections 坐标;修正
    Performance measures 绩效衡量
Flickr 平台名,80
Followerwonk tool 影响力分析工具,191 (table),192
For-profit organizations 营利性组织,9-10
Ford,H. 亨利·福特,136
Forms of content 内容形式,90,91(table),102
4/1/1 rule 4/1/1 规则,270
Foursquare 平台名,80
Framing bias 框架偏差,134(table)
Freedman,L. 劳伦斯·弗里德曼,27
Friendly spy network 友好间谍网络,140-141

Friendster平台名,80
Functional perspective 功能视角,35–39,36(figure)

G

Glassdoor 招聘网站,243
Goldilocks zone 宜居带,31
Google Drive 谷歌驱动器,264
Google Hangouts 平台名,80
Google Plus 社交网站,184,226–227,240
Greene,R. 罗伯特·格林,63
Grove,A. 安迪·格鲁夫,17

H

Habits errors 习惯错误,133
Habits of social media use 社会化媒体使用习惯,44–45
Hacker News 平台名,80
Hangouts 平台名,80
Hashtag usage patterns 标签使用模式,184,200
Hinges 枢要,112
Hintz,C. 查理·欣茨,267
Hootsuite tool 影响力分析工具,192
Hubs 中心 111–112
Human resource (HR)professionals 人力资源专业人士,6

I

Image selection 图像选择,40,41(table)
Image sharing platforms 图像共享平台,80(table)
Impressions measures 印象测量,177–178
Indeed 事实上,243
Influence analysis tools 影响分析工具,190–191,191(table)
Influencers 影响者,177
Information utility 信息有用性,40,41(table)
Insight pods 见解荚,69–71
Instagram 平台名,4,80
  audience preferences 受众偏好,40
  celebrities self-promotion 名人自我宣传,7
  effective use of 有效使用,40
  fact sheet on 概况介绍,222–223
  followers,increase in 关注者,增加,200

platform dynamics of 平台动态,41(table),101
Instagram Insights Instagram 分析,183(table)
Intel case 英特尔案例,17-18
Internal communication specialists 内部沟通专家,6
Invitation-only social media networks 仅限邀请的社会化媒体网络,77
iPhone 手机品牌,22

J

Jab/jab/jab/right hook strategy 客户/客户/客户/销售策略,103
JetBlue case 捷蓝航空案例,247
Jobillico 平台名,243
Journalists 记者,6
Julie's Café 朱莉的咖啡馆,155-157

K

Keller, H. 海伦·凯勒,18
Klout 工具名,191(table)

L

"Last war" mindset "最后一场战争"心态,67
Lawler, M. 玛尼·劳勒,251
  The League 联盟,121-122
Lenovo Vibe X2 phone 联想 Vibe X2 手机,97
Likes 喜欢,179,200,251
  chatter monitoring and 实时监控,192
  fact sheet on 情况介绍,225-226
  job postings/employee recruitment and 岗位张贴,员工招聘,240,241,242,243
  ML+- thinking ML+-思维法,37,38(table)
  platform dynamics of 平台动态,40,41(table)
  protected communications and 言论保护,75
  senior leadership use of 高级领导人使用,21
LinkedIn Analytics 领英分析,183(table),189
Links 链接,109-110,123
  conduit capacity and 容量,111
  direction of flow and 流动方向,110-111
  volume of traffic and 流量,111
Location-oriented platforms 定位平台,80 (table)
Loss aversion bias 损失厌恶偏差,134(table)
Lowe, R. 罗伯·劳,22-23

M

Mach, E. 恩斯特·马赫,137
Major blunders 重大错误,137(figure),138–139,143
Marketing professionals 营销专家,6,9
　　See also Social media marketing case study 另见社会化媒体营销案例研究
Martin, M.J. 乔·马丁,161
McDonald's case 麦当劳的案例,10
Menasha Corporation employee recruitment case study 默纳沙公司人力招募案例研究,237
　　applicant tracking system job postings and 求职者跟踪系统招聘信息,238–239,243
　　background information on 背景信息,237–238
　　candidate screening/interviewing and 候选人筛选/面试,242
　　candidates, continuing company 候选人,持续的公司
　　engagement with 参与接触,243–244
　　implementation of 实施,240
　　culture-forward approach and 以文化为导向的方法,244
　　image management and 图像管理,241
　　marketing/ communications functions,partnering with 营销/通信职能,携手合作,241
　　passive candidates, search for 被动候选者,寻找,241
　　recruitment metrics, analysis/ adjustment of 招聘指标,分析调整,242–243
　　recruitment process summary and 招聘流程总结,238,239 (figure), 244
　　search engine optimization keywords, knowledge about 搜索引擎优化关键词,有关知识,239
　　social media/job posting sites job postings and 社会化媒体/职位发布网站,239–241
　　video interviewing tool and 视频采访工具,242
Mention tool 提问工具,192,193
Messaging platforms 发短信平台,80 (table)
Metric 度量,176
　　See also Performance measures 参见业绩衡量
Minor oversights 轻微疏忽,137 (figure), 138, 142
Missed opportunities 错失的机会,137 (figure), 138, 140,142–143
Mitchell, N. 尼克·米切尔,267,271
ML+- platform thinking ML+-平台思维法,36–39,38(table)
Modest gaffes 适度的错误,137(figure),138,142
Monster 网站名,240
Moor, R. 罗伯特·摩尔,107
Moore,G. 戈登·摩尔,55
Moore's Law 摩尔定律,55
Moynihan, P. 帕特里克·莫伊尼汉,60
Music platforms 音乐平台,80(table)

N

Narrative bias 叙述偏见, 135(table)
Networks 网络, 111
 benefits/downsides of 好处/坏处, 116,117(table)
 bull's eye node and 靶心节点, 109,110 (figure), 126–127
 centralized networks 网络中心化, 113,114(figure),117(table)
 connection strategies, matching skills/commitments and 连接策略,匹配技能/承诺, 125–126,127 (figure)
 connection strategies, mixing/matching of 连接策略,混合匹配, 124–125
 connectivity profiles of nodes and 节点的连接情况, 123
 decentralized networks 低中心化的网络, 113,115(figure),117(table)
 distributed networks 分布式网络, 113, 115 (figure), 117 (table)
 emergent properties of 紧急情况下的财产, 118
 existing structure, mapping/evaluation of 现有结构,绘图/评估, 123–124
 network strategy, development of 网络战略,发展, 122–127
 nodes/links, broad range of 节点/链接,范围广泛, 123
 strategy effectiveness, evaluation of 战略有效性,评估, 126–127
 structural properties of 结构性财产, 117–118
 See also Connections 参看连接
News platforms 新闻平台, 80(table)
Niche platforms 小众平台, 76–77,79
Nodes 节点, 108–109, 110 (figure), 123
Nonprofits 不盈利, 10

O

Obama, B. H. 奥巴马, 142
Observation incidence 观察发生率, 179
Online anger 网络愤怒, 231
 appraisal of stimulus and 对刺激的评价, 233
 definition of 定义, 231–232
 goals in responding to 应对的目标, 234
 incivility, discouragement of 不文明行为,挫折, 234
 kindness, modeling of 善良的心态,塑造的形象, 234
 management guidelines for 管理指南, 233–234
 positivity, encouragement of 积极性,鼓励, 234
 pre-anger state and 愤怒前状态, 233
 rationales for 理由, 232–233
 research findings on 研究结果, 232
 sources of anger and 愤怒的来源, 234
 stimulus for 刺激, 233

Optimal-stopping problem 最优停止问题,79,81
Organic growth approach 有机的成长模式,211

P

Paradox of best practices 最佳实践的悖论,141
Paradox of choice 选择悖论,55-56
Parr, B. 本·帕尔,125
Participation incidence 参与率,179
Passively managed platforms 被动管理平台,81,82,84,85-86
Path length 路径长度,112
Peer-to-peer networks 点对点网络,250
Performance measures 衡量表现,159
 amount of engagement and 参与的数量,178-179
 audience composition metric and 受众构成指标,176-177,177(figure),182-183(table), 187-188 (table)
 channels metrics and 渠道指标,187 (table), 189
 community sentiment metric and 社区情绪的衡量标准,177 (figure),179-181,182-183 (table),187-188 (table), 193
 connections metrics and 连接度量,188(table),190-192
 content metrics and 内容度量,187-188(table),189-190
 coordinates metrics and 坐标度量,186, 187 (table), 189
 corrections metrics and 修正尺度,188 (table), 192-193
 cross-platform metric language,fallibility of 跨平台度量语言,易变性,185
 deep encounter with measures/Step 2 and 与措施的深入接触/步骤2,176 (figure), 181-184
 drivers measures and 驱动力措施,178
 engagement metric and 参与度量,177(figure),178-179,182-183(table),187-188(table)
 5Cs assessment plan with matched 与之匹配的5C评估计划
 metrics/Step 4 and 度量/步骤4,176(figure),186-193, 187-188 (table), 193
 glamour metrics, relevance of 魅力指标,相关性,185
 hashtag usage patterns and 标签的使用模式,184
 impressions measures and 印象措施, 177-178
 influence analysis tools and 影响分析工具, 190-192,191(table)
 influencers and 影响者,177
 intensity of engagement and 参与的强度,179
 inter-organization comparisons 组织间的比较,185-186
 likes and 喜欢度,179
 metric language mastery/Step 1 and 掌握度量语言/步骤1,175-181,176(figure)
 metric minefield avoidance/Step 3 and 避开度量雷区/步骤3,176(figure),185-186
 metrics, categories of 度量,公制,类别的,176-181,177 (figure)
 metrics selection, 4-step process for 度量标准的选择,4个步骤的过程,175,176 (figure), 193
 non-platform-specific measures and 非特定平台的度量,184

platform-specific measures and 特定平台的度量, 181–184, 182–183 (table)
reach measures and 达成措施, 178
shares and 股票, 178–179
total video views metric and 视频总浏览量指标, 179, 180 (table)
traffic pattern tools and 交通模式工具, 192
traffic patterns metric and 交通模式指标, 177–178, 177 (figure), 182–183 (table), 187–188 (table)
See also Assessment protocol, Assessment report 另见评估程序, 评估报告

Personal messaging 个性化信息, 8

Phelps-Roper M., 梅根·菲尔普斯-罗珀, 125
fact sheet on 概况介绍, 223–224
platform dynamics of 平台动态, 41 (table), 101

Pinterest Analytics Pinterest 分析, 183 (table), 189, 190, 191

Platform job description 平台的运行模式, 84–85
See also Channels; Social media 另见渠道, 社会化媒体

Politicians 政治家, 7

Professional messaging 专业信息, 8

Professional platforms 专业平台, 80 (table)

Professional sensibilities 专业敏感度, 210 (figure), 212–215

Propagation incidence 传播率, 179

Public relations (PR) professionals 公关专家, 6

Public Relations Student Society of America (PRSSA) 美国公共关系学生协会, 259
See also Student organization development case study 另见学生组织发展案例研究

R

Reach measures 接触测量, 178

Reach strategy 接触策略, 到达策略, 118(figure), 120, 121, 121–122(figure), 125–126, 127(figure)

Receiver location 接收者地点, 39, 41 (table)

Red Dress Boutique 红裙精品店, 124, 125

Relational bias 关系偏见, 134 (table)

Research/development professionals 研究/开发专业人员, 6

Resource deployment 资源建设, 28–29

Return on investment (ROI) 投资回报率, 197, 199–200

Role bias 角色偏见, 135(table)

Roosevelt, F. D. 罗斯福, 17

Rumelt, R. 理查德·鲁梅尔特, 15, 17, 20

Runkle, J. 詹姆斯·朗克尔, 246, 252

S

Saving face 挽回面子, 32, 43

Schulz, H. 舒尔茨,249
Scott, L. 劳伦斯·斯科特,89
Senior leadership 高级领导人,5-6
Shares measures 股份措施,178-179
Shopping platforms 购物平台,80 (table)
Simplicity strategy 简单化策略,118 (figure), 120, 121, 121-122 (figures), 127 (figure)
Small business owners 小型企业家,7
SMART (specific/measurable/ actionable/realistic/time bound) goals SMART目标(具体的、可衡量的、可执行的、现实的和有时间限制的),66
 audience preferences and 受众偏好,85
 fact sheet on 概况介绍,227-229
 viewer numbers and 观看人数,201
Social media: 社会化媒体
 celebrities use of 名人使用,7,9
 communities of users and 用户社区,5
 complex nature of 复杂生态,5
 conventions/customs/norms of 习俗/习惯/准则,75
 de facto social media strategy and 事实上的社会化媒体策略,8-9
 definition of 定义,4
 effective use strategic questions for 有效利用,战略问题5-7,10
 electronic communication 电子通信,4
 ethical use of 道德使用,10-11
 for-profit organizations 营利性组织9-10
 governance 治理4
 government propaganda 政府宣传,11
 human resource professionals use of 人力资源专家的使用6
 internal communication specialists use of 内部交流专家的使用6
 journalists use of 记者的使用,6
 marketing professionals use of 营销专家的使用,6,8-9,10
 monetized attention 货币化的注意力,9
 nonprofit organizations 非营利组织,10
 personal vs. professional messaging 个人与专业的信息传递,8
 platform providers 平台供应商,4
 politicians use of 政治家的使用,7
 proactive/robust social media strategy 主动/稳健的媒体策略,8-9
 public relations professionals use of 公共关系专业人员的使用,6
 research/development professionals use of 研究/发展专业人员的使用,6,10
 senior leadership use of 高级领导层的使用,5-6
 shared information 共享的信息,4
 small business owners use of 小企业主的使用,7
 social aspect 社会方面,5

specific platforms, primary functions 特定平台，主要功能,80
strategic asset 战略资产,9–10
communications syncing 通信同步,11–12
thought leadership use of 思想领导力的使用,7–10,21
traditional communication tools 传统传播工具,10
users 用户,4–7
See also Case studies; Online anger;Social media cosmos; Social media strategy; Social media strategy benefits;Social Media Aspirational Triangle 另见案例研究，在线愤怒，社会化媒体宇宙，社会化媒体策略，社会化媒体策略的好处，社会化媒体志向三角,209,210
    core values/ethical standards 核心价值观/道德标准,215–217
    Commitment to 承诺,213
    current reality/envisioned future 目前的现实/设想的未来,210–211
    good judgment, exercise of 良好的判断力，行使,214–215
    organic growth approach 有机增长方式,211
    Professionals,collaborative respectful relationships 专业人员，合作敬业关系,213–214
    strategic mindset 战略思维,209–212
    synergies, cultivation 协同作用，培养,212
    THINK ideal 思考理想,213
    trade–offs, strategic focus on 权衡，战略重点, 211–212
Social media cosmos 社会化媒体宇宙, 35
    audience size 受众规模,40,41
    category selection 类别选择,40,41
    curiosity, cultivation 好奇心，培养, 43,44
    dynamics perspective 动态视角,39–42,41(table)
    emotional impressions 情感印象,40,41(table)
    experiential perspective 经验性观点,42–45,44(figure)
    experimental attitude/thinking 实验态度/思维,43–44,44(figure)
    habits of social media use 使用社会化媒体的习惯,44,45
    image selection 图像选择,40,41(table)
    information utility 信息效用,40,41(table)
    mistakes, opportunities 错误，机会,43
    perspectives on 观点,35,36(figure)
    receivers, geographic locations of 接收器，地理位置,39,41(table)
    resource/time allocation 资源/时间分配, 42
    social media effectiveness,enhancement of 社会化媒体的有效性，加强,40
    source credibility 来源的可信度,39,41(table)
    strategic sensitivities, robustness of 策略敏感度，稳健性, 40
    word selection 选词, 40,41(table)
    See also Online anger; Social media;Social media strategy 另见在线愤怒，社会化媒体，社会化媒体策略
Social media marketing case study 社会化媒体营销案例研究,245

brand recognition 品牌识别, 251–252
connections, development 连接, 发展, 250–251
control of messages 控制信息, 249
effective marketing strategies 有效的营销策略, 248–252
flexibility/adaptability 灵活性/适应性, 252
future 未来, 252
global audiences, message sharing 全球受众, 信息共享, 249
marketing mix 营销组合, 245–246
marketing professionals, marketing plan 营销专业人员, 营销计划的制订, 247–248
peer-to-peer networks 对等网络, 250
professional communications/ customer service teams 专业交流/客户服务团队, 247
social media vs. traditional marketing tools 社会化媒体和传统营销工具的对比, 246–248
tracking/analysis tools 追踪/分析工具, 251–252
user-generated content 用户生成的内容, 249–250
value-added sendees 增值服务, 251
See also Brand awareness development case study; *Case studies* 另见品牌意识发展案例研究, 案例研究

Social media strategy 社会化媒体策略, 15
abstract facet 抽象面, 21–22
big-picture choices, issue complexity 大视野的选择, 问题的复杂性, 18–19
big-picture choices, lack of clarity 大视野的选择, 缺乏明确性/必然性, 19
choices, alignment/coordination 选择, 调整/协调, 20–21
competitive environment, assessment of 竞争环境, 评估, 16–17
5Gs of effective strategy 有效策略的5C, 19–20, 21
highly effective strategy, essence of 高度有效的策略, 本质, 16–24
levels of organizational big-picture 组织化大视野选择的等级, 16–20
macro-level/big-picture choices 宏观层面/大局的选择, 16–20
strategy in action 行动中的策略, 21–23
tactics, development 战术, 发展, 23, 24
test-post content strategy 测试后的内容策略, 22–23
vision, strategic choice coordination 愿景, 策略选择协调, 22–23
what strategy is not, delineation 什么不是策略, 划定, 15–16
See also Action plan/strategy syncing; Competitive environments; Social media; Social media strategy benefits; Social media strategy development 另见行动计划/战略同步, 竞争环境, 社会化媒体, 社会化媒体策略的好处, 社会化媒体策略发展

Social media strategy benefits 社会化媒体策略的好处, 27–28
action, guidance for, assess/respond strategy, approaches to 行动, 指导, 评估/回应策略, 方法, 29–30, 32
coordination costs, control over 协调成本, 控制, 29, 30
coordination framework, development of 协调框架, 发展, 30
employees, educational messages for, 雇员, 教育信息, 30–32

message detail, Goldilocks zone 消息的细节, 黄金区, 31
operational choices, manageable number 业务选择, 可管理的数量, 33
personnel, coordinated utilization 人员, 协调利用, 29–30
resource selection, guidelines for 资源选择, 指南, 28–29
resources, coordinated utilization 资源, 协调利用, 29–30
stability during crisis 危机中的稳定, 32–33
strategy, utility of 策略, 效用, 28, 32, 33
systems/protocols/procedures, strategy linkage 系统/协议/程序, 策略链接, 30, 33
Social media strategy development 社会化媒体策略发展, 47–48
  See also Action plan/strategy syncing; Channels; Competitive environments; Connections; Content; Coordinates; Corrections 另见行动计划/策略同步, 渠道, 竞争环境, 连接, 内容, 坐标, 修正
Social media tactics 社会化媒体战术, 23, 24(table)
Social Mention tool 社会化提及工具, 192
Social sharing platforms 社会化分享平台, 80(table)
Sotrender tool 渲染工具, 192
Starbucks #Race Together, promotion 星巴克促销活动, 249
Strategic mindset 策略心态, 209–212, 210
Strategy, *See* Social media; Social media strategy; Social media strategy benefits; Social media tactics 策略, 见社会化媒体, 社会化媒体策略, 社会化媒体策略收益, 社会化媒体战术
Student organization development case study 学生组织发展案例研究, 259
  channels/social media platforms 渠道/社会化媒体平台, 260–261
  connections/network linkages 连接/网络联系, 262–263
  content/shared information 内容/共享信息, 261–262
  See also Case studies 参见案例研究
Success stories 成功案例, 203–204
SWOT(strengths/weaknesses/opportunities/threats) analysis SWOT(优势/劣势/机会/威胁)分析, 56–57, 57
Synergy cultivation 协同效应的培养, 212
Synergy test 协同试验, 149–154, 150

T

Talkwalker 网络工具, 191
Tease/seize strategy 逗弄/抓住策略, 31–32, 31(table)
Test-post content strategy 岗位测试内容策略, 22–23
  See Action plan/strategy syncing 见行动计划/策略同步
Thinking biases 思考的偏差, 133–136
  anchoring bias 锚定偏向, 134
  availability bias 可用性偏差, 133, 135
  confirmation bias 确认偏差, 50, 58, 134
  control bias 控制偏差, 135

loss aversion bias 损失厌恶偏差, 134
 narrative bias 叙述性偏见, 135
  relational bias 关系性偏见, 134
  role bias 角色性偏见, 135
 strategic planning/assessment 战略规划/评估, 135–136
 sunk cost bias 沉没成本偏差, 134
 See also Corrections; Errors 参看修正，错误
Thinking routines 思考的常规, 133
Thought leadership 思想的领导, 7,10,21,95,97
Tick-Tock strategy 钟摆升级策略, 22
Time sensitivity 时间敏感性, 39,40,41
Total video views metric 视频总浏览量指标, 179,180
Traffic pattern tools 流量模式工具, 192
Traffic patterns metric 交通模式的衡量标准, 177–178
Translation test 转化测试，翻译测试, 154,154
 chatter monitoring 颤振监测, 192
 senior leadership use 高级领导层的使用, 5–6,21
Twitter Analytics Twitter 分析, 182, 190,191
Types of content 内容的类型, 90–9191–94 ,102

U

Unequal dialogue 不平等的对话, 66–67
University of Wisconsin–Green Bay 威斯康辛大学绿湾分校
 See Student organization development case study 见学生组织发展案例研究
User-generated content 用户生成的内容, 97–98, 249–250

V

Validation tests 验证测试, 58–60,59
Video views metric 视频浏览量指标, 179,180 (table)
Vine 短视频品牌 ,80

W

WeChat 微信, 80
Wilson, A. 威尔逊·A.,147
Word cloud tool 词云工具,184
Word selection 选词, 40,41
Wbrdle 字谜,184

Y

YouTube 平台名, 80
 effective use 有效使用, 40, 42
 platform dynamics 平台动态, 41
YouTube Analytics YouTube 分析, 183
YouTube Music YouTube 音乐, 80

Z

Zuckerberg, M 扎克伯格·M., 133

关于作者

菲利普·G.克兰皮特(Phillip G. Clampitt)毕业于美国堪萨斯大学,获得组织传播学博士学位。他是布莱尔基金会的传播主席,此前是威斯康辛大学绿湾分校亨德里克森商学院一名全职教授。他还是该校信息与计算科学、通信、计算机科学和信息科学四门课程的教授。SAGE出版公司最近出版了他的畅销书《有效沟通管理》的第六版。他与Robert J. DeKoch (Boldt公司总裁兼首席运营官)合著了两本书:《拥抱不确定性:领导力的本质》(*Embrace Uncertainty: the Essence of Leadership*)和《将领导者转化为进步制造者》(*Transformation Leaders into Progress Makers*)。

菲利普关于"下载决策"的研究被麻省理工学院斯隆管理评论和华尔街日报报道。此外,他还在许多期刊上发表文章,包括 *the Academy of Management Executive*、*the Journal of Communication Management*、*the Journal of Business Communication* 和 *Management Communication Quarterly*。他还参与了许多著作的编写,包括《组织沟通审计手册》《沟通审计》《国际组织沟通百科全书》等。他也是许多专业期刊的编委会成员。在过去的三十年里,他曾与许多组织、企业合作,包括诺基亚、百事可乐、施耐德物流、波特公司、美国国立大学和默纳沙公司等。

菲利普是美国陆军战争学院的客座讲师,该院在战略指导课上使用他的书。除了在美国有很多客座演讲的机会外,他还被邀请到世界各地演讲,如比萨大学、阿伯丁大学和阿尔斯特大学以及众多的跨国企业和专业组织。他的学生经常听到他问:"那又怎样?"于是他们开始叫他"'那又怎样'博士"。后来,他还开发了一个相关网站(www.drsowhat.com),可见他对批判性思维和周密调查的热忱。

关于贡献者

雷利亚·费尔南德斯是威斯康辛大学绿湾分校信息与计算科学系的助理教授。她的研究兴趣包括网络分析、新媒体及其作用。雷利亚在广告、经济发展、动员和科学传播等领域颇有研究。她在密歇根州立大学获得媒体与信息研究博士学位、广告硕士学位和新闻学学士学位。

伊丽莎白·辛兹是普渡大学布莱恩·兰姆传播学院的研究生和助教。她还作为一名自由职业顾问，专门为医疗保健技术组织提供数字战略。

特纳·里克特·兰德斯是威斯康辛大学绿湾分校的社会化媒体专家。她获得威斯康辛大学绿湾分校的传播学学士学位。特纳和她的丈夫特洛伊以及她的英国斗牛犬弗洛伊德住在绿湾。

艾米·马丁是最具才能的人，她是威斯康辛州尼纳市默纳沙公司的人才招聘和人才管理经理。艾米是佛罗里达州人，在伊利诺伊大学厄巴纳－香槟分校(University of Illinois at Urbana-Champaign)获得人力资源和劳资关系硕士学位，过去15年里在多家企业从事人力资源工作。

瑞恩·马丁是威斯康辛大学绿湾分校的心理学家和愤怒研究者。他的研究兴趣包括在各种情况下关于健康的和非健康的愤怒的研究（例如，评估和治疗愤怒问题，理解互联网上的愤怒表达）。他在南密西西比大学获得咨询心理学博士学位。

卡利·皮特森是威斯康辛州奥克莱尔市一名市场营销、平面设计和传播学专家。她在威斯康辛大学绿湾分校获得传播学和英语文学学士学位。她目前居住在奥克莱尔。

朱莉·萨多夫是一家市场营销和传播公司——萨多夫公司的负责人。她从事市场研究、品牌发展、客户体验管理和战略发展规划。她在西北大学获得整合营销和传播学硕士学位。

泰勒(汤姆森)·施罗德是密歇根州特洛伊市的社区事务助理。她在威斯康辛大学绿湾分校获得传播学、西班牙语和拉丁美洲研究的学士学位。泰勒目前和她的丈夫卢卡斯以及他们的阿拉斯加克利凯哈士奇皮平居住在密歇根州特洛伊市。泰勒在PRSSA担任了两年的主席,并且是执行委员会的成员。

凯特琳·斯塔本是B2B广告行业的社会化媒体专家。她的客户涉及高尔夫草坪产品及专业密封解决方案等行业。